너의 한국 엄마에게

너의 한국 엄마에게

너의
한국 엄마에게

Adopsjonsoppgjøret

조작과 오류로 덧칠된
초국가적 입양 산업의 민낯

크리스틴 폴비크 보튼마르크 지음

손화수 옮김

푸른숲

현욱과 엄마에게

전 세계 수십만 명의 국제 입양인과 그 가족들에게
연대의 마음을 담아

● **이름 표기에 관해**

내 아이들과 남편의 이름은 실제 이름을 사용했다. 언론 보도나 공적으로 알려진 인물의 경우에는 실명을 그대로 표기했다. 그 밖의 인터뷰 참여자들은 본인과 가족의 사생활을 보호하기 위해 모두 익명 처리했다. 인명 표기는 내가 참조한 자료, 즉 입양 서류, 서적, 기사, 또는 언론 보도 등에 나타난 표기를 그대로 따랐다.

● **용어에 관해**

'국제 입양', '해외 입양', '초국가적 입양'이라는 용어들은 사주 혼용되지만, 각각 다른 뉘앙스와 맥락적 함의를 지닌다. '국제 입양'은 법적·사회적 요소를 모두 포함하는 포괄적 개념으로, 두 나라 이상이 관여하는 입양 절차를 가리킨다. '해외 입양'은 노르웨이에서 '국제 입양'과 거의 같은 뜻으로 쓰이는 비공식적 표현으로, 아동이 다른 나라에서 입양되어 오는 점을 강조한다. '초국가적 입양'은 문화적·사회적 차원에 초점을 맞추며, 출생국과 수용국 간의 복합적인 관계를 드러낸다.

일러두기

1. 단행본은 《 》, 신문/방송/영화 등 그 외 매체는 〈 〉로 표기한다.

2. 후주는 모두 저자 주이다.

3. 본문 및 표지에 나오는 인물들은 저자와 저자의 가족, 이동 도우미, 한국 위탁모
   이다.

대한민국에서 이 책이 출간되는 지금, 그동안 쉽사리 꺼내기 어려웠던 질문들이 비로소 조심스럽고도 진지하게 고개를 듭니다. 그러나 반드시 짚고 넘어가야 할 질문이기도 합니다. 국제입양은 이제 더 이상 과거의 제도나 정치적 수단으로만 이해되지 않습니다. 그것은 수많은 사람들이 겪은 실제 삶이었습니다. 그리고 개인의 삶의 여정 속에서, 가족 안에서, 그리고 여러 세대를 거쳐 이어진 깊고도 오래된 흔적과 함께 존재해 왔습니다.

저는 이 서문을 겸허한 마음으로 쓰고 있습니다. 새로운 이야기를 다루기 때문이 아닙니다. 이미 존재하고 있던 이야기들이 이전과는 다른 방식으로 우리 앞에 모습을 드러내고 있기 때문입니다. 오랫동안 돌봄과 선의로 설명되어 왔던 것들이, 오늘날에는 상실과 슬픔으로 다시 이해되고 있으니까요.

저는 입양모입니다. 입양이라는 주제에 다가가게 된 이유는 학문 프로젝트도, 어떤 공익에 기여하기 위해서도 아니었습니다. 오히려 그것은 나의 가족 안에서, 사랑과 애착 속에서, 그리고 아이를 간절히 바라는 마음으로 맺어진 관계들 속에서 시작되었습니다. 저는 오랫동안 저 역시 그 일부였던 이야기를 의심하지 않았습니다. 입양은 무엇보다도 선한 일이며 필요한 일이었음을, 아이들에게는 부모를 그리고 부모에게는 아이를 안겨주는 일이라고 믿었습니다. 그러나 시간이 흐르면서 초국가적 입양을 다른 시각으로 바라보는 이들의 이야기에 마음을 열고 있었는지 스스로 질문해야 했습니다. 나의 바람, 아이를 갖고자 했던 그 간절한 마음 때문에 입양의 결과와 그 영향을 보지 못했던 것은 아니었을까요? 왜 저는 한국의 어머니들이 어떻게 보호받는지 질문하지 않았을까요? 왜 저는 그 어머니들이 아이를 사랑하기 때문에 이별을 선택했다는 이야기를 아무 의심 없이 받아들였을까요? 마치 다른 지역의 어머니들은 서구에 사는 우리보다 아이를 덜 사랑하거나 더 쉽게 아이를 놓아줄 수 있다고 믿기라도 한 것처럼 말이죠. 이 질문들에는 쉬운 답이 없습니다. 어쩌면 명확한 답이 존재하지 않을지도 모릅니다. 그러나 이제 이 질문들을 더 이상 외면할 수는 없습니다.

저는 이 질문들을 받아들이기 위해 신중하고 조심스럽게 다가갔습니다. 이 책은 국제 입양이라는 절차가 그 결과와 영향이 충분히 이해되기 훨씬 이전부터 이미 누군가 살아낸 삶이었다는 사실에서 출발합니다. 이 이야기는 누구에게 책임을 묻거나 잘못을 따지기 위한 폭로가 아닙니다. 오히려 나 자신의 책임은 무엇인지, 그리고 저 또한 그 일부였던 이야기들과 구조를 이해하기 위해 이 책을 썼습니다.

이 책에서는 개인의 서사와 구조적인 설명이 교차합니다. 한편으로는 입양모이기도 한 나 자신의 경험을 따라가고, 다른 한편으로는 입양인들의 이야기와 역사적 문서, 언론 보도, 연구와 조사를 통해 드러난 사실들을 살펴봅니다. 시간이 흐르면서 하나의 패턴이 점차 모습을 드러냅니다. 국제 입양이 어떻게 국가와 조직의 경계를 넘나드는 여러 체계 속에서 형성되고 정상화되었으며, 또 정당화되어 왔는지를요. 그리고 어떤 경험들이 권위와 힘을 얻는 동안 침묵 속에 머물거나 보이지 않게 된 경험들은 어떤 것들인지도요.

국제 입양에 대해 쓰면서 한국의 어머니들 그리고 입양인들의 원가족을 함께 다루지 않기란 불가능합니다. 그들이 언제나 뚜렷하게 드러나서가 아니라 오히려 너무나 자주 배제되어 왔기 때문입니다. 그들의 경험은 결정이 내려지는 과정에서도, 입양을 가능하게 했던 이야기들 속에서도 충분히 기록되거나 중요하게 다루어지지 못했으니까요.

어머니와 가족들이 겪은 상실이 오랫동안 알려지지 않고 인정을 받지 못했던 것은 결코 우연이 아닙니다. 이는 어떤 경험들이 전해질 수 있는지, 어떤 경험들은 끝내 말해지지 못했는지를 드러냅니다.

오늘날 입양의 결과를 온전히 이해하고자 한다면 이제는 우리가 다시 써야 할 이야기 속에 보이지 않았던 경험들까지 함께 담아야 합니다. 저는 그것이 이 역사가 앞으로 어떻게 전해질지를 바꾸는 작은 계기가 되기를 바랍니다.

저의 아들 역시 다른 많은 입양인과 마찬가지로 자신이 온 곳, 그 뿌리를 이루는 사람들을 찾아 나섰습니다. 그리고 마침내 그들을 찾았습니다. 만남과 질문 속에서 그는 자신의 과거와 역사를 향해 천천히, 조심스러운 발걸음을 내디뎠습니다. 모든 과정을 곁에서 지켜보며 저는 그 일이 입양인에게 얼마나 큰 부담인지, 또 동시에 얼마나 깊은 의미를 지녔는지 함께 체감했습니다. 그는 자신만의 속도와 방식으로 대한민국과의 연결고리를 만들어 왔습니다. 그리고 그것을 스스로의 정체성을 이해하는 한 부분으로 받아들이고 있습니다. 이 여정을 그의 곁에서 함께할 수 있음에 깊이 감사합니다.

이 책은 수십 년에 걸쳐 대한민국에서 온 아이들을 받아들여 온 나라, 노르웨이에서 쓰였습니다. 입양인들, 시민사회, 그리고 대한민국 정부가 입양의 역사를 본격적으로 검토하는 데 앞장서기 시작한 이후에야, 비로소 우리 수용국들 또한 스스로의 역할과 책임을 마주할 수밖에 없게 된 것입니다.

《너의 한국 엄마에게》는 이러한 필연적인 자기 성찰에 기여하고자 하는 시도입니다. 이 책은 타인의 경험을 설명하거나 규정하기 위해 쓰인 것이 아닙니다. 저는 역사가 아직 끝나지 않았으며 오히려 지금 우리를 따라잡았다는 인식 아래 이 책을 썼습니다. 우리가 이미 단단히 자리잡아 온 서사들을 감히 파헤치기 시작할 때야 비로소 이해 가능해진다는 믿음에서부터 이해는 시작됩니다.

여기서 제기되는 질문들을 개인이 홀로 감당할 수는 없습니다. 그 질문들은 사회로서의 우리, 제도로서의 우리, 그리고 국경과 경계를 넘어 이어진 공동체로서의 우리 모두가 함께 짊어져야 할 과제입니다. 국제 입양의 역사는 노르웨이와 대한민국의 가족들을 지속적으로 연결해 왔으며, 이 연결 속에는 공동의 책임 또한 함께 존재합니다. 대화가 사적인 영역을 넘어 국가 간에 공유될 때에야 인식은 비로소 현실이 됩니다. 그리고 그 결과는 이해와 회복, 화해로 나아가는 길로 이어집니다.

저는 이 책을 국제 입양이 개인의 삶과 사회 전반을 어떻게 형성해 왔는지 이해하고자 하는 독자들을 위해 썼습니다. 이는 당사자들만의 이야기가 아닙니다. 그 관행을 만들어 내고 유지해 온 우리 사회 역시 함께 마주해야 할 문제이기도 합니다. 이 책이 이해의 폭을 넓히는 데 기여하기를, 오랫동안 배경으로만 머무르던 경험들이 이제 우리가 공유하는 서사 속에서 더 분명한 자리를 얻는 계기가 되기를 바랍니다.

어떤 이야기들에는 끝맺음이 없습니다. 다만 때가 무르익었을 때 새로운 방식으로 이해될 수 있을 뿐입니다. 《너의 한국 엄마에게》는 바로 그러한 시간 속에서 쓰였습니다. 이 책은 보다

열린 마음으로 과거를 마주하고, 더 큰 책임으로 현재를 대하기
위한 하나의 시도입니다.

이 이야기가 성찰과 대화로 나아가는 초대장이었으면 합니
다. 아직 끝나지 않은, 이제는 우리의 진심어린 관심을 요구하는
이 역사를 계속해서 마주하고 함께 사유하는 자리로의 초대 말
입니다.

이게 전부일까?

● 2020년 1월

작은 파란색 여행 가방이 다락방 한편, 크리스마스 장식과 철 지난 여름옷들 사이에 숨어 있다. 나는 그것을 가지고 내려와 거실 식탁 한가운데 올려놓는다. 지퍼를 천천히 열어 가방을 조심스레 펼치자, 그 속에 잠들어 있던 것들이 하나둘 모습을 드러낸다.

맨 위에는 노란색 유아용 점프 슈트가 놓여 있다. 나는 그 옷을 마치 자은 아기를 안아 올리듯 실며시 들어 식탁 위에 내려놓는다. 윗부분에는 꽃과 곰, 토끼가 수놓여 있고, 왼쪽 기슴 위에는 'happy'라는 글자가 새겨져 있다. 짧은 길이라도 공항 터미널에서 차까지 가는 동안 네가 추울까 걱정했는데, 그것이 누비옷이라 얼마나 고마웠는지 모른다.

너는 조심스레 작은 잠옷 한 벌을, 마치 밤하늘 같은 별무늬 재킷과 바지를 꺼낸다. 우리는 집에 도착해 너를 재우려다 네가 점프 슈트 안에 그 옷들을 입고 있었음을 비로소 알았다. 그때 문

15

득 생각했다. 아이에게 겹겹이 옷을 입혔구나, 라고.

먼 한국의 누군가가, 네가 오슬로에 도착하는 그 순간이 한밤이라는 사실을 미리 알고 있었던 것이다.

나는 네가 옷가지를 조심스레 점프 슈트 위에 올려놓는 모습을 바라본다. 너는 그것들을 천천히 매만지고, 숨을 고르며 마음을 다잡는다. 그리고 물건이 얼마 남지 않은 가방 속을 들여다본다.

너는 노란 뚜껑이 달린 젖병을 식탁 위에 놓고, 그 옆에 공갈 젖꼭지를 가지런히 둔다.

그 안에는 '고무신'이라고 부르는 신발도 한 켤레 있었다. 작은 장화처럼 생긴 이 신발은 1920년대 한국에서 크게 유행했다. 짚신을 대신해 비 오는 날에도 한국 사람들의 발을 보송하게 지켜 주던 고무 신발. 나는 그 신발이 참으로 묘한 물건이라고 생각했다. 고국에서 네게 남겨 준 단 하나의 기념품이 하필 그것이라니.

너는 마치 아기에게 옷을 입히듯 하늘빛 신발을 점프 슈트 바짓가랑이 아래에 가지런히 놓는다.

가방 속에는 이제 단 두 가지만 남아 있다. 너는 옆 주머니 속 얇은 서류철을 뒤적인다. 그 안에는 다달이 작성된 진료 보고서가 들어 있다. 몸무게, 키, 호흡, 체온이 빼곡한 글씨로 적힌 얇은 종이들. 그 첫 장 맨 아래에는 밑줄이 두 개나 그어진 문장이 자리하고 있다. *12월 9일: 노르웨이행 비행기.*

그리고 가방 맨 아래에 작은 사진첩이 하나 놓여 있다. 배정 서류를 받을 때 함께 건네받은, 몇 장 안 되는 인화 사진들이다. 첫 번째 사진에는 담요로 꽁꽁 싸인 한 아기의 모습이 흐릿하게 보인다. 사진사가 똑바로 선 자세로 짚 더미 위에 누운 아기를 내려다보며 찍은 듯하다. 너는 플래시 불빛을 피하려는 듯 두 눈을 질끈 감았다. 담요 사이로 작은 발이 드러나 있다. 그 긴 발가락이 아직도 눈에 선하다. 사진사가 너의 작은 발 옆에 내려놓은 쪽지에는 이렇게 적혀 있다. *K98-135.*

나는 망설이며 너를 지켜본다. 너는 깊은 생각에 잠긴 채, 손가락 하나로 사진을 살며시 어루만진다.

잠시 후, 너는 고개를 들고 숨을 고르며 차분한 눈빛으로 나를 바라본다. "정말 이게 전부인가요, 엄마?"

아니, 이것이 전부는 아니다.

우리의 이야기는 국제 입양이라는 더 큰 서사 속에 자리하고 있다.

1950년대 말부터 노르웨이로 입양 아동이 꾸준히 들어오기 시작했다. 다른 서구 국가들처럼 1970년대부터 1990년대 중반까지는 그 수가 급격히 늘어났다. 노르웨이로 들어온 국제 입양은 대략 2만 건으로 추산된다. 그러나 확실한 수치는 아니다. 노르웨이 통계청은 국제 입양에 관한 통계를 1970년대부터 집

계하기 시작했기 때문이다. 다시 말해, 노르웨이 당국은 입양을 통해 이 나라로 온 아이들이 정확히 얼마나 되는지 그 수를 여전히 파악하지 못하고 있다.

네가 태어난 나라는 해외 입양을 제도화했고, 그것은 곧 오늘날 국제 입양의 전형이 되었다. 그 제도는 반세기 넘는 세월 동안 여러 나라로 퍼져 나갔다. 그리고 지금까지 백만 명이 넘는 아이들이 비행기를 타고 낯선 나라와 문화 속 새로운 가정으로 가야 했다. 제도화된 입양 시스템은 서양과 동양, 북반구와 남반구, 가난과 부, 그리고 백인과 유색인 등 세계의 구조적 경계를 굳건히 하는 데 기여했다.

이 현상에 대한 일반적인 인식은 입양이 아이를 위한 최선의 선택이라는 생각, 그리고 아이들은 고아이며 본국에서는 앞날의 희망이 전혀 없다는 생각에 근거하고 있었다.

한국은 세계 그 어느 나라보다도 많은 아이를 해외로 보냈다. 그리고 노르웨이와 스웨덴, 덴마크는 인구 대비로 따져보면 세계에서 가장 많은 아이를 다른 국가에서 데려온 나라에 속한다. 너희는 자신과 전혀 다른 모습을 한 부모 밑에서 자라났고, 동네와 학교 나중에는 직장에 이르기까지 많은 경우 유일하게 아시아인의 외모를 지닌 사람으로 살아왔다.

너는 소리 없는 이주를 겪었다. 즉 한국 입양인 디아스포라에 속하는 셈이다.

"이게 전부인가요?" 하고 네가 묻는다. 나는 네가 기억하지 못하는 시절을 떠올리며 키보드 앞에 앉는다. 네 아버지와 내가 너의 부모가 되기 전의 시간을 더듬어 가며 이야기를 펼쳐 나가다 보면, 한국이 지난 70년 동안 자국 아이 25만 명을 지구 반대편으로 보내 왔다는 사실을 발견하게 된다. 그 아이들은 그렇게 유럽과 서구 여러 나라에 흩어졌다. 그리고 태어난 그대로의 모습이 아닌, 다른 사람이 되어 갔다.

이것은 나의 이야기다. 그러나 동시에 나는 읽고 쓰는 과정 속에서 다른 이들의 통찰과 삶의 경험에도 의지한다. 우리가 함께 속한 이 풍경을 더 깊이 이해하기 위해서.

그리고 나는 역사가 나를 따라잡으려는 문턱에서, 국제 입양에 관한 또 다른 이야기들을 드러낸다. 그 과정에서 거북한 진실들과 나 자신의 선입견을 마주하기도 하고, 때로는 불편하고 고통스러운 빛 속에서 어머니로서의 네 역할을 바라보기도 한다.

네가 우리에게 왜 입양을 선택했느냐고 물을 때 나는 현재의 시선으로 읽어야 하는 과거와 마주하게 된다. 그러나 그렇다고 해서, 우리 가족을 형성해 온 역사를 함께 돌아보는 지금, 너에게 솔직하지 않은 대답을 할 수는 없다.

목차

1부

쓰라린 갈망

가슴이 조금 뻐근하고 속이 메스껍지 않았던가? 나는 일주일 단위로 날을 세어 가며 먼저 봄 아이를, 이어 여름 아이를, 그다음에는 10월생, 12월생, 마침내 새해 첫날에 태어날 아기를 그려 보았다. 하지만 해가 바뀌어도 끝없는 시도와 기다림뿐, 달라진 것은 없었다. 부부의 잠자리는 점점 기계적이고 의례적인 일이 되었고 나의 온 관심은 배란표로 옮아갔다. 나는 체온, 수면 패턴의 변화, 몸의 부종, 통증, 기분의 기복 등을 꼼꼼하게 기록해 나갔다.

거리를 나서면 어디서나 임신한 여성들과 유아차가 눈에 들어왔다. 버스 안에서도, 친구 집을 방문할 때도, 심지어 영화관에서도 마찬가지였다. 친구들과 카페에 앉아 있으면 늘 젖이 불어오른 가슴에 아기를 꼭 껴안은 여인이 보였다. 분홍빛의 작은 입술이 젖꼭지를 물고 있는 모습. 나는 다시금, 내 주위의 여성 공동체에 속하고 싶었다. 호르몬이 불러오는 감정의 기복, 가슴의 팽창, 속 쓰림과 모유 수유가 함께하는 그 세계 속으로 말이다.

나는 1988년, 스물한 살이 되던 해에 첫 아이 산드라를 낳았다. 네 살이 되었을 무렵 딸아이는 자기 침대 옆에 아기 그림을 붙여 두었다. 거기에는 삐뚤빼뚤한 글씨로 이렇게 적혀 있었다. "나도 이런 걸 가지고 싶어."

그렇다. 우리가 바랐던 것은 오직 하나, 산드라를 위해 동생을 낳는 일이었다. 나는 쉽게 임신을 한 번 더 할 수 있을 거라고 생각했다. 하지만 잠자리는 아무 결과도 가져오지 않았다. 아이를 둔 친구들을 만날 때면 시선을 다른 데로 돌리는 일이 점점 잦아졌다. 비록 아이를 잃은 것은 아니었지만, 상실감에 고통스러웠다. 더 이상 아이를 가질 수 없다는 이 상실감은 내 안에서 점점 커져 갔다. 결국에는 일종의 수치심이 되어 아이를 가진 친구들과 함께 기쁨을 나눌 수 없을 지경에 이르렀다.

그때 입양 생각이 떠올랐다.

당시 노르웨이에는 국제 입양을 주선하는 세 개의 입양 단체가 있었는데, 모두 회원제로 운영되었다. 입양 절차가 어떻게 이루어지는지 알아보기 위해 그곳에 전화를 했을 때 우리의 바람을 이루기까지 갈 길이 멀다는 사실을 깨달았다. 단순히 아이를 갖기 위해 노력했다는 점만으로는 충분하지 않았다. 입양을 하려면 우리가 불임으로 고통받고 있다는 진단서를 제출해야 했다. 우리 같은 경우는 이차 불임^{secondary infertility}에 해당되었다.[1]

그래서 우리는, 과연 우리 중 누구에게 문제가 있는지부터 밝혀내야 했다.

우리가 임신을 시도한 지 거의 3년이 지나도록 성과가 없었다는 좌절감을 털어놓자 의사는 짧게 고개를 끄덕였다. 그리고 이런 어려움은 흔한 일이라고 우리를 안심시켰다. 노르웨이 부부의 약 10~15퍼센트가 원치 않게 아이를 갖지 못하는 현실과 싸우고 있으며, 이미 아이를 가진 부부라도 이차 불임을 겪을 수 있다고 덧붙였다.

그러나 우리가 입양 신청서를 작성하기 위해 진단서가 필요하다고 말했을 때, 의사는 선뜻 응해 주지 않았다. 뚜렷한 의학적 근거 없이 문서에 서명할 수는 없다는 것이었다. "아마 이 문제 때문에 지나치게 긴장하고 계신 걸지도 모릅니다." 그는 그렇게 말하며 나를 바라보았다. 그리고는 반년 정도 더 시도해 보라고 권했다. 만약 그때까지도 성공하지 못한다면, 병원 내 불임 클리닉으로 우리를 보내 주겠다고.

그렇게 길고 지루한 반년이 흘렀고, 우리는 같은 이유로 다시 의사 앞에 앉았다. "우린 여전히 입양을 원해요." 나는 단호하고도 차분하게 말했다. 그러나 의사는 여전히 고집을 꺾지 않았다. 입양 신청을 하기 위해서는 가능한 모든 방법을 시도해 보아야 한다는 이유에서였다.

더 많은 시도와 검사를 거친 끝에 문제는 남편 쪽이 아니라는 사실이 드러났다. 원인은 바로 내 몸에 있었다. 나의 결함, 나의 흠이었다.

그리하여 우리는 불임 클리닉에서의 절차를 시작했고, 의기소침한 마음으로 시험관 시술의 과정을 밟았다.

그로부터 몇 해가 흐른 뒤에야 의사는 마침내 내가 아이를 가질 수 없다는 진단서를 써 주었다. 묵직한 슬픔이 느껴졌지만, 새롭지는 않았다. 이미 오래전부터 받아들였던 사실이 이제 문서로 확인되었을 뿐이니까. 마침내 노르웨이에 해외 아동 입양을 주선하는 세 단체 중 하나인 '세계의아이들Verdens Barn'에 가입할 수 있었다. 가입하는 순간이 하나의 전환점처럼 다가왔던 것도 아마 그 때문이었을 것이다.

이 단체는 세 입양 단체 중에서도 가장 오랫동안 활동해 온 곳이었다. 그들의 풍부한 경험은 우리에게 신뢰를 주었다. 새로운 용기를 얻은 우리는 입양 절차에 관한 자료를 꼼꼼히 살펴보았다. 혼인 관계는 필수 조건이었고 신청자는 만 25세에서 45세 사이여야 했다. 또한 최근 5년 동안 정신적·신체적 질환이 없어야 하며, 이를 증명하는 건강 진단서가 필요했다. 더불어 범죄 이력이 없다는 증명서도 제출해야 했다.

제출된 신청서는 신청자가 거주하는 지방 자치 단위인 '코뮤네Kommune'의 사회복지과에서 심사했고, 그다음에는 중앙 정부 산하 기관이 다시 이를 검토했다. 국가로부터 승인서가 발급되면 세계의아이들에서 우리가 입양을 희망하는 나라로 서류를 보낼 수 있었다. '입양협회 Adopsjonsforening'는 이 모든 절차의 마지막 단계에서 아이 배정을 주선하는 역할을 했다.

루마니아, 브라질, 불가리아, 인도, 태국, 한국, 러시아. 우리는 각 나라가 신청자에게 요구하는 조건들을 꼼꼼히 읽어 내려갔다. 어떤 나라에서는 일정한 연령을 요구했고 또 다른 나라에서는 기독교 신앙을, 혹은 자녀가 없어야 한다는 조건을 내걸었다. 대기 기간은 짧을 리 없었다. 길거나 더 길 뿐이었다. 한국은 비교적 대기가 짧은 나라였다. 한국에서 오는 아이들은 아주 어렸다. 대부분 돌이 지나지 않은 아기들이었다.

당시 산드라는 이미 학교에 다니고 있었다. 우리는 두 아이가 자연스럽게 형제자매 관계를 맺을 수 있도록 나이 차이가 있기를 바랐고, 따라서 러시아에 관심을 가졌다. 그곳 아이들은 두세 살 이상이 된 시점에 입양을 가는 경우가 많았기 때문이다. 또 우리는 아이가 태어난 나라의 문화와 언어의 뿌리를 잃지 않기를 바랐기에 러시아를 선택했다. 러시아는 이웃한 나라여서 아이와 그곳을 여행하고 언어를 배우며 문화를 함께 익힐 수 있으리라 생각했다.

입양 단체의 홍보 책자는 입양에 있어 아동을 위한 최선의 이익이 무엇보다도 중요하게 고려되어야 하며, 아동은 언제나 가능한 한 모국 내에서 양육 대안을 찾아야 한다고 강조하고 있었다. 아이가 태어난 나라에서 가정 위탁이나 입양이 불가능할 경우에만 그 대안으로 국가 간 입양이 고려되어야 한다는 점에 오히려 안심이 되었다. 그러나 정작 '아동을 위한 최선의 이익'이 무엇을 의미하는지는 명확히 정의되어 있지 않았다. 이를테면, 아이가 풍요로운 다른 나라로 보내지는 것이 모국 내 고아원에서 자라는 것보다 나은 일일까? 이 질문은 문제로 제기된 적도, 깊이 성찰된 적도 없다. 그래서 나는 우리가 제공할 노르웨이에서의 삶이, 아이가 출생의 뿌리로부터 멀어짐으로써 겪게 될 결핍을 충분히 메워 줄 수 있으리라 쉽게 결론지었다. 남편과 나는 입양 과정의 모든 단계가 아동을 위한 최선의 이익을 염두에 두고 진행된다는 입양 단체의 약속을 믿었다.

당시 입양에 드는 비용 6만 2천 크로네 또한 오로지 아이의 먹을거리, 의복, 의료 관리와 약품 비용을 충당하기 위함일 뿐이라고 안내받았다. 단체는 그 누구도 아이들을 이용해 이익을 취하지 않을 거라고 우리를 거듭 확신시켰다.

곧 남편과 나는 입양을 통해 부모가 된 수많은 여성과 남성의 대열에 합류하게 되었다. 하지만 우리는 여전히 긴 과정을 거쳐야 했다. 덕분에 나는 입양이 무엇을 의미하는지 차근차근 살펴볼 충분한 시간을 가질 수 있었다.

입양은 새로운 현상이 아니다. 입양이 오늘날의 제도적 틀을 갖춘 것은 제2차 세계 대전 이후였다. 고대 로마 제국에서 남자 상속인이 없는 가부장은 법에 따라 사형에 처해졌다. 이를 피하기 위해 다른 집안에서 아들을 입양하기도 했다. 아들을 여럿 둔 귀족 가문은 종종 그중 몇 명을 다른 귀족에게 '입양 보내어' 서로가 바라는 가문 간의 연결을 맺었다. 아들이 지나치게 많으면 재산이 분산될 수 있었고, 아들이 너무 적으면 재산이 국가에 환수될 위험이 있었다. 그래서 로마 귀족들은 서로의 아들을 입양해 소수의 선택된 가문 안에 자신들의 부를 묶어 두었다. 부와 권력의 결집은 대개 부계를 따라 이어졌기 때문에, 딸이 입양되는 경우는 드물었다.

이러한 입양 형태는 비잔틴 제국 시기까지 이어졌으나 후기 중세에 이르러 변화를 맞이했다. 프랑스와 이탈리아는 더 이상 이러한 입양을 법으로 허용하지 않았다. 왕실 가문의 권력과 경제적 기빈을 유지하기 위해 상속 범위를 혈연으로만 제한했기 때문이다. 또한 이 시기에는 아이들을 수도원에 보내 그곳에서 자라게 하며 수도회의 일원으로 봉사시키는 일이 흔했다. 그러나 버려지는 아이들이 늘어나면서, 수도원 밖에도 차츰 고아원이 세워지기 시작했다. 공립 및 사립 고아원이 생겨났지만 금세 수용 한계를 넘어섰다. 그 결과 아이들을 가정에 맡겨 기르는 제도가 생겼다. 이는 위탁 아동 제도나 일종의 '양육 봉사' 형태로 사실상 아이들이 값싼 노동력으로 이용되는 경우가 많았다.[2]

노르웨이에서도 마찬가지로 모든 아이를 다 돌볼 수 없는 가정은 아이를 집 밖으로 내보내곤 했다. 이때 아이들은 대개 더 나은 성장 환경을 마련해 줄 수 있는 지인들의 집에 맡겨졌다. 이는 종종 아이들의 노동을 대가로 이루어졌다. 하지만 이를 중개하거나 기록하는 공적 제도는 물론, 이를 규율하는 법이나 규정도 존재하지 않았다.

당시 아이들은 작은 어른으로 여겨졌기에 아동 노동은 흔한 일이었고 특히 농가와 수공업 가정에서 두드러졌다. 어린이 사망률이 높았을 뿐 아니라 많은 아이가 거칠고 엄격한 환경 속에서 성장했다. 여성 역시 주로 가정과 가족에 한정된 역할을 맡아 집안일과 아이 돌봄을 책임지는 동시에 종종 농사일에도 동원되었다. 당시 어머니의 이러한 역할은 사회적으로 강력한 이상이었다. 결국 여성에게 가장 중요한 역할은 결혼을 통해 어머니 되기였다.

자녀가 없는 부부는 위탁 아동을 데려와 가정을 이루기도 했다. 위탁 아동과 양부모의 관계는 종종 입양과 비슷했으며, 위탁 아동이 양부모의 성을 따르는 경우도 많았다. 미혼모가 아이를 맡길 때에도 입양이라는 용어가 사용되곤 했다. 1915년 제정된 카스트베르그(카스트버그) 아동법은 이러한 입양 관계를 제도화하고 규율하려는 시도로, 1917년 노르웨이 최초로 제정된 입양법의 근거가 되었다.

입양은 이때부터 주로 자녀가 없는 부부를 위한 제도로 자리 잡았다. 아이는 완전한 결혼 생활에 필수인 존재였고, 입양이 자녀 없는 부부의 이혼을 막아 줄 것이라 믿었기 때문이다. 그래서 입양은 여성과 사회 모두에 이익이 되는 일로 간주되었다. 1917년의 입양법은 '약한 입양'이라는 개념에 근거했다. 아이는 생물학적 부모가 누군지 알았다. 상속권 역시 생물학적 부모에게만 있었고 양부모에게는 적용되지 않았다. 또한 입양아는 입양된 가정에서 장자 상속권을 가질 수 없었다. 이는 유산이 입양아의 생물학적 친가로 흘러가는 일을 방지하기 위한 조치였다.[3]

나는 아이를 온전히 자기 자식으로 받아들이는 의미의 입양이 역사적으로는 비교적 새로운 제도라는 사실을 알게 되었다. 1935년이 되자 비로소 이른바 '강한 입양'이 도입되었는데, 이는 입양아가 입양 가정에서 친자녀와 동등하게 상속권을 인정받는다는 의미였다.

입양인의 권리를 보장하기 위한 최초의 실질적 법률이 세정된 지 60년이 지난 시점, 남편과 나는 앞이 보이지 않는 막막한 과정의 문턱에 서 있었다. 우리에게 회원 자격을 부여한 세계의아이들은 당국의 승인을 조건으로 입양을 주선하겠다고 했다. 단체는 우리가 제공받은 모든 정보를 읽었음을, 또 우리 스스로 제출한 정보가 정확하고 진실함을 확인하는 서약서에 서명해 달라고 요구했다. 그들은 입양 과정에서 발생할 수 있는 여러 사안들에 대해 자신들이 책임질 수 없음을 분명히 했고, 모든 신청자는 서명을 함으로써 이 사항을 받아들여야 한다고 강조했다. 또한 우리는 노르웨이 입양 신청자들에 대한 신뢰를 높이는 방식

으로 행동할 의무가 있으며, 아이의 출생 국가에 속한 입양 담당
자들을 직접 겨냥한 비판은 향후 입양에 부정적인 영향을 끼칠
수 있음을 이해한다는 서약도 해야 했다.

우리는 신뢰와 명예를 가지고 이에 서명했다.

아무도 원하지 않는 아이들

　　우리가 입양 사전 승인 신청서를 시청 사회복지과에 제출한 지 반년 만에 마침내 답장이 도착했다. '귀하의 해외 입양 사전 승인 신청서를 접수하였음을 확인합니다. 다만 인력이 부족해 심사가 시작되기까지는 최대 여섯 달이 걸릴 수 있습니다.' 끝이 보이지 않는 기다림에 실망감이 몰려왔다. 뭔가 어떤 식으로든 일이 진행되고 있다는 확신을 얻고 싶었던 나는 사회복지과에 전화를 걸어 설명을 요구했다. 담당자는 입양 업무를 전담하는 인력이 따로 없어 한 직원이 해당 업무를 부분적으로만 맡고 있으며, 그 마저도 입양 신청자들의 대기 문제보다 더 시급한 사안을 우선 처리해야 하기 때문에 늦어질 수 있다고 했다. 남편은 관료주의에 화를 낸들 아무 소용이 없다며 차분하게 대응했다. 어차피 우리는 시청과 국가 기관, 입양 단체, 그리고 마지막으로 러시아 당국에까지 의존할 수밖에 없는 처지였으니까.

우리는 운이 좋은 편이었다. 사회복지과에서 답장을 받은 지 '불과' 다섯 달 만에 가정 방문을 받게 된 것이다. 당시 첫째 딸은 초등학교 2학년이었고, 사회복지사가 가족 내 상호 작용과 분위기를 지켜볼 수 있도록 집에 있어야 했다. 나는 원피스를 입은 산드라의 붉은빛이 감도는 머리를 곱게 땋아 주었다. 아이는 금세 지루해했지만 나는 바깥에서 놀아도 된다고 허락하지 않았다. 혹시라도 넘어져 멍이라도 들면 사회복지사가 우리를 어떻게 생각할지 몰라 두려웠기 때문이다. 남편은 창고와 차고를 정리한 뒤 다시 잔디를 깎았다. 나는 평소 거의 빵을 굽지 않았지만 그날은 빵 반죽을 만들어 놓았다. 바닥도 닦았고, 땀이 줄줄 흐르는 와중에도 잊지 않고 부엌 찬장 위까지 닦았다. 집이 깨끗하게 정돈되지 않았다는 이유로 우리가 입양 허가를 받지 못했다면 아마 평생 자신을 용서하지 못했을 것이다.

담당자는 형식적인 절차부터 먼저 처리하겠다며 서류 작업을 시작했다. 나는 꼼꼼히 준비해 둔 서류철을 그에게 건넸다. 그 안에는 출생증명서, 혼인증명서, 소득세 신고서, 건강 진단서, 본인의 건강 상태에 관한 자가 진술서, 그리고 범죄이력증명서가 들어 있었다.

그는 우리가 자주 다투는지 물었고, 남편과 나는 재빨리 눈길을 주고받은 뒤 힘주어 고개를 저었다. 우리는 각자의 성장 과정과 부모·형제자매와의 관계, 그리고 가족의 전통에 대해 이야기해야 했다. 또한 자신의 신체적·정신적 건강 상태뿐 아니라 서로의 건강과 성격까지 평가해야 했고, 갈등이나 문제, 위기를 어떻게 해결하는지도 설명해야 했다.

담당자는 지금까지 우리가 친자식을 갖기 위해 어떤 노력을 했는지 물었다. 나는 각종 검사와 시험관 시술, 수술에 이르기까지 모든 일을 설명했다. 어쩌면 필요 이상으로 세세하게 이야기 했을지도 모르겠다. 그러자 그는 우리가 입양을 선택하기 전에 이미 모든 방법을 시도해 본 것이 잘한 일이라고 했다. "그럼 후회할 일은 없겠죠."

입양 부모로서의 적격성에 대한 시청의 심사를 기다리던 동안, 우리는 입양 단체로부터 우리 지역에서 예비 양부모를 위한 준비 교육이 열릴 예정이라는 안내문을 받았다. 비록 우리는 이미 한 아이를 키우고 있었지만, 입양이 수반하는 고유한 과제가 많다는 사실을 잘 알았다. 입양아는 이미 다른 나라와 문화 속에서 일정 기간 살아왔고, 아마도 우리에겐 생소한 언어를 익혔을지도 모른다. 또한 가족과 양육자에게서 형성된 애착 및 관계도 가지고 있을 것이다. 아이의 뿌리와 지난 삶을 깊이 성찰하지 않거나 존중하지 않은 채 무작정 새로운 삶으로 데려올 수는 없었다. 비록 초대장에는 구체적인 교육 내용이 적혀 있지 않았지만, 나는 당연히 이러한 주제들이 핵심일 것이라 짐작했다.

그러나 그 교육은 의무가 아니었다. 나는 교육이 단순한 권고에 불과하다는 사실을 알고 놀랐다. 몇 주 뒤, 교육이 취소되었다는 새로운 편지를 받았다.

담당자가 가정 방문을 오고 석 달 뒤, 우리는 시청이 입양 당국에 보낸 보고서와 공문 사본을 받았다.

"신청자들은 성숙하고 안정적이며 조화로운 인상을 주고, 가정 환경도 바람직한 것으로 보인다. 아홉 살 난 딸과도 다정하고 따뜻한 관계를 이루고 있으며, 딸 역시 부모의 입양 계획에 긍정적이다."

그리고 정부 입양 사무국은 시청으로부터 가정 조사 보고서와 진술서를 접수했음을 확인했으며, 심사는 여섯 달에서 아홉 달이 걸린다고 알려 주었다.

"아홉 달이라니!" 나는 절규하듯 소리쳤다. 끝이 보이지 않는 기다림 앞에서 절망이 밀려왔다. 남편은 나를 달래려 했지만 좌절감은 좀처럼 가라앉지 않았다. 결국 울음을 터뜨리며 신문에 독자 기고문을 썼다. 그 글에서 나는 정부와 사회가 입양 가정을 외면한 채, 우리가 겪는 고통스러운 기다림을 무시하고 있다고 주장했다. 비록 그 글은 내가 처한 상황을 바꾸어 주지 못했지만, 내 안을 좀먹던 좌절감을 쏟아 낼 통로가 되어 주었다.

그 기다림의 시간 속에서, 남편은 훨씬 긍정적인 태도를 보였다. 어느 날인가 그는 러시아에 관한 책을 동료에게서 빌려 들고 집에 왔다. 우리는 그때 깨달았다. 우리가 해야 할 일은 단지 한 아이를 가족으로 맞아들이는 일에 그치는 것이 아니라 그 아이가 태어난 나라의 과거와 역사까지 함께 껴안는 것임을.

주말이 되면 우리는 도서관에 가서 책을 빌려 오곤 했다. 거기서 언어 학습 교재도 찾아냈다. 카세트테이프가 가득 들어 있는 커다란 가방이었다. 그것도 빌려 오자, 이번에는 산드라가 흥미를 보였다.

우리는 종종 셋이 함께 부엌에 앉아 돌아가며 책을 소리 내 읽거나, 언어 학습 테이프를 들었다. 산드라는 새로운 단어를 배울 때마다 그것을 적어 두었고, 저녁이 되면 색연필과 작은 노란 쪽지를 앞에 두고 부엌 식탁에 앉았다. 곧 집 안 곳곳에 러시아어 단어가 적힌 노란 쪽지가 붙기 시작했다. 가구, 주방 도구, 온갖 물건마다 낯선 언어로 된 작은 설명이 하나씩 달렸다.

1997년의 크리스마스 선물은 반짝이는 포장지에 싸인 장난감이 아니라 정부 입양 사무국에서 온 공문이었다. 우리에겐 종이에 적힌 문장 자체가 선물이나 다름없었다. "귀하는 해외 아동 입양 신청자로 승인되었습니다." 마침내 세계의아이들이 우리와 인연을 맺을 러시아 아이를 찾기 위해 절차를 시작했던 것이다.

당시 인터넷은 막 태동하던 시기였기에 인터넷에서 찾을 수 있는 입양 정보는 극히 드물었다. 하지만 한 사이트의 게시판에서 우리와 같은 처지에 있는, 입양을 기다리는 부모들을 위한 포럼을 찾아냈다. 그곳에서 우리는 아이에 대한 갈망과 꿈, 그리고 불안을 함께 나누었다. 새로운 입양 배정 소식이나, 아이를 보내는 나라들에 관한 소문을 들으면 누군가가 곧장 게시판에 알렸고 이는 삽시간에 퍼져 나갔다. 우리는 낙관과 견디기 힘든 기다림을 공유하는 공동체였다. 모두 각자의 상황에 몰두해 있으면서도 단 하나의 질문에 답을 찾고자 매달렸다. *우리 차례는 언제 오는 걸까?* 입양아의 배정이 확정된 후에도 또 다른 기다림이 뒤따랐다. 이번에는 여행 통보를 기다려야 했다. 어떤 이들은 운이 좋아 배정 후 일주일 또는 2주 만에 출국할 수 있었지만, 어떤 이들은 아이를 데려오기 위해 출생국으로 가기까지 몇 달이나 기다려야 했다.

하지만 기다림의 시간이 포럼 내의 설렘과 조급함만으로 채워진 것은 아니었다. 우리는 세계의아이들에서 보내오는 소식 또한 손꼽아 기다렸고, 매달 배달되는 편지와 분기마다 발행되는 회원 소식지를 통해 꿈을 이어 갔다. 잡지가 도착하면 언제나 가장 먼저 아이 배정 대기 순서가 공지된 페이지를 펼쳤다. 그 중에서도 아이를 데려오는 여행에 관한 부분이 무엇보다 가슴을 울렸다. 입양 부모들이 아이와 처음 만났던 순간을 전하는 그 감동적인 글들은 새로운 시작으로 향하는 여정이자 기대와 기쁨으로 가득한 어느 가족의 이야기였다.

봄이 되자, 마침내 우리에게도 기다리던 그 순간이 찾아왔다. 우리는 무르만스크 출신의 네 살짜리 남자아이의 부모가 되기로 결정되었다. 언제든지 떠날 수 있도록 대기해 달라는 요청도 받았다. 기쁨과 설렘이 뒤섞인 소용돌이 속에서 러시아어 연습을 더욱 열심히 했고, 아이 방을 꾸미며 알맞은 크기의 옷들로 옷장을 채웠다. 남편과 나는 여행 가방을 꾸렸고, 직장에 휴가를 신청했다.

어느새 몇 주가 지나 몇 달이 되었다. 우리는 여행 가방을 여러 번 다시 싸야 했고, 계절이 바뀔 때마다 아이의 옷도 바꿔 넣었다. 그러는 사이 입양 단체에서 전해 오는 소식은 점점 뜸해졌다.

당시 러시아는 정치적 혼란과 금융 위기, 극심한 궁핍에 휩싸여 있었다. 그것이 오히려 입양 절차를 앞당길 수 있기를 기대했지만, 현실은 정반대였다. 보리스 옐친 대통령 임기 말기에 접어들면서 러시아에서는 관료주의가 팽창했고 나라는 혼란에 빠졌다. 그 결과 입양 단체와 무르만스크 당국 간의 소통이 완전히 끊겨 버렸다.

9월 말, 입양 단체의 담당자로부터 전화가 왔다. 우리는 내심 두려워하던 소식을 받아들여야만 했다. "아드님은 오지 않습니다." 입양 단체가 입양 절차를 중단하기로 결정한 것이었다.

그 아이가 우리 사진이 담긴 앨범을 보육원의 다른 아이들에게 보여 주었다는 이야기를 들었다. 그 아이는 우리를 엄마, 아빠라고 불렀고, 밤에는 그 앨범을 베개 밑에 두고 잠들었다고 했다. 그러나 입양 단체가 전해 온 소식은 단호했다. 입양 절차를 중단하겠다는 결정은 되돌릴 수 없다는 것이었다.

처음에는 강하게 반발했다. 눈물과 항변이 쏟아져 나왔고,

나는 이 일을 언론에 알리겠다고까지 했다. 그러나 입양 단체는 요지부동이었다. 우리가 얻은 것은 위로가 아니라 엄중한 경고 뿐이었다. 우리가 이 사안을 공개할 경우 단체에, 또 여전히 아이를 기다리는 모든 부모에게 피해를 주게 될 것이라고. 상담원들은 우리가 신청서에 서명하며 약속했던 내용을 상기시켰다. 협회의 일에 해가 될 수 있는 행동은 피해야 한다는 내용이었다. 그들은 또한 이 사안이 외무부에도 보고되었으며, 그곳도 역시 같은 결론을 내렸다고 강조했다. 그냥 덮으라는 의미였다.

우리는 밤마다 그 일을 되새겼다. 과연 할 수 있는 모든 일을 다 한 것이 맞을까? 혹시 놓쳐 버린 것이 있진 않을까? 의심은 끊임없이 우리를 갉아먹었다. 그리고 우리는 그 좌절감을 서로에게 쏟아 냈다.

슬픔에 잠긴 나는 러시아 소년의 사진에 매달렸다. 입양 단체에서 받은 서류와 편지, 소식지를 거듭 펼쳐 보기도 했다. 나는 상실감에 젖어 설명과 위로를 찾았지만 어느 누구도 알아주지 않았다. "그 아이가 죽은 것도 아니잖아요. 그러니 솔직히 아이를 잃었다고 말할 수는 없다고 생각해요." 직장 동료는 내게 그렇게 말했다. 그녀가 아이를 '그저 사진일 뿐'이라고 치부했을 때, 내 마음에 새겨진 상처는 더 깊어졌다.

'아니, 아이잖아. 살아 있는 인간이라고!' 나는 마음 속으로 외쳤다.

나는 회원 소식지에 실린 즐거운 이야기들과 각국에서 전해지는 근황을 넘겨 보며, 슬픔과 자기 연민에 빠졌다. 가을호에는 러시아에서의 입양이 완전히 중단되었다는 소식이 실려 있었다. 하지만 한국에서 온 아이들은 꾸준히 도착했으며, 그중에는 태어난 지 고작 세 달 만에 지구 반대편으로 보내지는 아기들도 있었다.

회원 소식지에는 *가정이 필요한 아이들*이라는 제목 아래 작은 광고들이 실리곤 했다. 언청이, 뇌성마비, 귓바퀴가 붙어 있거나 제대로 자라지 않은 또는 사시를 가진 아이들. 광고에는 이런 아이들이 힘든 출발을 했지만 이제는 정상적인 발달 과정을 보이고 있다는 문구가 덧붙여졌다. 급박한 기운이 감돌았다. 아이들이 너무 늦기 전에 입양되어야 한다는 무언의 메시지가 숨어 있었다. 그중에는 생후 일곱 달 된 한국 남자아이도 있었다. 한 달 일찍 태어난 미숙아로, *조금 더 세심한 돌봄이 필요하며 하루빨리 가정이 필요함*이라는 글귀가 붙어 있었다.

몇 아이들은 여러 광고에 반복해서 등장했다. 그것을 본 나는 문득 이런 생각을 하게 되었다. 혹시 아무도 이 아이들을 원하지 않는 것은 아닐까?

1988년 가을, 러시아 아이를 잃은 지 불과 몇 주 만에 입양 단체 상담원에게서 전화가 왔다. 이번에는 다른 아이가 우리에게 배정되었다는 소식이었다. 한국에서 한 어린 남자아이가 갑작스럽게 입양 준비를 마쳤다고 했다. "이번에는 오래 기다리지 않으셔도 됩니다. 한국에서는 입양 절차가 매우 신속하고 체계적으로 진행되거든요." 그녀가 말했다.

"아마 우리 반발을 무마하고 입을 막으려는 의도였을 거야." 남편은 씁쓸한 목소리로 말했다. 그는 단체가 이 고통스러운 일을 그저 덮어 버리려 한다고 여겼다. 하지만 내 안에서는 작은 희망의 씨앗이 여전히 남아 있었다. 비록 입양 단체에 대한 신뢰는 무너졌지만, 나는 한국이 안전하고 예측 가능한 대안이라는 그들의 말에 매달렸다. 절박한 심정으로 남편에게 따져 물었다. "아이를 러시아에서 데려올 수 없으면 우린 절대로 아이를 가질 수 없다는 말이야?" 눈물이 치미는 가운데 나는 고통을 멈추어 달라고 애원했다. 그러나 그는 내 간절한 호소를 침묵으로 맞았을 뿐, 이내 자리를 떠 버렸다.

입양 단체 상담원이 얼마 후 다시 전화를 걸어 한국에서 입양을 하기로 결정했는지 물었다. "아이 사진만이라도 보시겠어요?" 나는 남편의 동의를 기다리지도 않고 곧바로 대답했다. "네, 사진을 볼게요." 나는 그것이 해가 될 리는 없다고 생각했다. 지금 같은 상황이 계속된다면 더는 견딜 수 없을 것 같았으니까.

우리는 입양을 진행하는 데 한국이 신뢰할 만한 나라라는 것을 알게 되었다. 또한 한국은 수십 년 동안 노르웨이와 입양에 관해 협력해 왔기 때문에 그 절차도 예측 가능했다. 나는 1998년 가을호 회원 소식지를 읽으며 그 사실을 다시 한번 확인할 수 있었다.

올해만 해도 모두 85명의 한국 아이들이 노르웨이에 도착했다.

한국으로 신청서를 보낸 뒤, 사진과 보고서가 첨부된 구체적인 아동 배정을 받을 때까지의 대기 기간은 석 달에서 여섯 달 사이였다. 그 후 모든 서류가 완비되기까지는 다시 약 석 달이 걸렸다.

한국에서 오는 아이들은 대부분 갓난아기였다. 나는 그것이 아마 아이가 태어나자마자 입양 절차가 곧바로 시작되기 때문이라고 생각했다. 어쩌면 태어나기 전부터일지도.

나는 상담원에게 한국에서 오는 아이들이 얼마나 되는지 물었다. 상담원은 이제는 1년에 고작 백 명 남짓이라며 예전에 비해 그 수가 그리 많지 않다고 말했다. "예전에는 해마다 수백 명이 왔거든요." 그녀가 덧붙였다. "하지만 매년 백 명이라니, 그것도 굉장히 많다고 생각하는데요!" 나는 그렇게 소리쳤다. 1950년대 한국 전쟁 직후 세계에서 가장 가난한 나라 중 하나였던 한국이 이제는 세계 유수의 경제 대국으로 성장했다는 사실을 잘 알고 있었기 때문이다.

상담원은 한국이 눈부신 경제 성장과 생활 수준의 향상에도 불구하고 여전히 제대로 된 복지 체계를 갖추지 않았다고 내게 차분히 설명해 주었다. 또 다른 이유를 들자면 한국에서 해외로 보내지는 아동의 대다수가 미혼모의 자녀인데, 이는 경제가 아니라 문화의 문제라고 했다. 한국 사회에서는 혼외 출산아를 용납하지 않는 분위기가 강했다. 피임은 금기시되었고 학교에서는 성교육이 이루어지지 않았다. 그러나 임신 중단은 불법이었다. 남성이 이미 아이를 가진 여성을 아내로 맞는다는 것은 생각조차 할 수 없는 일이었다. 미혼모가 설 자리는 아예 존재하지 않았다.

아이를 입양 보내는 것 이외에는 미혼모에게 다른 선택지가 전혀 없다고, 입양 단체는 굳게 믿었다.

불행의 시작

내가 한국에 대한 자료를 찾아 읽기 시작했을 때 가장 먼저 눈에 들어온 것은 역설적인 모습이었다. 나라는 기술과 경제 측면에서 앞서 있었지만, 사회는 여전히 강한 가부장제에 지배되고 있었다. 하지만 노르웨이 여성들도 비슷한 상황이었다. 굳이 먼 과거까지 거슬러 올라가지 않더라도, 이곳에서도 수많은 미혼 여성이 아이를 낳으며 사회적 낙인을 감내해야 했다.

제2차 세계 대전 말기와 그 직후, 노르웨이에는 독일인 아버지에게서 태어난 아이들이 많았다. 그러나 입양 기관들은 이 아이들을 입양 보내기 어렵다고 여겨 받아들이려 하지 않았다. 그럼에도 일부 아이들, 그리고 독일에서 부모를 잃은 아동들은 전쟁 직후 몇 년 동안 노르웨이 부부들에게 입양되었다.[4]

여성을 바라보는 도덕주의적 시각은 전후 재건 과정에서 독일군과 관계한 여성들에 대한 적대적 태도와 맞물려 더욱 강화되었다. 당시 당국은 여성이 자신의 성을 '잘못된' 방식으로 발현할 경우 민족이 위협받는다고 보았다. 이에 따라 여성의 성을 더욱 엄격히 통제해야 한다는 인식이 사회 전반에 팽배했다. 그 결과, 전쟁 이후부터 1965년까지는 전쟁 전보다 세 배에서 네 배 더 많은 노르웨이 아동이 입양되었다.

당시 사회 전반에 혼외 출산을 한 여성들에 대한 부정적 시선이 자리했다. 노동 계급 출신의 많은 젊은 여성이 임신을 하게 되면 아이를 입양 보내곤 했다. 일부는 지방 농가나 사설 조산원으로 가서 조산사의 도움을 받았다. 조산사들은 출산을 돕고 나서 아이를 입양 보내는 절차까지 맡아 주었다. 그동안 여성들은 숙식과 생계를 위해 일을 해야 했다.[5]

원치 않는 임신으로 곤경에 처한 젊은 여성들이 임신 중 아이를 입양 보내기로 결정하면, 출산 클리닉에 제출할 서류를 받아 가야 했다. 이들은 머리에 시트를 뒤집어쓴 채 출산을 해야 했고, 아이는 태어나자마자 곧바로 방 밖으로 옮겨져 얼굴조차 볼 수 없었다. 물론, 아기가 남자인지 여자인지도 알 수 없었다.

아이 아버지가 없으면 어머니는 양육비조차 받을 수 없었다. 1964년에 모성 보호 제도가 도입되기 전까지 미혼모가 공적 지원만으로 생계를 꾸려 가기란 불가능했다. 따라서 여성들은 생계를 위해서라도 아버지의 존재가 법적으로 확인되는 데 의존할 수밖에 없었다. 그러나 부성 확인 소송은 시간이 오래 걸렸고, 재판이 끝날 무렵에는 이미 아이가 입양 부모에게 보내진 경우가 대부분이었다.

1950년대에는 혼외 임신을 한 여성들이 이전 세대보다 더 젊은 경우가 많았고, 그중 절반은 미성년자였다. 오늘날 한국에서와 마찬가지로 이들은 부모로부터 아이를 입양 보내라는 압박을 받았으며, 많은 이가 부모의 반응을 두려워한 나머지 임신 사실을 숨기곤 했다. 그 시절의 공기에는 수치심과 두려움이 짙게 드리워져 있었다.

그래서 입양은 미혼 여성이 아이를 임신했을 때 가장 좋은 해결책이 되었다. 여성들은 입양 기관을 방문하는 첫날, 곧바로 입양 계약서를 손에 쥘 수 있었다.

대부분의 미혼모들은 임신을 해서 배가 불러 오기 시작하면 집을 떠나 비밀리에 출산했다. 또한 당시 노르웨이에서는 입양이 보통 사적으로 이루어졌기에 오늘날 노르웨이 내 입양아가 정확히 얼마나 되는지 알지 못한다. 뒤늦게 밝혀진 바에 따르면, 일부 사립 미혼모 시설은 불과 몇 년 사이에 수백 건의 입양을 주선하기도 했다고 한다.[6]

당시 존재하던 법은 입양 부모의 이익을 최우선으로 두고 있었다. 예를 들어, 1948년에 개정된 법률에는 입양 부모가 입양을 철회할 권리를 무려 5년 동안 가진다고 명시되어 있었다.

입양된 아이가 지적 장애나 정신 질환을 가지고 있거나, 그 밖의 중대한 신체적·정신적 결함 또는 입양 이전부터 있었던

것으로 추정되는 악성의 장기 질환을 앓고 있음이 드러날 경우,
그리고 그것을 입양 부모가 알지 못했던 경우에는, 입양 부모가
입양일로부터 5년 이내에 법원의 판결을 통해 입양 관계의 해지를
요구할 수 있다.[7]

1956년에는 법 개정을 통해 소위 '강한 입양'만이 유일하게
합법적인 형태가 되었다. 이는 입양이 가족을 구성하는 법적 방
식이 되었음을 뜻했지만, 역설적이게도 입양을 철회할 권리는
오히려 강화되었다.[8] 예를 들면 1958년 베르겐에서는 여덟 살 소
년의 입양이 7년 반 만에 취소된 사례가 있었다. 그 아이는 생후
보름이 되던 날부터 입양 부모와 함께 살아왔지만, 부모는 더 이
상 아이를 원하지 않았다. 이 소년의 입양은 오슬로에서 개인이
운영하던 기관인 '입양알선사 Adopsjonshjelpen'를 통해 이루어진 경우
였다. 이 기관은 여러 해 동안 주간지와 신문에 광고를 싣고 입양
을 주선해 왔다. 베르겐에서 농장을 경영하던 부부는 입양알선
사 대표로부터 그 아이를 건네받았다. 그러나 다섯 해가 지난 뒤,
그들은 소송을 제기하며 더 이상 아이를 키우고 싶지 않다고 선
언했다. 자신들의 권리가 정당하다고 주장한 이유는 당시 법이
규정한 철회 사유에 아이가 신체적·정신적 질환을 가지고 있거
나 '타락하거나 범죄적인 삶'을 사는 경우가 포함되어 있었기 때
문이다.

　입양 부모는 그 소년이 지적 장애를 지녔으며 자신들이 몇

넌 뒤에 입양한 딸에게도 부정적인 영향을 끼친다고 주장했다. 전문가들은 다음과 같이 결론 내렸다.

"이 아이는 눈에 띄게 산만하고 다루기 힘들며, 그 행동 방식은 입양 부모, 특히 어머니에게 큰 부담과 고통이 되고 있다. 따라서 B를 적절한 시설에 수용할 것을 권한다."[9]

이 재판은 입양 부모가 철회권을 행사하려 했던 여러 사례 가운데 하나였다. 당시에는 사설 입양 알선이 점차 폐지되는 추세였다. 점점 더 많은 사람이 입양 알선을 반드시 법으로 규제하고 공공 기관만 담당해야 한다고 주장했다.

입양 알선 기관을 둘러싼 논쟁은 1950년대 초반에 격화되었다. 출생신고서가 조작되고, 알코올 남용과 양육 방임 등으로 얼룩진 가정의 기능 부전 부모에게 아동이 인도되었다는 사실이 드러났기 때문이다. 이러한 실태는 "치욕적일 뿐 아니라, 범죄라고 해도 과언이 아니다"라고 묘사되었다. 이에 따라 사설 입양 알선은 즉각 금지되어야 하며, 아울러 입양을 신청하는 모든 이를 철저히 조사해야 한다는 제안이 제기되었다. 그러나 사설 입양 알선은 1953년 국회가 아동복지법을 통해 민간 주체들의 활동을 금지하기 전까지 계속 이어졌다. 국내 입양의 문이 닫힌 후 아이러니하게도 곧 해외 입양의 문이 열릴 것이라는 사실은 당시 그 누구도 알지 못했다.

노르웨이에서 홀로 아이를 키우며 생계를 유지하는 일은 거의 불가능에 가까웠다. 그러나 1967년 국민보험제도가 도입되면서 미혼모를 위한 제도적 장치가 마련되었다. 피임도 점차 더 많이 보급되었고, 임신 중단 역시 보다 자유로운 방향으로 나아갔다. 이러한 변화는 사회 전반의 미혼모에 대한 인식 변화와 맞물려 입양 건수의 큰 감소로 이어졌다. 그러나 핵가족에 대한 이상은 여전히 강력했기에, 아이를 간절히 원하던 불임 부부들은 긴 줄을 서서 입양을 기다렸다.

한국에서 온 아이들이 그 해결책이었다.

이 아이를 원하시나요?

나는 떨리는 손으로 봉투를 찢어 열었다. 그 안에는 네 장의 사진과 아이에 대한 정보가 담긴 두 장의 종이가 들어 있었다. 첫 번째 사진에는 담요에 단단히 싸인 채 가슴에 번호표를 단 갓난아이기 있었다. 다음 사진에서는 담요 위에 엎드린 아기가 머리카락 하나 없는 작은 머리를 간신히 들어 올린 채, 카메라 바깥 어딘가를 응시하고 있었다.

그게 바로 너였다

세 번째 사진 속에서 너는 의사의 품에 안겨 있었다. 의사는 너를 들어 올려 카메라 앞에 내밀며 마치 이렇게 말하는 듯했다. *보세요, 이 아이는 멀쩡하고 훌륭합니다.* 마지막 사진에는 어느덧 훌쩍 자라 두 팔을 양옆으로 벌려 균형을 잡으며 서 있는 작은 사내아이의 모습이 담겨 있었다. 너는 막 걸음을 내디디려는 것 같았다. 사진을 들여다보던 나는 벌써 걸음마를 시작했는지 궁금해졌다. 빨간색과 파란색의 점프 슈트 가슴께에는 *Spirit*이라는 낙관적인 단어가 적혀 있었다. 머리카락이 자랐고, 갈색 눈동자는 사진사를 똑바로 응시했다.

너는 나를 똑바로 바라보고 있었고, 나는 그 얼굴에서 옅은 미소를 보았다고 생각했다.

봉투 속 또 다른 종이에는 이제 막 한 해를 채워 가는 아이의 삶이 기록되어 있었다. 그 시작은 이랬다.

1월 26일: 출생

1월 30일: 대구 위탁 가정에 맡겨짐

그 뒤에는 아이가 나중에 서울의 또 다른 위탁 가정에 맡겨졌다고 적혀 있었다. 이미 양육 환경이 세 번 바뀌었다는 의미였다. 출생 직후 나흘 동안은 어머니와 함께한 병원, 그다음은 출생지의 위탁 가정, 그리고 이제는 서울이었다. 종이 맨 아래에는 입양 기관의 메시지가 적혀 있었다.

"이 작은 아기는 절실히 부모를 필요로 합니다. 이 아이를 원하십니까?" 그제서야 나는 네가 소식지에서 본 광고 속 아기임을 깨달았다.

박현욱. 두 장의 A4 용지에 담긴 배경 정보에는 서울 홀트아동복지회Holt Children's Services Incorporated의 한 사회복지사가 지어 준 이름이라고 적혀 있었다. 이어지는 작은 단락 앞에는 **생모에 의해 위탁됨**이라는 문구가 굵은 글씨로 적혀 있었고, 그 아래에 전체 경과가 간략하게 요약되어 있었다.

아이의 생모는 당시 열여섯 살이었으며, 남부 지방의 중산층 가정에서 세 딸 중 하나로 자라났다. 고등학교 시절 한 살 많은 소년을 만나 사랑에 빠져 그가 데이트를 청했을 때 기꺼이 응했다. 서류에는 그녀가 충동적으로 그 청년과 육체적 관계를 맺게 되었다고 기록되어 있었다. 얼마 후, 임신 사실을 알게 된 그녀는 이를 끝까지 숨기려 애썼다. 부끄러움과 두려움에 사로잡혀 의사를 찾을 용기도 내지 못했다. 게다가 당시 임신 중단은 불법이었으므로 선택지조차 될 수 없었다.

그녀는 불러 오는 배를 감추려 헐렁한 옷을 입었고, 체중이 늘지 않도록 음식도 서의 먹지 않았다. 출산 예정일이 가까워져서야 어머니가 몸의 변화를 눈치 채고 딸을 병원으로 데려갔다.

다행히 마침 겨울 방학이었기에 그녀는 다른 사람들의 눈에 띄지 않은 채 출산할 수 있었다. 그녀는 경솔하게 남자 친구와 관계를 가진 일을 후회했다. 남자는 그녀는 물론 아이와도 더 이상 어떤 인연도 맺으려 하지 않았다.

아기는 예정일보다 두어 주 일찍 태어났다. 키는 44센티미터, 몸무게는 2.2킬로그램이었다. 의사들은 이 아이를 '부당경량아'라고 불렀는데, 이는 임신 기간을 채웠음에도 아이가 비정상적으로 낮은 체중으로 태어난 경우를 뜻한다.

부당경량아들은 성장 과정에서 건강상의 문제를 겪을 위험
이 크다. 특히 영양 부족이나 여러 장기 및 신체 기관의 미성숙과
관련된 위험이 두드러진다. 입양 기관은 이런 아이들이 정상적
으로 성장, 발달할 수 있도록 충분한 영양을 공급받는지 면밀히
살폈다고 설명했다. 이 아이가 한국에서 오는 일반적인 입양아
들보다 나이가 더 많았던 것은 바로 그 때문이었다.

그 작은 아기는 생후 나흘 만에 어린 어머니가 홀트아동복
지회의 서류에 서명한 뒤 병원을 떠나면서 홀로 남겨졌다.

입양 기관의 편지에는 우리가 작성해야 할, 공증을 받아야
하는 서류들도 함께 들어 있었다.

가능한 한 빨리 서류를 보내 주시기 바랍니다. 그래야 한국에서
필요한 절차를 준비할 수 있습니다. 아이를 입양하기까지는 약 두세
달이 걸립니다. 귀하께서 직접 한국에 가서 데려오지 않는다면,
아이는 한국인 혹은 노르웨이인 수행원을 통해 노르웨이로 인도될
것입니다.

그게 전부였다. 단지 서명만 하면 입양 기관은 우리에게 새
로운 아이를 보내 주겠다고 했다. 남편도 누그러져 있었다. 우리
는 함께 서류를 작성한 뒤 서명했다.

"우리는 한국에서 온 아이, *K98-135번* 아동 박현욱을 입양
할 것을 이로써 확인합니다."

폭탄 소리가 멎은 뒤

몇 해 동안 우리의 시선은 줄곧 러시아를 향해 있었다. 한국에 대해서는 거의 아는 바가 없었다. 물론 한국 전쟁에 대해서 들어 본 적은 있었지만, 학교에서 그 전쟁에 대해 제대로 배운 것은 아니었다. 우리는 기나리는 동안 다시 도시관을 찾아가 황헤와 동해 사이에 자리한 그 머나먼 나라에 관한 책들을 빌려 왔다.

만주, 몽골, 시베리아, 중국, 일본과 같은 강대한 이웃들에 둘러싸인 한반도는 풍요로웠지만 동시에 격동의 역사를 거쳐 왔다. 초기 왕조들은 문화와 기술 발전의 촉매제였다. 신라는 불교와 예술을 장려했으며, 조선은 유교적 가치와 학문·기술 혁신을 중시했다. 근대에 들어 한반도는 열강 정치의 무대가 되었다. 1905년 러일 전쟁에서 일본이 승리한 뒤에는 일본 제국에 강제 병합되었다. 그 이후의 세월은 일본이 한국 문화를 가혹하게 억압하고 완전한 동화를 강요한 상처로 점철되었다.

일제강점기에 한국의 자원과 노동력은 철저히 수탈당했으며 일본은 자국 군인을 위한 '위안소'를 설치했다. 수천 명의 한국 여성들이 그곳에서 강간을 비롯한 조직적인 육체적·정신적 학대에 시달리며 말할 수 없는 고통을 겪었다. 이와 같은 상처는 한국 사회에 지울 수 없는 깊은 흔적을 남겼다.

제2차 세계 대전 동안 일본은 독일과 동맹을 맺었다. 그러나 1945년 5월 독일이 항복하자 연합군의 시선은 일본으로 향했다. 같은 해 8월, 소련은 북한을 침공했고 미국은 남한에 상륙했다. 38선 양쪽에서 마주선 양측 군대는 그곳에서 대치한 채 멈춰 섰다.

1948년, 노르웨이 출신 트뤼그베 리^{Trygve Lie}가 이끄는 유엔 위원회가 한반도의 통일 가능성을 모색하는 표결을 추진했으나 깊은 정치적 갈등으로 무산되었다. 북한은 이미 1946년에 김일성이 이끄는 공산 정권을 수립했으며, 남한은 이승만 대통령의 지도 아래 있었다. 소련군과 미군이 철수한 뒤에는 남북 간의 모든 교역과 교통이 단절되었다.

한반도의 분단은 1950년 6월 25일 북한이 남한을 침공하면서 전면전으로 돌입했다. 한국 전쟁은 곧 냉전의 일부가 되었고, 남한은 미국과 유엔의 지원을, 북한은 중국과 소련의 지원을 받았다. 이 전쟁에는 여러 국제 세력의 군대가 개입했다.

리의 주도 아래 유엔은 현대사에서 가장 파괴적인 분쟁 가운데 하나였던 한국 전쟁에서 핵심적인 역할을 맡았다. 그리고 미국의 해리 트루먼 대통령이 그 선두에 섰다. 1950년 7월 13일, 리는 53개 유엔 회원국에 남한을 지원하기 위해 병력을 파견해 달라고 호소했다. 휴전 협상은 1951년 7월 10일 시작되었고, 몇 달 뒤인 11월 23일 휴전 합의가 이루어졌다. 그러나 협상은 이후 2년 넘게 간헐적으로 이어졌으며 그 사이에도 전투와 폭격은 계속되었다.

1951년 6월 무렵, 북한의 도시들과 사회 기반 시설은 이미 심각한 피해를 입은 상태였다. 미국과 유엔은 군사적 압박을 지속하며 더 이상 폭격할 대상이 없을 때까지 북한의 일흔여덟 개 마을을 초토화했다. 마침내 1953년 7월 27일 휴전이 판문점에서 체결되었다. 그러나 남한과 북한 사이에는 평화가 자리 잡지 못했다. 오늘날까지도 그 국경은 세계에서 가장 군사화된 경계선으로 남아 있다. 휴전 이후, 태평양 지역에서의 미국의 이익을 지키기 위해 남한에 6만 명의 미군이 주둔하게 되었다.

이 전쟁은 냉전의 서막을 연 첫 전쟁이자 20세기 역사에서 가장 잊힌 전쟁이다. 뿐만 아니라 하루 평균 사망자 수로 봤을 때 역사상 가장 참혹한 전쟁으로 평가된다. 최소 3백만 명이 이 전쟁에서 목숨을 잃었고 하루 평균 사망자는 약 3천 명에 달했다. 불과 3년 만에 한반도는 피로 물든 도살장으로 변해 버렸다.[10]

모든 전쟁이 그러하듯 아이들이 가장 무력하게 희생되었다. 폭격 속에서 수많은 아이들이 부모를 잃었다.

전쟁은 지역 공동체를 파괴하고 가족들을 피난길로 내몰았으며, 착취의 토대를 다졌다. 인신매매범들과 범죄 조직은 취약한 여성들을 성적 노예로 만들었다. 여성들은 다시금 '위안부'로 전락해 남북한 군대와 그들의 해외 동맹 세력 모두에게 성적 착취를 당했고, 이로 인해 수많은 아이들이 태어났다.

전쟁의 여파로 빚어진 극심한 혼란 속에서 많은 아이가 길에 버려졌다. 이 시기 한국에서 태어난 '혼혈아'의 정확한 수는 알 수 없으나, 추산에 따르면 1950년부터 1965년 사이에 1만 2천 명이 넘는 '혼혈아'가 태어난 것으로 보인다.

한국에서의 고아원 건립은 대체로 해외 민간단체들에 의해 이루어졌다. 그중 상당수가 선교, 후원과 자선의 색채가 짙은 기독교적 혹은 박애주의적 가치에 기반을 두고 있었다. 전통적으로 돌봄과 복지는 사적 영역으로 여겨졌기에, 한국 정부는 해외 단체들에 복지 사업의 주도권을 넘기는 것에 아무런 이견도 갖지 않았다.

한국 전쟁에 참전했던 노르웨이 군인들도 고아원을 위한 모금과 재정 지원에 힘을 보탰다. 그들의 활동은 현지 지원에만 그치지 않았다. 전쟁이 끝나고 10년 동안, 즉 1960년대 중반까지 참전 군인들은 약 115명의 아이들을 노르웨이로 데려왔다. 1966년 이전의 통계는 남아 있지 않기 때문에 그 수가 정확히 얼마였는지는 아무도 알지 못한다.[11]

한국 전쟁 참전 군인들은 이후, 한국 아동을 입양하려는 노르웨이 가정을 모으기 위해 자체 단체를 조직했다. 이로써 노르매시NORMASH 출신 참전 군인들은 한국노르웨이협회를 통해 한국 아동의 해외 입양을 노르웨이에 공식적으로 주선한 최초의 단체가 되었다.[12] 노르웨이로 향하는 체계적인 국제 입양의 첫 물결은 이렇게 시작되었다.

동방에서 온 씨앗

최초의 한국 아동 입양은 엄밀히 말해 노르웨이 법률에 위배되는 일이었다. 노르웨이 의회가 1953년 사적 단체를 통한 입양 주선을 금지한 의도는 분명했다. 아동 복지는 국가의 책무라는 이유였다. 그러나 한국 아동을 대상으로 이루어진 해외 입양은 이 구상에 포함되지 않았다. 당시 아동 복지 제도는 오직 노르웨이에서 태어난 아이들만을 대상으로 했기 때문이다. 노르웨이로 데려온 아이들이 본래는 다른 나라의 아동 복지 체계에 속해 있었다는 사실에는 아무도 주목하지 않았다.

법적 장치의 부재는 한국에서도 일종의 회색 지대를 만들어 냈다. 유엔군과 서구 방문객들은 겉보기에 고아처럼 보이는 아이들을 손쉽게 나라 밖으로 데려갈 수 있었다. 1952년, 한국 정부는 입양을 둘러싼 혼란을 정리하고 국내 입양을 제도화하기 위해 복지 제도와 위탁 가정 제도를 도입했다. 그러나 얼마 지나지 않아 해외 입양이 다른 모든 대책을 압도하게 되었다.

미국의 지원을 받은 이승만 대통령은 전후 한국 재건을 위한 비전을 내세웠다. 그것은 바로 "하나의 나라, 하나의 민족"이었다. 이 민족주의적 정책에는 당시 '혼혈아'들을 둘러싼 논란의 여지가 큰 계획도 포함되어 있었다. 그는 "모든 혼혈아는 아버지의 나라로 보내져야 마땅하다"라는 발언과 함께, 실질적으로는 일종의 추방 정책에 해당하는 전략을 내놓았다.

이 계획을 추진하기 위해 정부는 입양 기관을 신설하고 보건사회부 소속으로 두었다. 긴급 위임을 받은 이 기관은 '혼혈아'의 해외 입양을 적극 추진해야 했다. 이러한 정책은 한국의 아동 복지 제도와 국가의 국제 관계에 장기적이고도 심대한 영향을 남겼다.[13]

미국 오리건 출신 농부 해리 홀트Harry Holt는 이승만의 계획을 실행하는 데 중요한 역할을 한 인물 가운데 하나였다. 그의 아내 베르타 홀트Bertha Holt는 저서 《동방에서 온 씨앗 The Seed from the East》에서, 훗날 거대한 규모로 성장하게 될 국제 입양 체계가 어떻게 시작되었는지를 서술했다.

1954년 어느 가을 저녁, 독실한 기독교 신자였던 홀트 부부는 기독교 단체 월드비전인터내셔널World Vision International의 설립자 밥 피어스Bob Pierce 박사의 강연에 참석했다. 피어스는 전쟁 이전은 물론 전쟁 중과 전쟁 이후에도 한국에서 선교 활동을 이어왔으며, 그 과정에서 맺은 한국 기독교인들과의 협력 관계에 대해 이야기했다. 오리건에서 열린 그 강연회에서 피어스는 자신이 제작한 영화 〈휴가 나온 죽은 자들Dead Men on Furlough〉를 상영했다. 제목인 '휴가 나온 죽은 자들'은 원래 조국을 위해 기꺼이 목숨을 바치는 모범적 공산주의자를 가리키는 소련식 은유였다. 그러나 피어스의 영화는 오직 기독교만이 이러한 공산주의적 죽음 멸시에 맞설 유일한 해독제라고 주장했다. 그는 또한 참석자들에게 한국에서 겪는 고통과 굶주림, 그리고 수많은 아이들의 고난에 대해서도 이야기했다.[14]

홀트 부부는 한국 전쟁의 참혹한 상흔에 깊은 슬픔을 느꼈다. 베르타는 훗날 그들이 밤낮으로 아이들을 생각했다고 회상했다. 그것을 계기로 홀트 부부와 그들의 여섯 자녀들은 교회의 후원 프로그램에 함께하게 되었다.

부부는 거기서 멈추지 않았다. 해리는 직접 한국에 가서 이른바 'GI 아동', 즉 혼혈아를 입양하고자 했다. 'GI'는 *Government Issue*'의 약자로 미군을 가리키는 표현이다. GI 아동은 한국 전쟁 중 한국인 어머니와 미군 사이에서 태어난 아이들을 뜻했다. 어떤 아이들을 선택할 것이냐는 질문에 해리는 하나님이 인도해 주실 것이라고 대답했다. 그는 GI 아동을 미국으로 입양할 수 있도록 허용하는 법안을 추진해 달라며 상원 의원 리처드 뉴버거Richard Neuberger에게 서신을 보냈다.

해리는 미 의회가 그 법안을 통과시킬지 알 수 없는 상황이었음에도 불구하고 대구로 향했다. 이에 대해 누군가 묻자 그는 이렇게 답했다. "이 일은 주님의 뜻입니다. 그분이 의회를 인도하실 것입니다."

해리는 대구에서 여덟 명의 아이들을 데려왔고, 이는 당시 미국 사회에서 큰 주목을 받았다. 1955년 가을에는 수백 쌍의 부부가 오리건에 있는 홀트 부부의 농장을 찾아와 한국에서 아이를 입양하고 싶다며 도움을 청했다. 같은 이유로 미국 전역에서 보내온 편지도 매주 도착했고, 그 수는 셀 수 없을 정도였다. 이에 해리는 다시 한국으로 향해 더 많은 아이를 데려왔다.

하지만 모든 일이 순조롭게 흘러간 것은 아니었다. 한국에 주재하던 여러 선교사들이 이미 친구나 지인들을 위해 입양할 아이들을 예약해 둔 상태였다. 게다가 많은 GI 아동의 어머니가, 미국에서 돌아오겠다고 약속한 아이 아버지를 기다리며 아이를 직접 키우길 원했다.

뿐만 아니라 홀트 부부는 수많은 모욕적인 편지와 전화에도 시달려야 했다. 그들은 '눈이 가늘게 찢어진 괴물'을 미국으로 데려와 미국 사회를 파괴한다고 비난받았다. 그러나 해리는 이에 굴하지 않고 1955년 홀트아동복지회를 설립했다. 이 기관은 이후 수십 년간 눈부신 성장을 이어 갔다.

홀트 부부는 기독교 복음주의자들 사이에서, 국제 입양을 '잉태'한 예언적 인물로 칭송받았다. 그들은 자신들이 하나님의 뜻을 실현하기 위한 신성한 계획 속에서 특별한 역할을 부여받았다고 굳게 믿었고, 하나님이 자신들을 보내셨다고 확신했다. 해리는 한 연설에서 자신의 사명을 설명하기 위해 성경의 이사야서를 인용하기도 했다. "두려워하지 말라! 내가 너와 함께 있느니라. 동방에서 네 자손을 오게 하고, 서방에서 너를 모을 것이며, 북방에게는 이르기를 그들을 내놓으라 하며, 남방에게는 그들은 가두지 말라 하리라!"[15]

홀트 부부의 입양 활동은 한국에서도 일간지의 1면을 장식했다. 영어 신문 〈코리언 리퍼블릭The Korean Republic〉(훗날의〈코리아헤럴드〉)은 1957년 10월, 1면 머리기사로 이렇게 보도했다. "80명의 고아, 미국행에 오르다. 새 삶을 찾아 비행하는 혼혈아들."

기사에는 해리가 이미 4백 명의 아이들을 미국으로 데려갔으며, 아이젠하워 대통령으로부터 받은 무제한 '혼혈아' 이송 임무를 수행하기 위해 필요한 모든 일을 하는 중이라고 보도되어 있었다.

출발에 앞서 해리는 아이들을 인도하자마자 곧바로 돌아올 것이라고 밝혔다. 한국에는 이미 미국행을 위해 준비된 2백 명의 아이들이 기다리고 있었기 때문이다.[16]

1955년부터 1961년 사이에만, 한국에서 해외로 보내진 아이들은 약 4천 185명에 달했다. 그중 4천 155명이 미국으로 향했다.

한국 전쟁의 여파 속에서 행정 기록과 제도적 정비는 제대로 이루어지지 않았기에, 서방으로 입양 보내진 아이들의 정확한 수를 파악하기는 어려웠다. 또한 최초의 해외 입양 물결 속에서 노르웨이에 도착한 아이들이 몇 명이나 되었는지도 집계된 바가 없었다.

입양을 앞둔 나는 이 정보를 접하고나서 적잖이 불안했다. 하지만 세계의아이들에서는 그것이 이미 오래전의 일이라며 우리를 안심시켰다. 그들은 입양 절차가 노르웨이의 독자적 법률과 아동 권리 협약에 따라 체계적으로 운영되고 있다고 설명했다.

한국노르웨이협회에 대해 읽던 나는 이 협회의 참전 용사들이 전쟁 직후의 일반적인 구호 활동 외에도 한국 아이들을 노르웨이로 데려오는 일을 계속했음을 알게 되었다. 이 활동이 협회의 주된 사업으로 자리 잡고, 사회부의 공식 승인을 받은 것은 1969년에 이르러서였다. 정부의 승인이 떨어지자 입양 사업은 본격적으로 속도를 내기 시작했다. 협회는 홀트 기관과 스스로 '황금 계약'이라 부른 협정을 맺었다. 1978년, 협회는 입양 활동을 다른 나라들로까지 확대하기를 원했고, 그 결과 입양 업무는 별도 부서로 분리되었다. 이때 새롭게 출범한 입양 단체가 비로 세계의아이들이었다.[17]

1961년, 미국은 부모를 잃은 아동에 관한 법률을 제정하며 혼외자 입양을 아동 복지 조치로 규정했다. 이 법에 따라 해외 입양 절차가 간소화되었고, 관련 아동들을 위해 별도의 비자 코드까지 마련되었다. 해리는 현지 당국과 협력하여 대리 입양 제도를 마련했다. 미국 시민이 해외에 있는 대리인을 통해 입양할 수 있도록 허용한 제도였다. 이로 인해 예비 양부모를 대신해 홀트 재단의 현지 대표자들이 법적 절차를 밟을 수 있었고, 미국의 부부들은 아이의 문화나 언어, 식습관에 대해 전혀 알지 못한 채 입양을 진행할 수도 있었다. 어떤 경우에는 아이를 한 번도 만나 보지 못한 상태에서, 아이가 비행기를 타고 미국에 도착한 순간 처음으로 마주하기도 했다.[18]

이 방식은 노르웨이에서도 일반화되었다. 좌석 대신 상자로 가득 찬 비행기 객실 사진을 본 기억이 난다. 상자에 비해 몸집이 큰 아이들, 부산이나 서울에서 출발해 암스테르담, 파리, 프랑크푸르트를 거쳐 새로운 삶을 향해 가는 아이들의 모습이었다. 승무원들이 그들과 동반했지만, 아이들의 언어를 알지 못해 배가 고픈지, 피곤한지, 아니면 화장실이 급한지조차 물어볼 수 없었다.

1965년 방영된 한 뉴스 화면은 포르네부 공항에 막 착륙한 스칸디나비아항공 여객기에서 아이들이 쏟아져 나오는 장면을 담고 있었다. 아이들은 승무원과 다른 성인 승객 들의 품에 안겨 있었다.[19] 모두가 최소 두 명 혹은 그 이상의 아이를 데리고 있었는데, 몇몇 아이들은 스스로 걸어 나오기도 했다. 두 살배기 경숙도 그중 하나였다. 경숙은 승무원의 손을 잡고 비행기 트랩을 서툰 걸음으로 조심스레 내려왔다. 팔에는 임시로 만든 종이 팔찌가 채워져 있었는데, 거기에는 아이의 한국 이름과 장차 양부모가 될 사람의 성, 그리고 앞으로 살게 될 곳이 적혀 있었다. 공항 입국장에는 낯선 사람들에게 넘겨지는 한국 아이들로 가득했다.

몇몇 아이들의 얼굴을 클로즈업한 카메라 렌즈는 어쩌면 미소를 지으라는 무언의 요청을 담고 있었을지도 모른다. 그러나 내 눈에 들어온 것은 경숙의 굳은 표정과 움츠러든 눈길이었다. 그렇게 그 작은 소녀는 노르웨이의 '안네'가 되었다.

입양협회는 그런 일은 이제 과거라고 했다. 부모가 직접 한국에 가서 아이를 맞아 오는 것이 바람직하며, 직접 가지 않더라도 대리 인도를 통해 인수할 수 있다고 했다. 단, 대리 인도의 경우 수행원 한 명이 단 한 명의 아이만을 동반할 수 있었다.

나는 너의 어머니가 되었다

한국노르웨이협회와 홀트 재단이 협약을 맺은 지 거의 반세기가 지난 어느 날, 우리에게 전화가 걸려왔다. 이제 세계의아이들이라는 이름으로 불리게 된 입양 단체의 담당자가 뜻밖의 소식을 전했다. 우리가 내년 2월 서울에서 데려올 예정이던 그 아이가 벌써 출국할 준비를 끝냈다는 전화였다. 다음 주에 수행원이 그 아이를 노르웨이로 데려올 수 있다고 했다. 마침 한국에서 입양된 젊은 노르웨이 학생이 크리스마스 방학을 맞아 한국에 들렀다가 귀국 직전 서울의 입양 기관을 찾아가, 노르웨이로 데려갈 준비가 된 아이가 있느냐고 물었던 것이다. 그들은 이틀 내로 한 어린 남자아이를 준비시키고 서류를 정리할 수 있다고 답했다. "준비 되셨습니까?" 담당자가 나에게 물었다.

그로부터 닷새 후, 나는 새로 문을 연 오슬로 가르데르모엔 공항에 발을 디뎠다. 갑자기 제출한 휴직 신청서에 당황하는 상사를 뒤로 하고 곧장 비행장으로 향했다.

며칠 동안 우리는 집을 정리하고 구석구석 청소했다. 한 이웃은 침대와 이불을 주었고, 다른 이웃은 아이 옷을 가져왔다. 우리도 서둘러 유아차와 카시트를 마련했다. 그렇다, 이제 정말 준비가 되었다.

가르데르모엔의 새 공항은 넓고, 텅 빈 듯 고요했다. KLM-1151편은 제시간에 도착할 예정이었다. 착륙 30분 전, 나는 입양 협회의 상담원을 만났고 그녀는 나를 공항 관리국으로 이끌었다. 나는 비행기가 착륙함과 동시에 기내에 오를 수 있는 허가증을 받았다. 스피커에서 비행기가 게이트에 곧 들어온다는 안내 방송이 흘러나오자 공항 직원이 나를 그곳으로 안내했다.

비행기가 막 게이트 앞에 멈추어 섰다. 문이 열리는 순간, 내 심장은 거세게 뛰기 시작했다. 승무원 한 명이 미소를 지으며 내 손을 잡아 주었다. 그녀는 나를 승객들로 가득 찬 기내로 이끌었다. 그들은 모두 조용히 앉아 있었고, 아무도 서두르지 않았다. 그제야 나는 그들이 나를 기다리고 있었다는 사실을 깨달았다.

맨 앞줄에 젊은 여성이 한 명 앉아 있었다. 그녀의 무릎 위에는 노란 옷을 입은 아기가 잠들어 있었고, 가슴에는 'K98-135'라고 적힌 종이가 옷핀으로 꽂혀 있었다. 아기는 기내에서 벌어지는 일과는 상관없이 그녀의 팔에 머리를 기댄 채였다. 살짝 쥔 작은 주먹은 그녀의 가슴 위에 놓여 있었다. 그녀는 거의 하루 동안 아기를 먹이고, 달래고, 안아 주었다.

그녀는 재빨리 자리에서 일어나 잠든 아이를 내 품에 안겨주었다. 아기의 콧등에 맺힌 땀방울이, 축축한 머리카락이 턱에 닿는 것이 느껴졌다. 나는 승객들의 박수 소리를 들으며 비행기에서 가장 먼저 내렸다.

그렇게 나는 너의 어머니가 되었다.

입양협회에서 나온 상담원은 너를 품에 안을 수 있도록 아기띠를 건네주었다. 내 가슴에 닿아 오는 너의 체온을 느낄 수 있었다. 너는 나를 올려다보며 눈을 깜박이더니, 곧 너를 데려온 그 여성을 바라보았다. 그녀는 내 뒤에 서서 어깨 너머로 너에게 말을 걸었다.

너는 한국어를 듣고 미소를 지었다. 그러나 그녀가 작별을 고하자 울기 시작했다. 나는 아기띠 속에서 고개를 뒤로 젖히며 우는 너를 꼭 끌어안으며 달래 보아도 너는 온몸에 힘을 주고 버텼다. 네 턱 아래 손가락을 대고 시선을 마주치려 했지만, 너는 우리의 눈길이 짧게 마주한 그 순간 더욱 크게 울부짖었다.

어쩌면 너는 파란 눈을 가진 사람을 한 번도 본 적이 없었을지도 모른다. 그리고 아마도 네가 아는 이들과는 전혀 다른 소리를 내는, 키 큰 백인 여자를 난생 처음 보았을 테고, 그 여자에게서는 낯선 냄새가 났을 것이다. 그 여자는 너의 엄마가 아니었지만 너를 마치 자기 아이인 것처럼 품에 꼭 끌어안았다.

너는 넓고 텅 빈 공항 홀 이곳저곳을 두리번거렸다. 아마 그 너를 찾고 있었으리라. 너와 같은 눈, 같은 머리카락, 같은 피부를 가진 그녀를. 너에게 익숙한 소리와 말을 알고 있던 바로 그 사람을.

나는 아기띠를 풀고 너를 바닥에 내려놓았다. 그러자 너는 갑자기 울음을 그치고 몸을 일으켰다. 너는 내 주위를 비틀거리며 돌다가 쓰러질 듯 내 바짓가랑이를 붙잡았다. 너는 나를 향해 미소 지었고, 곧 베르겐으로 가는 밤 비행기를 기다리던 다른 승객들에게도 웃음을 보였다. 그 비행기는 네가 우리 집에 도착하기 전에 거쳐야 하는 마지막 여정이었다.

베르겐행 비행기에 오르자 너는 상황을 깨달은 듯 했다. 한국에서 함께 왔던 사람은 사라졌고, 너는 버려진 채였다. 내가 너를 품에 꼭 안고 있었지만 낯선 사람일 뿐이었다. 기내 안은 온통 너와 피부색이 다른 낯선 이들로 가득했다. 네 시선은 불안한 듯 흔들렸고, 조금 전의 호기심 어린 작은 미소는 사라졌다. 삼시 후, 네가 내 무릎 위에 앉을 수 있도록 승무원이 여분의 안전벨트를 가져왔다. 그러나 너는 뻣뻣하게 굳은 몸으로 울음을 터뜨렸다. 승무원은 물러서지 않았다. 비행기가 활주로로 나가기 전에 반드시 네게 안전벨트를 매어 주어야 했으니까. 너는 마치 강압에 맞서 목숨을 걸고 싸우는 듯했다. 네가 몸을 뒤로 젖히는 바람에 나는 너를 좌석 사이 바닥에 떨어뜨릴 뻔했다. 네 날카롭고 아픈 울음소리가 기내에 울려 퍼졌다. 다른 승객들은 곁눈질을 하며 마치 우리가 존재하지 않는 듯 외면했다. 그들은 좁은 좌석 사이에서 무엇을 보았을까? 지구 반대편에서 막 도착한 아이를 받아 든 한 여자. 아이를 달랠 수 없는 새내기 엄마. 아이를 이 강제로부터 지켜 내지 못하는 엄마.

나는 네가 맨 안전벨트에도 불구하고 할 수 있는 한 너를 어르며 달래 보았다. 너는 위탁모가 건네준 작은 곰 인형을 바닥에 내던졌고, 너를 달래기 위해 스웨터에 안전핀으로 달려 있던 공갈젖꼭지를 내밀자 곧장 뱉어 버렸다. 등줄기를 타고 땀이 흘러내리는 가운데, 나는 네 귀에 대고 속삭이듯 노래를 불렀다.

비행기가 베르겐 공항에 도착해 승객들이 좌석에서 일어나자 네 울음은 곧 잦아들었다. 나는 네 안전벨트를 풀고 두 팔로 너를 감싸 안았다. 그러자 너의 떨리는 몸이 느껴졌다. 나는 네가 메고 왔던 파란 가방을 내 어깨에 걸쳤다. 거의 무게가 느껴지지 않았다. 다른 승객들은 내가 먼저 나갈 수 있도록 길을 비켜 주었다.

터미널 건물 안에 들어서니 산드라와 남편이 우리 쪽으로 천천히 다가왔다. 나는 몸을 비틀어 내 품에서 빠져나가려 하는 너를 바닥에 내려놓았다. 네 아버지가 너를 안아 올리려 했지만, 너는 그 손을 뿌리치고 서툰 걸음걸이로 도착장 안을 여기저기 돌아다녔다. 마침내 네 누나가 바닥에 앉아 가져왔던 장난감을 보여 주자, 너는 그제야 걸음을 멈추고 팔에 안겼다.

너의 파란 여행 가방 안에는 한 장의 서류, 비행 사전 보고서가 들어 있었다. 서울 홀트아동복지회의 한 직원이 서명한 서류였다. 너는 입양 준비를 완료했으며, 체크리스트는 모두 확인되었음을 증명하는 용도였다.

너는 이가 여덟 개 나 있었고, 그 중 네 개는 윗니, 네 개는 아랫니였다. 출발하는 날에는 열도 없었다. 너는 네 시간마다 우유 백 밀리리터를 마시는데, 항상 두 손으로 젖병을 움켜쥐고 힘차게 마셨다고 적혀 있었다. 너는 한 숟가락 양의 밥을 하루에 세 번 먹었고, 과일과 빵, 이유식, 과자, 주스, 요거트를 좋아했다.

너는 밤 열한 시부터 아침 일곱 시까지 자는 데 익숙했고 오전과 오후에도 각각 한 번씩, 한 번에 약 30분 동안 낮잠을 잤다. 너는 무릎을 가슴에 붙인 채 몸을 웅크리고 누웠으며 누군가가 등을 쓰다듬어 주어야 잠에 들곤 했다. 하지만 주변의 소리에 쉽게 잠에서 깨곤 했다. 네가 하루에 한 번 대변을 본다는 정보도 적혀 있었다.

너는 혼자서도 앉고 걸을 수 있었으며 진흙을 뭉칠 줄도 알았다. 누군가 너에게 작별 인사를 하면 손을 흔들었다. 옹알이를 많이 했으며 위탁모와 그 남편에게 '엄마', '아빠'라고 부를 수 있었다. 너는 많은 단어와 간단한 문장을 알아들었고 텔레비전 보는 것을 좋아했다.

너는 누군가 네 이름을, 현욱이라는 이름을 부르면 고개를 돌려 쳐다보았다.

너는 목욕하기와 바깥에서 놀기를 무척 좋아하는 '귀엽고, 온순하며, 명랑한 소년'이었다.

너는 기저귀가 젖거나 배가 고플 때 울었다.

너는 홀로 있을 때 울었다.

너는 낯선 사람을 두려워했다.

가방 안에는 기저귀 두 장, 젖병 하나, 분유 한 통, 부스러기만 남은 과자 한 봉지, 작은 곰 인형 하나, 고무신 한 켤레, 그리고 잠옷 한 벌이 들어 있었다. 너의 한국 여권과 비행기 표, 그리고 여행 경로가 요약된 종이 한 장도 함께 있었다. 거기에는 네가 위탁 가정에서 홀트 사무소로, 김포 공항으로, 암스테르담으로, 그리고 노르웨이-오슬로로 이동했다고 적혀 있었다. 너는 거의 온종일 여행을 한 셈이었다. 그리고 이제 일곱 시간을 거슬러 유럽, 노르웨이의 베르겐까지 왔다.

그때 한국은 이른 아침이었고, 우리는 가장 긴 밤을 눈앞에 두고 있었다.

2001. 3. 23
The Opening Ceremony of the Holt Reception
2001. 3. 23 금 11:00

너의 꿈속에서

너는 내가 부르는 노래를 들으면 차분해졌다. 그래서 나는 너를 씻기며 노래했고, 먹이며 노래했고, 노래를 하며 너를 안아 다독여 주었다. 동요 몇 곡, 그리고 가끔은 내가 어릴 적 배웠을 법한 찬송가 한두 곡. 찬송가를 부르면 너는 미소를 지은 채 눈을 크게 뜨곤 했다. 마치 그 노래를 아는 듯했다. 어쩌면 너의 위탁모도 대부분의 한국 사람이 그러하듯 불교와 기독교를 함께 믿는 사람이었을지도 모른다. 교회에 다니면서, 내가 불러 주었던 바로 그 찬송가를 너에게 불러 주었던 것이 아닐까?

처음 몇 주 동안 우리는 조용히 지내며 다른 사람들을 거의 만나지 않았다. 너를 외부의 여러 자극으로부터 지켜 주고 앞으로 너의 가족이 될 우리에게 익숙해지도록 하고 싶었기 때문이다. 우리가 서로 이야기를 나눌 때면 너는 놀라움이 섞인 눈빛으로 우리를 바라보곤 했다.

너는 매일 오전마다 긴 낮잠을 잤다. 하지만 언제나 내가 너를 한참 동안 안아 다독여 준 뒤에야 잠에 들곤 했다. 때로 안드레아 보첼리의 노래를 배경으로 너를 안은 채 느릿느릿 춤을 추듯 움직이기도 했다. 나는 왼팔로 네 엉덩이를 받치고 오른팔로는 네 등을 감싸 안았다. 처음에 너는 마치 왕좌에 앉은 듯한 모습으로 내 얼굴을 뚫어지게 바라보았고, 나는 노래를 흥얼거렸다. 내가 시선을 옮기면 너도 따라 눈길을 옮겼다. 내가 미소를 지으면, 너는 내 입술을 오래 들여다보다가 조심스럽게 따라 미소를 지었다. 그 미소가 웃음으로 번져 나가던 순간도 있었다. 그러나 또 다른 때에는 그저 무덤덤한 눈빛으로 노래하는 내 입술을 바라보거나, 너를 바라보는 내 시선을 담담히 받아 내기만 할 뿐이었다. 마치 한 걸음 물러서서 다가올 무언가를 조용히 기다리는 듯이.

네 삶에는 네가 태어나기 이전을 보여 주는 흔적이 전혀 없었다. 입양 기관에서 찍은 몇 장의 사진을 제외하면, 네가 태어난 나라를 떠올릴 수 있는 그 무엇도 없었다. 네 안에는 내가 볼 수 없는 어떤 기억들이 자리하고 있었을까? 네 몸에는 우리가 알지 못하는 무엇이 새겨져 있었을까? 너는 누구를 닮았던 걸까?

우리는 부모에게서 물려받은 유전자와 태아 시절에 받은 환경적 영향을 함께 가지고 태어난다. 이후 살아가는 방식과 경험을 통해 스스로의 유전 물질에 후성유전학적 변화를 쌓아 간다. 식습관, 신체 활동, 수면, 스트레스, 그리고 그 밖의 환경 요인들

은 유전 물질에 흔적을 남기며, 우리가 어떤 사람이 되는지를 좌우한다.[1]

심리학에서는 아이가 태어나 눈을 뜨는 순간부터 이미 어머니와 소통을 시작한다고 본다. 그때부터 어머니와 아이 사이에 독특한 상호 교감이 형성된다. 생후 며칠, 몇 주 사이 아기는 돌보는 이의 표정을 따라 하고, 익숙한 목소리와 소리, 냄새와 움직임에 반응한다.[2]

너는 태어난 직후 어머니의 가슴 위에 뉘어졌을까? 누군가가 너의 머리와 등을 쓰다듬어 주었을까? 네가 울 때면 누가 너를 달래 주었을까?

네 누나를 임신했을 때가 떠올랐다. 내가 지치거나 스트레스를 받을 때면 산드라는 뱃속에서 잦은 움직임으로 반응했다. 배 위로 그녀의 등을 쓰다듬어 주면 이내 차분해지곤 했다. 나는 뱃속의 아기에게 노래를 불러 주었고, 세상에 태어난 뒤에도 그 노래를 불러 주었다. 나는 처음 딸아이와 시선을 마주쳤던 순간을 여전히 기억한다. 우리는 그때부터 떼려야 뗄 수 없는 사이가 되었다. 내가 서 있든 걸어 다니든 아이의 시선은 늘 나를 따랐고, 내가 잠시라도 한눈을 팔면 금세 울음을 터뜨렸다.

나는 너를 안아 주었고, 함께 춤을 추었다. 너는 보첼리가 네 번째 노래를 부르기 시작할 때쯤 비로소 내 가슴에 몸을 기대며 잠에 들곤 했다. 땀에 젖은 네 까만 머리칼이 내 턱을 간질이면,

너를 안은 채 살그머니 계단을 올라 네 침대로 향했다. 그리고 두 손으로 네 등을 받쳐 들고 조심스레 침대 위에 내려놓았다. 네 얼굴 위로 몸을 기울이면 네 숨결이 느껴졌다. 보일 듯 말 듯 살짝 떨리는 네 눈꺼풀을 보며, 네가 이미 꿈을 꾸고 있을지도 모른다고 생각했다.

너는 꿈에서 처음 열 달 동안 너를 돌봐 주었던 위탁모의 얼굴을 보았을까? 아니면 너를 낳아 준 어머니의 품으로 돌아갔을까? 네 몸은 그녀의 목소리, 그녀의 웃음소리, 그녀의 울음을 기억하고 있었을까? 너는 한국의 냄새를 꿈꾸었을까? 참기름과 김치의 냄새를? 아니면 우리 강아지를 꿈꾸었을까? 네가 오자마자 마음을 주었던, 울음이 터질 때마다 네 몸을 감싸 주던, 심지어 건포도까지 함께 나누려 했던 그 포근한 털북숭이 강아지를? 아니면 너는 춤추고 노래하는 나, 네 엄마를 꿈꾸었을까?

빛나고 지혜로운

우리가 너를 입양할 수 있도록 허가한 공식 승인서는 네가 우리에게 오기 불과 3주 전인 1998년 11월 17일, 노르웨이 정부의 청소년 및 입양국에서 발급되었다. 그 서류에는 한국에서 발급된 중요한 문서인 '양육권 포기 확인서Statement of Release'를 제출해야 이 나라에서 최종적으로 입양이 성립 가능하다고 적혀 있었다. 그 문서는 네 서류철 속에 들어 있었고, 태어난 지 겨우 한 달 반 만에 발급된 것이었다. 입양협회가 말했듯, 모든 절차가 얼마나 신속하게 진행되었는지 보여 주는 증거였다.

내가 이해한 바로 너는 홀트아동복지회에 소속된 어떤 사람의 후견 아래에 있었다. 그것은 홀트 본사가 위치한 서울 마포구 합정동 관할 당국이 확인한 사실이었다.

우리가 미리 받아 두었던 네 배경 자료에는 홀트아동복지회가 너의 어머니와 아버지를 직접 만났다고 적혀 있었다. 하지만 이번에 발급받은 가족 관계 등록부 등본은 전혀 다른 내용이었다.

이전 가족의 세대주: 기록 없음

이전 가족 세대주와의 관계: 기록 없음

부: 기록 없음

모: 기록 없음

의문스러웠다. 우리가 받아 든 정보의 내용이 서로 모순되었기 때문이다. 너는 부모가 있었지만 '고아'였다. 어떻게 부모가 있으면서 동시에 고아일 수 있지? 그러나 두 차례에 걸친 입양 과정에서 겪은 예측 불가능한 상황과 불안에 나는 이미 지칠 대로 지쳐 조그만 일에도 쉽게 흔들릴 만큼 나약해져 있었다. 무엇보다 우리 아들은 이제 내 품에 있었다. 그리고 이전의 러시아 입양 과정에서의 경험 때문에 나는 서류 속 세부 사항을 차마 더 캐묻지 못했다.

그럼에도 불구하고 나는 그 점을 쉽게 떨쳐 낼 수가 없었다. 결국 홀로 더 깊이 조사해 본 결과, 그것이 한국의 관행임을 알게 되었다. 그 배경에는 오래된 가부장적 가족관이 자리하고 있었다. 호적 제도는 조선 시대로부터 비롯되어 가계를 기록하고 사회 질서를 유지하기 위해 사용되었다.[3]

호적은 출생, 사망, 혼인을 공식적으로 등록하는 기능을 했다. 이 제도는 유교적 가치를 유지하기 위해 설계되어, 혈연의 중요성과 조상을 기리는 것을 강조했다. 입양이 금기시되고 수치로 여겨졌기 때문에, 입양아들은 호적에 포함되지 않았다.

이는 곧, 입양된 아이들은 가계에 편입되지 못해 상속권은 물론 복지 혜택도 받지 못한다는 뜻이었다. 그들에게는 어떠한 법적 지위도 주어지지 않았다. 그들은 말 그대로 비非시민이었다.

너는 우리의 아들이 되었다. 하지만 너는 노르웨이 사람도 되어야 했기 때문에, 우리는 너의 체류 허가를 신청하고 노르웨이 시민권 신청서를 작성하기 위해 경찰서에 가야 했다.

네 한국 여권에는 'Park, Hyun Wook'이라고 적혀 있었다. 나는 한국 이름이 세 음절로 이루어진다는 것을 알게 되었다. 성이 먼저 오고, 그다음에 이름이 왔다.

박은 한국에서 흔한 성이다. 한국에서는 성씨의 종류 자체가 매우 한정적이어서, 적은 수의 성을 많은 사람이 함께 나누어 쓴다.[4] 이 성씨는 흔히 후박나무 혹은 순박함을 상징하는 것으로 이해된다. 이는 한국 일부 지역의 민간 신앙과 상징체계 속에서 중요한 자리를 차지한다. 성씨 '박'의 또 다른 기원은 고려 왕조와 연관되어 있다. 당시 고위 관료 중 이 성씨를 가진 이가 많았으며 종종 지방 관료나 군 지휘관으로 임명되었다. 이후 이 성은 그들의 자손들에게까지 이어져 내려오며, 귀족 신분을 나타내는 표시가 되었다.

이름인 현욱은 많은 빛을 품고 있다. '현'은 빛, 순수함, 지혜를 의미하며, '욱' 또한 빛 또는 찬란함을 뜻하는 옛 한국어에서 유래한 것으로 알려져 있다. 그러니 홀트 시스템 내의 누군가가 너에게 '빛나고 지혜로운 아이'라는 이름을 붙여 준 셈이다.[5]

나는 또 한국의 이름과 관련된 전통이 수백 년이나 된 씨족 제도인 '본관'과 연결되어 있다는 사실도 읽었다. 본관은 조상의 혈통을 추적하는 방식으로, 서열 제도 또는 혈통 제도로 불린다. 그 기원은 신라 왕조까지 거슬러 올라간다. 이 제도는 일부 가문이 세대를 거쳐 대대로 이어지는 우월한 자질(뼈와 피)을 지닌다고 여기는 관념을 바탕으로 만들어졌다.

한국의 씨족 제도와 이름 제도 사이의 가장 중요한 연결 고리 가운데 하나는, 성씨가 종종 조상의 배경에 관한 정보를 드러낸다는 점이었다. 예를 들어 '김'이라는 성을 가진 사람은 대개 김해 김씨에서, '이'라는 성을 가진 사람은 대개 경주 이씨에서 뿌리를 찾을 수 있었다.

본관 제도는 일종의 신분 제도로, 일부 집단에게는 자긍심을 심어 주었다. 그러나 동시에 특정 본관 출신을 열등하게 보고 하층 계급으로 분류해 차별을 만들어 내기도 했다. 이런 가문 출신 사람들은 흔히 육체노동이나 농업에 종사하도록 내몰렸다.

본관 제도를 따라 성씨는 세대를 거쳐 위계적으로 대물림되었고, 그 중에서 김씨, 이씨, 최씨, 그리고 박씨는 가장 흔한 성으로 분류되었다.[6] 너는 이제 새로운 노르웨이 성을 가져야 했다. 하지만 너의 뿌리와 한국적 모습은 평생 네 안에 남아 있을 것이었다. 한국은 네 일부였고, 그래서 우리는 네 이름 가운데 하나를 그대로 두기로 했다. 우리는 노르웨이 시민권 신청서에 네 이름을 '안데르스 현 몰비크 보튼마르크Anders Hyun Molvik Botnmark'로 적었다.

서류철에 들어 있던 안내문에는 도착 직후 가능한 한 빨리 인근 병원이나 보건소에서 소아과 진찰을 받아야 한다고도 적혀 있었다. 그런데 네 등의 오른쪽 위에서부터 엉덩이까지 커다란 멍 자국이 드리워져 있었다. 선명하고 짙은 남청색이었다. 병원 소아과 의사는 뭐라고 할까? 우리가 아동 학대를 했다고 의심하지는 않을까?

네가 노르웨이에 온 지 나흘째 되던 날, 우리는 규정에 따른 검진을 받기 위해 하우켈란 병원의 소아과로 갔다. 거기서는 한국에서 온 의사의 진단 보고서를 면밀하게 검토해야 했다. 또 너의 몸무게와 키를 재고 노르웨이 예방 접종 일정과 대조해야 했으며 이후 어떤 진료가 추가로 필요한지도 확인해야 했다.

의사가 진료실 안으로 들어오자, 너는 두 다리로 내 허리를 꽉 감아 안았다. 그래서 의사가 너를 진찰할 수 있도록 네 아버지가 너를 억지로 떼어 내야만 했다. 의사는 자못 성급해 보였고, 나는 땀에 젖어 있었다. 네 아버지와 나는 불안한 눈길을 주고받

앉다. 나는 네 스웨터와 바지를 벗기고 너를 바닥에 내려놓았지만 너는 내 다리에 매달린 채 떨어지려 하지 않았다.

의사는 내게 너의 내복과 셔츠, 기저귀를 벗기라고 했다. 진료실의 날카로운 불빛 아래 드러난 네 등은 단번에 모두의 시선을 사로잡았다. 의사는 검지로 마치 지도를 그리듯 천천히 그 자국의 윤곽을 따라 훑었고 무거운 침묵이 방 안을 채웠다. 의사가 너를 살펴보는 동안 나는 점점 더 긴장되기 시작했다.

의사는 그것이 몽고반점이라고 했다. 그는 이런 반점이 특정 민족 집단, 특히 몽골·아시아·아프리카 혈통의 아이들에게 흔하게 나타난다고 설명해 주었다. 통계적으로 볼 때 동아시아 신생아의 약 80~90퍼센트가 몽고반점을 가지고 태어나지만, 백인 신생아 중에서도 약 5~10퍼센트는 이런 출생 흔적을 지닐 수 있다고 했다. 나는 안도의 숨을 내쉬었다. 의사는 미소를 지어 보이며, 그 반점은 해롭지 않고 대부분 세 살에서 다섯 살 사이에 사라진다고 설명했다. 그러나 그런 반점은 부모가 아동 학대를 했다는 오해를 불러오기도 했다. 백인이 대다수인 노르웨이에서는 이런 반점을 거의 알지 못했기 때문이다.

네가 걷는 것을 본 의사가 기특하다고 말하자 나는 왠지 뿌듯함을 느꼈다. 이제 너는 조금 더 익숙해진 듯, 의사가 손에 쥐고 있는 작은 빨간 공을 향해 걸음을 내디뎠다. 그리고 의사가 공을 눌러 삑 소리를 내자 곧장 그쪽으로 걸어갔다. 너는 오른팔을 몸 옆에 바짝 붙인 채, 고개도 오른쪽으로 갸웃거렸다.

의사는 미간을 찌푸린 채 서류를 들여다보았다. 그는 서류를 읽는 동안 아무 말도 하지 않았다. 네 아버지와 나는 불안한 눈빛을 주고받았다. 우리가 놓친 게 있었던 걸까?

"이런 근육 경직은 신경학적 질환, 이를테면 뇌성 마비 때문일 수도 있습니다. 임신 중이나 출산 전후에 발생한 뇌 손상으로 인해서 생길 수 있어요." 의사가 말했다. "임신과 출산 과정은 어땠습니까?"

"모르겠어요." 내가 대답했다.

"근이영양증 같은 유전성 질환 때문에 이런 증상이 있을 수도 있고요. 가족 중에 그런 사례가 있습니까?" 그가 물었다.

우리는 여전히 아무 대답도 할 수 없었다.

한국에서 이루어졌던 월간 진찰 기록 몇 줄을 모두 읽어 내려간 뒤, 의사는 일종의 가설을 내놓았다. 어머니가 임신 사실을 숨기려 했기 때문에 제대로 먹지 못했고, 어쩌면 배를 조이는 옷을 입었을지도 모른다. 그래서 아이가 저체중으로 태어났을 수 있다. 말하자면 발육이 조금 덜 된 상태였다는 것이다.

"이 기록을 보면 아이는 발달 장애도 아니고 뇌성 마비도 아닙니다. 그래도 아이가 운동선수가 되기는 어려울 거예요." 소아과 의사는 그렇게 단정 지었다. 그는 '근긴장 항진'이라 명명하며 물리 치료를 처방했다.

몇 주 뒤 우리는 물리 치료사를 찾아갔다. 그가 너를 진찰하는 동안, 나 역시 네 몸이 얼마나 비뚤어진 상태인지 보게 되었다.

너는 뻣뻣한 근육 때문에 몸 전체가 오른쪽으로 틀어져 있는 듯했다. 오른쪽 발에서부터 머리 오른쪽까지. 그러나 물리 치료사는 낙관적이었다. 훈련을 통해 너의 근육이 거의 정상에 가까워질 수 있다고 보았다.

그로부터 2년 동안 우리는 너를 데리고 매주 물리 치료사에게 갔고, 집에서는 매일 운동을 시켰다. 네 아버지와 나는 네 머리와 팔다리를 왼쪽으로 당기고 또 당겼다. 그래서 너는 바닥에 눕는 것만으로도 비명을 질렀다. 내가 운동 매트를 꺼내오면 너는 어디론가 도망쳐 숨어 버렸고, 결국 내가 너를 찾아내면 울음을 터뜨리며 바닥에 몸을 던졌다.

메이드 인 코리아

네가 우리에게 온 지 다섯 달이 지난 후, 우리는 노르웨이 입양협회를 통해 홀트아동복지회에 보고서를 제출해야 했다. 열다섯 개 문항으로 이루어진 양식이었는데, 그 절반은 아이의 K-번호*, 주소, 도착일, 키와 몸무게 같은 단순한 형식이었다.

그 밖의 문항들은 아이가 가족에 잘 적응하고 있는지, 문제가 생기지는 않았는지를 묻는 내용이었다. 이런 질문도 있었다. "아이에게 결함이 드러난 적이 있습니까?" 여기에 근긴장 항진이나 휘어진 척추에 대해 써야 하는 걸까? 나는 그냥 '아니오'라고 적었다. "긍정적인 점과 부정적인 점을 모두 적으시오" 하는 문항도 있었다. 나는 생각에 잠겼다. 과연 입양 부모들 가운데 여기에 부정적인 말을 적는 이가 있을까? 만약 누군가 아이를 감당하지 못하겠다거나 아이가 기대와 다르다고 적는다면, 입양협회는 어떻게 할까? 지원 단체로 요청을 보낼까? 입양협회나 지원 단체

* 'K-number'라고 하는, 입양 기관이 아이에게 부여한 개별 식별 번호—옮긴이

가운데 과연 그것을 실제로 살펴보는 이가 있기는 했을까?

우리는 결국 양식을 채우며 모든 것이 긍정적이라고 결론지었다.

내가 육아 휴직으로 집에 머물며 처음으로 맞았던 겨울, 우리는 매일 긴 산책을 하곤 했다. 너와 나 그리고 우리 강아지, 이렇게 셋이서. 우리는 아침 식사 뒤에 한 번, 그리고 네 누나와 아버지가 학교와 직장에서 돌아오기 전에 또 한 번 걸었다.

너는 울며 온몸으로 버텼다. 뻣뻣하게 굳어 버린 네 몸을 억지로 유아차에 눕힐 때마다, 너에게 폭력을 행사하는 것 같아 괴로웠다. 하지만 위탁모가 함께 보내 준 작은 과자 상자를 주면 너는 곧 진정하곤 했다. 과자를 많이 먹지는 않았지만 두 손으로 상자를 꼭 쥐고 있었다. 시간이 지나 상자가 바닥을 드러낼 즈음이 되자 앞날이 걱정되었다. 하지만 다행히도 시내의 아시아 식료품점에서 비슷한 것을 찾아낼 수 있었다.

너는 유아차에 앉아 몸을 앞으로 쑥 빼고 주위 모든 것을 눈여겨보았다. 적당한 거리를 두고 있을 때면 낯선 이들에게도 환히 웃었다. 사람들이 멈추어 서서 내게 말을 건네면 그 관심을 즐기는 듯 보였다. 버스에서나 가게에서는 안면이 없는 이들도 내게 말을 걸곤 했다. 처음에는 사람들이 너에게 보내는 관심이 자랑스러워 나도 덩달아 즐거웠다. 하지만 이내, 너무도 자주, 알 수 없는 불편함이 나를 덮쳤다.

누군가는 네가 노르웨이에 올 수 있었던 것이 로또에 당첨된 일만큼 행운이라고 했다. 그들의 머릿속에는 '저기 아래'에서 자라야 했을 고단한 삶의 이미지가 있었던 것이다. 그 말에는 우리가 너를 구해 냈다는 전제가 깔려 있었다. '아이가 가난한 고아로 자라야 했다면 어쩔 뻔했나'라고 말하는 사람들도 있었다. 하지만 네가 많은 입양인과 마찬가지로 사실은 고아가 아니었다는 점을 굳이 입 밖에 내지는 않았다. '당신들은 정말 좋은 사람들이에요, 이런 아이를 데려오다니'라는 말을 들을 때면 오히려 몸이 움츠러들곤 했다. 우린 그저 아이를 갖고 싶었을 뿐이니까. 시간이 흐르면서 나는 서구적 삶의 방식을 다른 나라의 문화와 삶의 방식보다 우위에 두려는 태도에 의문을 품게 되었다.

어떤 이들은 예전에 알던 '위탁 아동' 이야기를 꺼내며, 그 아이가 얼마나 비참하게 망가졌는지를 늘어놓곤 했다. 또 어떤 이들은 나에게 너를 친자식처럼 받아들여 네 누나와 똑같이 사랑할 수 있겠느냐고 묻기도 했다. '사실 아이는 직접 키워 봐야 알아요'라거나, '자기 아이가 아니면 무슨 일이든 벌어질 수 있죠'라고 말하는 사람도 있었다. 그들은 그렇게 말하다가도, 문득 상황을 의식한 듯 이렇게 덧붙였다. "하지만 이 아이는 참 귀엽네요. 게다가 피부도 그렇게 까맣지 않잖아요."

나는 낯선 사람들이 이렇게까지 노골적일 수 있다는 사실에 놀랐다. 그들은 네가 아시아인의 외모를 가졌다는 이유만으로, 서슴없이 평가를 내리고 대답을 요구했다.

"어디서 온 아이인가요?" 사람들은 그렇게 물었다. 한국이라고 대답하면 그들은 곧바로 되묻곤 했다. "그럼 북한에서 온 거겠네요?"

나는 저 사람들이 한국에 대해 별로 아는 바가 없다고 생각했다. 북한이 세계에서 가장 폐쇄적인 나라라는 것조차 모르는 걸까? 하지만 나는 아무 말도 하지 않았다. 잘난 체하고 싶지 않았기 때문이다. 그리고 사실 나 또한, 너를 입양하기 전까지는 한국에 대해 아는 것이 거의 없었으니까.

노르웨이에는 1990년대 후반까지도 한국이 가난한 나라라는 인식이 널리 퍼져 있었다. 당시 노르웨이인들의 한국에 대한 이미지는 잊힌 전쟁, 값싼 의류, 그리고 '메이드 인 코리아'라 찍힌 장난감으로 요약되는 듯했다. 물론 어떤 이들은 1988년 서울 올림픽을 떠올리기도 했다. 특히 노르웨이 여자 핸드볼 대표 팀이 개최국인 한국에 패배했던, 손에 땀을 쥐게 했던 그 경기 말이다.

한국은 전쟁으로 폐허가 된 지 불과 30여 년 만에 올림픽을 개최할 수 있었다. 눈부신 경제 성장의 결과였다. 국내 총생산은 1962년 33억 달러에서 올림픽 직후 무려 2040억 달러로 뛰어올랐고, 해마다 평균 8퍼센트가 넘는 성장률을 기록했다.[7]

산업은 끊임없이 더 많은 숙련 노동자와 기술자를 필요로 했다. 이에 따라 국가의 교육 예산도 확대되었다. 출생아 수가 줄어들면서 학생 1인당 투입되는 자원이 늘어났고, 교육은 더욱 빠르게 발전했다. 그 결과 한국은 비슷한 소득 수준의 다른 나라들보다 높은 교육 수준을 이루었다. 특히 수학·과학·읽기 분야에서 두드러진 성과를 보인 '국제 학업 성취도 평가PISA' 결과는 경제 성장에도 큰 보탬이 되었다.

1980년대의 한국 사회는 정부의 강력한 통제 아래 있었고, 동시에 권위주의 체제에 대한 시민들의 저항은 점점 더 뜨겁게 달아올랐다. 1980년 광주 민주화 운동은 민주개혁과 국가적 책임을 요구하는 목소리를 확산시켰다. 이어진 대규모 학생 시위, 노동자들의 파업, 민중 항쟁은 1987년 마침내 전두환을 대통령직에서 물러나게 했다. 이로써 한국은 민주적 선거를 향한 길을 열었다. 근 30년간 이어진 군부 통치 시대에 종지부를 찍는 역사적 전환점이었다.[8]

단련된 근육처럼 이미 탄탄해진 한국 경제는 성장세를 이어갔다. 그 원동력은 소비 지향적 문화와 새로운 예술·문화적 흐름, 그리고 특히 활기를 띠기 시작한 TV 산업이있다. 아직 '한류'가 서구와 노르웨이를 휩쓸기 전의 일이었지만, 훗날 우리가 '강남스타일', 케이팝, K-드라마로 알게 될 흐름의 출발점이었다. '소프트 파워'를 수출 자원으로 발전시킨 것은 한국 경제에 새로운 기반을 마련해 주었다.

그러나 1980년대는 한국에서 해외로 향하는 입양아 수가 급격히 늘어난 시기이기도 했다. 대략 10년 동안 약 7만 명의 아동이 서구로 입양되었다. 당시 입양 부모가 지불해야 했던 입양 수수료는 약 3천 달러였다. 이는 한화로 2백만 원이 넘는 금액으로, 당시 한국 사무직 노동자 평균 연봉에 해당했다.[9]

해외로 아이들이 쏟아져 나가는 현실에 대해 한국 사회가 보였던 집단적 무관심은 1980년대 말에 이르러 거센 충격에 직면하게 되었다. 국제 언론이 국제 입양 산업에 주목하기 시작했고, 그 중심에 한국이 있었던 것이다.

1988년 서울 올림픽을 앞두고, 진보 성향의 잡지 〈더 프로그레시브The Progressive〉는 1월호 표지에 '한국인이 만들고, 미국인이 산다'라는 충격적인 문구를 실었다. 이 잡지는 기사에서 한국 정부가 입양 사업을 통해 매년 1500만에서 2000만 달러를 벌어들이고 있다고 주장했다.

비평가들은 입양 사업을 두고 민간 자금을 바탕으로 한 '경제 외교'라고 불렀다. 이는 한국이 사회 문제 일부를 해결하는 동시에 서구에서 외화를 꾸준히 유입해 경제 성장을 이룰 수 있었다는 뜻이었다. 이 모든 것은 해리 홀트가 시작한 위임 입양 제도 덕분에 가능했다. 입양 부모들은 서류와 사진만으로 아이를 고를 수 있었고, 한국을 직접 방문하지 않고도 입양 절차를 마칠 수 있었다. 진보 진영의 비평가들은 이러한 '우편 주문 아기 시스템'이 입양 건수를 높였을 뿐 아니라, 입양 부모에 대한 심사를 약화시켰다고 지적했다. 그 결과 아이들은 방임, 폭력, 심지어 학대에

까지 노출될 위험이 커졌다.[10]

같은 해, 〈뉴욕 타임스 The New York Times〉 역시 '아기들이 수출된다. 이제는 고통스러운 질문을 던질 때'라는 제목의 기사에서 입양 관행을 비판했다. 기사는 한국 전쟁 직후 아이들을 해외로 보내던 나라가 불과 수십 년 만에 눈부신 경제 성장을 이루었다는 점을 언급했다. 그럼에도 불구하고, 기사에서는 이렇게 꼬집었다. "지금 이 시점에도 여전히 그 일이 계속된다는 것은 마천루와 거대한 공장 들 그리고 올림픽을 자랑스레 개최하게 된 한국의 현실을 생각할 때, 충분히 의문을 제기할 만하다."

그 기사는 입양 문화를 둘러싼 상업적 측면을 부각시키며, 한국의 권력자들이 경제적 동기에서 아이들을 해외로 보냈다고 지적했다. 입양 제도가 한국 사회로 하여금 직접 아이들을 돌보는 데 드는 비용을 줄이는 수단이 되었다는 것이다.[11]

한국은 서울 올림픽을 통해 산업화와 민수화를 이룬 사랑스러운 모습을 세계에 과시하고자 했다. 서구 언론의 입양 비판은 그 구상과 어울리지 않았다. 특히 최대 규모였던 홀트를 비롯한 입양 기관들은 입양 가능한 아동을 확보하기 위해 정부에 거액을 건넸다는 비판을 받았다.

국가가 가장 귀중한 자원을 외화와 맞바꾸었다는 의혹은 큰 사회적 파장을 일으켰다. 국제적 비판에 맞서려던 시도 속에서, 한국 언론은 생모들을 젊은 미혼 공장 노동자로 단순화하며 국가의 수치로 몰아세웠다. 이후 이 서사는 가난한 어머니들이 아이에게 더 밝은 미래를 보장하기 위해 사랑으로 아기를 떠나보냈다는 이야기로 바뀌었다.[12]

올림픽을 앞둔 10여 년 동안 한국은 매년 4천 명에서 8천 명 사이의 아동을 해외로 입양 보냈다. 부정적 여론이 커지자, 한국은 올림픽이 열리던 몇 주 동안 입양을 일시 중단하기도 했다. 그럼에도 불구하고 올림픽이 열렸던 1988년에는 총 6천 463명의 아동을 해외로 보냈고, 그중 154명이 노르웨이로 향했다. 그 다음 해에는 해외 입양 건수가 크게 줄었다. 1990년대 들어서는 매년 2천~2천 5백명 수준을 유지하다가, 2010년 무렵부터는 연간 약 1천 명 선으로 감소했다.[13]

1989년 9월, 한국 정부는 새로운 지침을 내놓았다. 이 지침의 목표는 입양 관행을 개선하고 해외로 보내는 아동의 수를 줄이는 것이었다. 나아가 1996년 말까지 모든 해외 입양을 전면 중단하겠다는 목표까지 제시되었다. 다만 예외가 있었다. 혼혈 아동과 장애 아동의 해외 입양은 여전히 허용되었다.[14]

너를 잃을 뻔한 순간

네가 우리 곁에 온 첫 해 여름, 우리는 너를 잃을 뻔했다.

그날은 베르겐에서도 드물게 따뜻하고 햇살이 가득한 여름 날이었다. 너는 챙이 달린 모자와 선글라스, 작은 수영 팬티를 입고 있었다. 네 아버지가 작은 튜브 풀에 물을 채웠다. 나는 물을 너무 많이 채우지 말라고 당부했다. 어린 아기들은 조금의 물만으로도 익사 사고를 당할 수 있기 때문이다.

너는 장난감 삽으로 첨벙거리며 물을 치고 놀다가, 튀어 오른 물방울에 몸을 움찔하며 깔깔 웃었다. 점점 대담해진 너는 공을 힘껏 물속으로 던졌다. 사방으로 물이 튀어 오르자, 너는 환호하며 외쳤다. "봐! 봐!"

나는 네가 추울까 얼른 안아 올렸지만 너는 몸을 버둥거리며 피했다. 나는 너를 내 무릎 위에 앉히고, 어린 시절 내가 쓰던 모자 달린 수건으로 너를 감쌌다.

너는 작은 샌들을 신고, 노란색과 파란색으로 색을 맞춘 티셔츠와 반바지를 입었다. 나는 네가 양동이와 삽을 가지고 노는 모습, 모래 상자 난간 위로 작은 플라스틱 자동차를 움직이는 모습을 지켜보았다. 이윽고 너는 챙 모자를 벗어 모래로 가득 채우며 외쳤다. "봐!"

모래 상자에 싫증이 나자 너는 정원을 탐험하듯 걷기 시작했다. 늘 그랬듯 한 손을 앞으로 뻗고 집게손가락을 나침반처럼 세운 채, 뚜벅뚜벅 작은 발걸음을 힘주어 옮겼다. "봐!" 너는 나비를 바라보며 외쳤고, 이어 덤불 속을 살피며 또 다른 나비를 찾았다. 손가락은 여전히 앞을 가리킨 채였다.

갑자기 네가 비명을 질렀다. 나는 재빨리 달려가 덤불 속에서 너를 끌어냈지만, 내 눈앞에 있는 너는 알아볼 수 없을 정도였다. 얼굴은 심하게 부어올라 눈이 살갗 속으로 파묻힌 듯 꺼져 있을 정도였다. 혀는 부은 입술 사이로 불룩 솟아 있었다. "도와주세요!" 나도 비명을 질렀다. 우리 쪽으로 달려오던 네 아버지는 본능적으로 사태의 심각함을 알아채고 얼른 집 안으로 다시 들어가 차 열쇠를 움켜쥔 채 밖으로 뛰쳐나왔다. 나는 이미 차고 앞에 있었고, 우리는 몇 초 만에 하우켈란 병원을 향해 달리고 있었다. 내 심장이 요동치듯 심하게 뛰었다. 너를 잃을 수도 있다는 생각이 들자 두려움이 나를 사로잡았다.

나는 너를 무릎에 앉히고 흔들어 달랬다. 우리 둘 다 너를 진정시키려 노래를 불러 보았지만, 속으로는 오직 하나만 되뇌었다. '죽지 마, 지금 죽으면 안 돼!' 네 아버지는 113*에 전화를 걸어 우리가 병원으로 가고 있으며, 아이가 아마도 벌에 쏘인 것 같다고 말했다. 네 얼굴이 알아볼 수 없을 만큼 부어오르고 혀가 파랗게 변했으며 입가에는 거품이 인다고도 설명했다. 교환원이 어디쯤이냐고 묻더니 우리가 병원에서 멀지 않다는 것을 알자 이렇게 지시했다. "비상등을 켜고, 최대한 빨리 응급실로 가세요."

네 아버지는 빨간 신호를 무시하고 달렸다. 시속 50킬로미터 구간에서 시속 백 킬로미터로 내달렸다. 그 순간, 교통 법규 따위는 안중에도 없었다.

그날은 일요일 오후였다. 베르겐 사람들은 바닷가에 나가 있거나 집 테라스에서 바비큐를 즐기고 있었다. 드문드문 달리던 차들은 우리를 보자 길을 비켜 주었다. 비상등 때문이었을까, 아니면 공포에 질린 우리의 얼굴, 그리고 조수석 내 무릎 위에 안겨 있는 아이를 보았기 때문이었을까.

응급실 앞에 노착하사 흰 가운을 입은 의료진 세 명이 달려 나왔다. 그중 한 명이 차문을 확 열고 너를 살펴보았다. 너의 몸은 마치 누군가가 안에서부터 부풀려 놓은 듯 곧 터져 버릴 것만 같았다. 얼굴은 윤곽이 사라져 한 줌의 살덩이에 불과했다. 의사가 네 허벅지에 주사를 꽂았다. "아드레날린." 그녀는 그렇게 말하며 네가 여전히 숨을 쉬는지 확인했다. 응급실 안에 들어선 우리는 무슨 일이 있었는지 설명하며, 아마 벌에 쏘인 것 같다고 덧붙였다.

　　*　　노르웨이의 긴급 신고 전화번호―옮긴이

"가족 중 벌 알레르기를 가진 분이 있나요?" 의사가 물었다.

"아뇨." 내가 대답했다.

"다른 알레르기는요?" 그녀가 물었다.

"아뇨, 우리가 아는 한은 없어요."

의사는 네가 아나필락시스 쇼크, 즉 혈압 저하와 심부전으로 이어질 수 있는 매우 심각한 알레르기 반응을 보인다고 설명했다. 의사는 포기하지 않고 네 배경에 대해 더 물어 왔다. 알레르기는 흔히 유전되기에 이를 설명해 줄 만한 내력이 있을지 알고 싶어 했다. 부모 모두가 알레르기를 가진 경우 아이가 알레르기를 가질 확률은 60~70퍼센트, 부모 중 한쪽이 알레르기를 가질 경우에는 30퍼센트라고 했다.

"그러니까 두 분 다 알레르기는 없으시다는 거죠?"

"네." 우리는 동시에 대답했다.

"출산은요, 정상적으로 진행되었나요?" 의사는 내 쪽을 보며 물었다.

"내가 아는 한은요. 하지만 체중 미달로 태어났어요."

더 제대로 된 답을 하지 못하는 내가 어리석게 느껴졌다.

너는 다음 날이 되어서야 서서히 제 모습을 되찾기 시작했다. 입술은 다시 원래대로 도톰해졌고, 갈색 초승달 같은 눈은 주위에서 벌어지는 모든 것을 따라가고 있었다. 회진 시간이 되자, 어제의 그 의사가 들어왔다. 그녀는 문간에 서서 너와 네 아버지,

그리고 나를 번갈아 바라보더니 물었다.

"아! 이 아이, 입양아인가요?"

나를 찾는 너를 두고서

노르웨이에서의 첫 가을, 너는 일주일에 몇 번 어린이집에 가기 시작했다. 내가 카시트에 앉아 있던 너를 안아 올리면 너는 두 다리로 내 허리를 감았다. 너를 안은 채 어린이집에 들어갈 때면 너는 더욱 힘주어 매달렸다. 나는 마당의 벤치에 앉아 네 근육이 조금씩 풀리기를 기다렸다. 내게 기대고 있던 너는 주위를 둘러보다가 모래 상자에서 노는 다른 아이들을 발견했다. 그제야 너는 내 품에서 몸을 떼었고, 나는 조심스레 너를 땅에 내려놓았다. 너는 호기심에 이끌려 장난감 삽과 양동이가 있는 모래 상자로 향했다.

나는 어린이집 교사를 바라보았다. 그녀가 문 쪽으로 고개를 끄덕였다. 나는 천천히 일어나 살그머니 걸음을 옮겼다. 문에 달린 스프링 자물쇠를 조심스레 들어 올려 소리 나지 않게 빠져나온 뒤, 자물쇠를 아주 천천히 내려놓았다.

주차장에 이르러 차에 오르려는 순간, 네가 울부짖는 소리가 귀를 스쳤다. 공포에 질려 있음을 단번에 알 수 있을 정도로 날카로운 울음소리였다. 훗날 나는 이처럼 가슴을 찢는 듯한 이별이 너에게 어떤 상처를 남겼을지 오래도록 곱씹곤 했다.

네 삶 속에서 수없이 바뀐 양육자는 너의 애착 형성에 상처와 취약함을 남겼다. 이는 영국 심리학자 존 볼비John Bowlby의 애착 이론이 설명하는 바와 같다. 그는 아동이 양육자와 맺는 초기 애착이 아이의 안정감과 신뢰, 그리고 훗날 건강한 인간관계를 맺을 수 있는 능력을 발달시키는 데 결정적이라고 보았다.

입양 아동에게서 드러나는 애착 장애는 여러 요인이 맞물려 빚어낸 결과다. 생물학적 가정에서 겪은 초기 트라우마나 양육 결핍은 아이가 훗날 안정적인 유대 관계를 맺는 능력에 부정적인 영향을 줄 수 있다. 또한 잦은 양육자 교체나 시설 수용과 같이 양육의 연속성이 보장되지 않은 경우 역시 애착 형성 능력에 부정적인 결과를 가져오기도 한다.

볼비는 입양 부모의 애착과 적응에서 비롯되는 어려움 또한 아이의 애착 장애에 영향을 미칠 수 있다고 본다. 입양 부모는 아이의 필요를 충분히 충족시킬 수 있을지 불안해한다. 특히 아이가 까다로운 행동을 보이거나 애착을 거부할 때 그 불안은 커진다. 이는 결국 아이와 부모 모두가 안정적이고 지속적인 유대 관계를 맺는 데 어려움을 겪는 악순환으로 이어지게 된다.

이러한 장애는 아동의 발달과 안정적인 삶에 심각한 결과를 초래한다. 애착 장애를 가진 아이들은 감정을 조절하는 데 어려움을 겪기도 한다. 공격성·분노·위축·불안과 같은 문제적 행동을 보일 수 있다. 또한 또래 아이들이나 성인과의 사회적 상호작용에서 문제를 겪거나 가까운 관계를 맺는 데에도 어려움을 겪을 수도 있다. 이러한 사회적 역량의 부족은 아동의 학업 성취와 스트레스 상황을 다루는 능력에도 부정적인 영향을 미친다.[15]

나는 볼비의 글에 깊이 공감했다. 우리는 너를 그저 사랑이 넘치는 가정으로 데려왔다고만 여겼지만, 동시에 너를 어떤 근원에서 떼어 내기도 했음을 깨달았다. 냄새, 소리, 언어 등, 우리는 너를 뿌리째 뽑아 옮겨 심었다. 그런데 그것이 안전한 일인지조차 알지 못했다. 우리는 아직 드러나지 않은 상처를 너에게 남겼을지도 모른다는 생각에 점점 불안해졌다. 그 때문에 나는 밤잠을 이루지 못했고, 잠자리에 들면 매일 머릿속으로 하루를 되짚곤 했다. 나는 네가 편안해 보이던 순간들을 떠올리며 스스로를 다독였다. 네가 내게 몸을 기대거나 내 품에 안겨 쉬거나 위로를 구하던 순간들을. 그리고 나는 무조건적인 사랑은 거대한 힘이라는 것, 그리고 우리가 너에게 남긴 단절도 결국은 치유될 수 있다는 믿음을 안간힘으로 붙들었다.

너는 서서히 어린이집에서도 안정을 찾아 갔다. 놀이에 몰두했고, 아이들과 어른들 모두와 자연스럽게 어울렸다. 소아과 의사가 걱정하던 다리 근육과 척추는 결국 기우에 불과했다. 물리 치료는 효과를 보였다. 우리가 나들이를 나서면 너는 늘 앞장서 달렸고, 말도 영리하게 했다. 그리고 너는 항상 우리에게 무언가를 보여 주려 했다. 마술이든, 직접 조립한 레고든 간에.

이제 우리는 누가 보아도 분명히 열 살 터울의 두 아이를 가진 가족이었다. 네가 또래 형제를 갖도록 하기 위해 우리는 다시 한국에서 아이를 입양하기로 결심했다. 네가 세 살이던 2001년 4월, 너의 여동생을 데려오기 위해 한국으로 향했다.

우리는 서울의 홀트아동복지회 사무실에서 그 아이를 처음 만났다. 유경이는 두 살이 다 되어 가고 있었고, 생후 16개월부터 위탁 가정에서 지냈다. 그녀의 어머니는 임신 사실이 드러난 뒤 가족에게 버림받아 살 곳을 잃었다. 한 연로한 친척이 그 모녀를 거두었지만, 얼마 지나지 않아 아기의 어머니가 어디론가 사라져 노인 홀로 아기를 돌보게 되었다. 노인은 귀도 거의 들리지 않았고 시력도 약해지고 있었던 데다가 가진 것도 거의 없었다. 어떤 날은 아기에게 우유 몇 모금만 겨우 줄 수 있었다. 유경이가 한 살이 되어 갈 무렵, 그는 어머니가 딸을 돌보러 돌아올 거라는 희망을 잃었다. 아이는 여위고 허약했으며, 머리카락은 한 움큼씩 빠져 나갔다. 그는 끝내 홀트아동복지회를 찾아가 아이를 맡기며 새로운 가정을 찾아 달라고 부탁했다.

두 살 난 아이는 위탁모의 다그치는 시선에 떠밀려 두 손바닥을 모아 앞에 내밀고, 허리를 깊이 숙여 우리에게 인사했다. 그러나 유경이는 끝내 마음을 열지 않았다. 아이는 위탁모에게 매달려 내 눈을 피했다. 그때 너는 준비해 둔 묘기를 꺼내 모두 앞에서 뽐내려 했다.

"나 좀 봐!"

네가 큰 소리로 외치자, 유경이의 시선도 너에게 머물렀다. 너희는 곧 또래처럼 함께 놀기 시작했고, 너는 자연스레 오빠의 자리를 차지했다. 너는 유경이를 향해 환하게 웃으며 다정하게 방 안의 장난감을 어떻게 쓰는지 보여 주었다.

"내가 하는 거 봐, 이렇게 하는 거야."

어느 날 오후, 우리는 유경이가 지난 여덟 달을 지내 온 위탁 가정의 저녁 식사에 초대되었다. 아주 작은 아파트에 할머니와 부모, 그리고 열네 살 된 아들, 열한 살 된 딸이 함께 살고 있었다. 유경이는 그들을 '언니', '오빠'라 불렀다. 저녁 식사가 끝나자 숙제할 시간이 되었다. 당시 한국에서 흔히 그랬듯 아파트 안에는 의자가 없어서, 남매는 바닥에 엎드려 숙제를 했다. 유경이도 그들 사이에 작은 책을 들고 엎드렸다. 큰 소리로 책을 읽는 시늉을 하며 작은 공책에 삐뚤빼뚤 줄을 그어 내려갔다. 언니 오빠처럼 숙제를 하는 것이었다. 너도 여동생 곁에 드러누웠고, 이번에는 동생이 너에게 가르쳐 주었다. 유경이는 작은 책을 넘기면서 손가락을 짚어 가며 알아들을 수 없는 말로 너에게 설명했다. 그리고 너는 마치 모든 것을 이해한다는 듯 고개를 끄덕였다.

우리가 서울에 머무는 동안, 너는 생후 첫 열 달을 키워 준 위탁모와 다시 만나게 되었다. 우리는 홀트아동복지회의 면회실에서 기다리고 있었고, 너는 바닥에 엎드려 장난감 자동차를 가지고 노는 중이었다. 그때 위탁모가 방 안에 들어서며 너에게 무슨 말을 했다. 아마도 네 이름이었을 것이나. 너는 벌떡 일어나 평소의 낯가림은 온데간데없이 그녀의 품에 몸을 던졌다. 목소리였을까, 냄새였을까, 아니면 깊숙이 숨어 있던 기억이었을까. 그렇게 너와 그녀는 단숨에 하나가 되었다. 그녀는 그녀의 언어로, 너는 너의 언어로 말했지만, 서로 충분히 이해하는 듯했다. 너는 고개를 끄덕이고 손가락으로 무언가를 가리키며, 그녀의 무릎 위에 앉아 몸을 기댔다. 그녀는 너의 사람이었다.

113

담당 직원이 우리를 사무실로 불러 유경이의 입양과 관련된 서류를 내밀었다. 남편과 함께 면회실을 나서면서, 나는 여전히 그녀의 무릎 위에 앉아 있는 너를 바라보았다. 너는 그녀의 머리카락을 만지작거리며 몸을 기대고 있었다. 나는 그 모습을 보며 너와 위탁모 사이에 맺어진 이 인연의 끈을 감사히 여기겠다고 속으로 다짐했다. 그럼에도 불구하고, 네가 나에게는 결코 그처럼 온전히 마음을 내어 주지 않을지도 모른다는 불안이 스치듯 찾아왔다.

우리가 다시 면회실에 들어섰을 때, 몇 분 전까지만 해도 네가 위탁모와 함께 앉아 있던 소파는 텅 비어 있었다. 갑작스런 두려움이 나를 사로잡았다. 네 아버지와 나, 누나는 복지회의 여러 직원들과 함께 너희를 찾으며 그 층은 물론, 건물 전체를 샅샅이 뒤졌다. 내 가슴은 쿵쿵 요동쳤다. 그녀가 너를 데려간 것이 틀림없다!

그런데, 갑자기 너와 위탁모가 환하게 미소를 지으며 나타났다. 너는 한쪽 손으로 그녀의 손을 꼭 잡고, 다른 손으로는 과자 봉지를 들고 있었다. 그녀가 두 해 전 네 파란 여행 가방 속에 넣어 주었던 바로 그 과자였다. 안도의 물결이 온몸을 스쳤다. 그녀는 단지 네가 좋아하는 과자를 사러 갔다가 시간이 훌쩍 지나 버렸다고 복지회 직원들에게 설명했다. 그러면서 거듭 고개를 숙이고 두 손을 모아 사과를 했다. 나는 미소로 답했지만 그 미소에는 진심이 담기지 않았다. 네 아버지는 분위기를 가라앉히려는 듯 내 등을 두드리고 쓸어내리며 그녀에게 고개를 끄덕였다.

너는 너를 안아 올리려는 나를 거부했다. 세 살 아이의 힘이라고는 믿기 어려울 만큼 거세게 내 손을 뿌리치고, 그녀에게 손을 뻗었다. 나는 마지못해 너를 놓아주었다.

위탁모가 통역사를 통해 네가 노르웨이에서 어떻게 지냈는지 꼬치꼬치 캐묻는 동안, 너는 면회실 안을 이리저리 종종거리며 돌아다녔다. 그녀는 자신과 가족들이 그 작은 아이를 얼마나 정성들여 돌보았는지 이야기하며 오늘 우리가 만났던 이야기를 남편에게 들려줄 생각에 기뻐했다.

그 다음 몇 시간 동안, 내 두려움은 서서히 감사함으로 바뀌었다. 너를 향한 이 여인의 조건 없는 사랑에 대한 감사였다. 눈에 보이지 않지만 결코 끊어질 수 없는 그 인연의 끈은 한국 어딘가에서 언제나 너를 마음에 품은 채 살아가는 이가 있다는 증거였다. 네가 태어난 땅과 이어진 끈이기도 했다. 이 사실을 깨닫자 내 마음이 서서히 기쁨으로 채워졌다. 너를 향한 사랑을 이 여인과 함께 나누고 있다는 사실이 대륙과 시간을 넘어 우리를 이어주고 있었다.

하지만 이는 동시에 우리가 너에게 속한 무언가로부터 너를 떼어 놓았음을, 그리고 그 무언가와 우리는 결코 서로 이어질 수 없음을 일깨워 주기도 했다.

서울 홀트아동복지회 진료소의 의사는, 우리가 베르겐으로 향하기 전 이렇게 말했다. "유경이는 건강하고 정상적인 아이

입니다." 우리가 출국하던 날, 위탁모는 유경이에게 파란 바지와 'Cute'라는 글자가 적힌 하얀 상의를 입혀 주었다. 유경이는 양 갈래로 곱게 땋은 머리에 꽃무늬 머리띠를 하고 있었다.

홀트아동복지회 건물 앞 인도에서 있었던 유경이와 위탁모의 이별은 아직도 잊을 수가 없다. 작은 소녀 유경이는 여덟 달 동안 자신을 돌봐 준 여인에게 매달렸다. 복지회 사회복지사가 억지로 떼어 내려 하자, 아이는 울부짖으며 위탁모의 허리를 두 다리로 힘껏 감아쥐었다.

운전기사는 안절부절 못했다. 도로는 줄지어 달리는 차들로 가득했고, 인천 공항까지 끝없는 정체가 이어졌다. "컴, 컴온!" 복지회 직원은 우리를 재촉하며 미니버스 안으로 밀어 넣었다. 잠시 뒤 위탁모가 울먹이며 나타났다. 품에는 엄마, 엄마라고 부르는 유경이를 안고 있었다. 복지회 직원은 버둥거리는 아이를 내 무릎 위에 앉혔고, 위탁모는 인도 위에 힘없이 주저앉았다. 직원은 차 문을 닫기 전, 'K2000 #1112'라고 적힌 파란 여행 가방을 내 옆자리에 두며 그 안에 서류철과 갈아입을 옷, 기저귀 몇 장, 젖병과 분유가 들어 있다고 설명했다. 네가 가르데르모엔 공항에 도착했을 때 가지고 있던 가방 속 내용물과 똑같았다.

우리는 아이에게 '셀마 유'라는 이름을 지어 주었다. 한국을 떠날 무렵 우리는 다섯 식구로 이루어진 가족이 되어 있었다.

긴 비행 내내 셀마는 조용히 흐느껴 울며 혼잣말하듯 속삭였다. "엄마, 엄마……." 나는 아이의 등을 쓸어 주며 자장가를 불러 주었지만, 아이는 울음을 그치지 않았다. 잠시 조용해졌다가도 갑자기 발작이라도 일으키듯 몸을 움찔거리며 심하게 흐느끼기를 반복했다. 음식도 먹지 않으려 했지만, 네 아버지가 건네는 젖병은 간간이 받아들였다.

집에 도착했을 때 셀마는 막 두 살이 된 참이었다. 아이는 낯선 모든 것을 거부했다. 방, 소리, 냄새까지 그 어느 하나도 아이에게 익숙한 것이 없었다. 또다시 전혀 모르는 사람들 속에 놓인 셈이었다. 아이는 바닥에 몸을 던지고, 작은 얼굴을 두 손에 파묻은 채 흐느꼈다. "엄마, 엄마." 가늘게 떨리는 등을 어루만지려 하자, 아이는 바닥을 기어 내 손을 피했다. 마치 위험에서 벗어나려 몸부림치는 뱀처럼. 잠시 후 셀마는 가만히 누워 소리 죽여 훌쩍였다.

우리에겐 그 슬픔을 표현할 언어가 없었다. 아이가 알아들을 만한 말은 우리에게 없었고, 흐느낌 속에서 중얼거리는 아이의 말들은 우리에게 낯설기만 했다. 아는 단어라고는 단 하나, 엄마뿐이었다. 아이는 엄마를 불렀지만, 그건 내가 아니었다.

세 살 난 너는 내 곁에 서서, 바닥에 누워 있는 동생을 불안하게 바라보고 있었다. 셀마는 밤에도 좀처럼 잠들지 못했다. 침대에 가만히 누워 있을 때조차 아이의 두 눈은 반쯤 뜨여 있었다. 마치 가늘게 뜬 눈으로 우리를 지켜보는 것 같았다. 너는 "엄마, 쟤는 왜 눈을 감지 못하는 걸까?" 하고 물었다.

아이를 익숙한 모든 것으로부터 갑자기 떼어 내 전혀 다른 곳으로 데려간다면, 그 아이가 익숙하던 환경과 사람들을 잃은 슬픔을 겪는 것은 당연하다. 그럼에도 불구하고 우리는 아무런 준비도 되어 있지 않았다. 그런 준비조차 미처 하지 못한 것이 부끄러웠다.

우리는 서울에서 사 온 CD 속 한국 동요 열여덟 곡을 셀마에게 들려주었다. 음악을 끝없이 반복해서 틀어 주자 마침내 고개를 끄덕이며 알아듣는 듯했고, 작은 몸을 음악에 맞춰 흔들었다. 네 아버지는 우리에게는 알 수 없는 언어가 흘러나오는 한국 라디오 채널을 찾아냈다. 가끔 셀마는 라디오 앞에 다가가 대답을 하기도 했다. 때로는 허리를 숙이며, '안녕하세요, 감사합니다'라고 인사하기도 했다.

우리 집은 참기름, 간장, 고추 향으로 가득 찼다. 우리는 김치와 불고기를 만들고, 밥을 지었다. 네가 식탁에 앉으면 셀마도 곧 따라와 음식을 받아 들고는 밥을 조금씩 먹기도 했다. 셀마는 내가 김치 그릇을 앞에 놓아 주면 환하게 밝아진 얼굴로 숟가락을 들어 올렸지만, 가끔은 훌쩍이기도 했다. 마치 몸속에 남아 있던 잔울음이 간간이 되살아나는 것처럼.

강으로 내려가며

2002년 가을 어느 저녁, 베르겐 외곽의 한 넓은 강연장 안에는 팽팽한 긴장감이 감돌았다. 그곳에 모인 우리 모두는 입양부모였고, 이날은 세계의아이들 회원 모임이 열리는 날이었다. 회의가 시작되기 전, 방 안은 숨죽인 듯 고요했다. 간간이 터져 나오는 헛기침 소리와 삐걱대는 의자 소리만이 정적을 깼다.

한 여성이 연단 위로 올라왔다. 그녀가 딸을 불러 신호를 주자, 딸은 커다란 CD 플레이어를 그들 앞 탁자 위에 올려놓았다. 아무도 말을 하지 않았지만, 객석에 앉아 있던 우리는 그녀가 스피커를 만지작거리며 마치 우리를 겨냥하듯 방향을 맞추는 모습을 지켜보았다. 그녀가 천천히 손을 들어 버튼을 누르자, 내 젊은 시절을 물들이던 노래 한 곡이 흘러나왔다.

나는 산골짜기 아래에서 자랐네

거기선, 젊다는 건 곧

아버지의 삶을 되풀이하는 법을 배우는 일이었지

……

그 밤, 우리는 강으로 내려갔네

물결 속으로 몸을 던졌지

그래, 우리는 그 강을 따라 달려갔네

브루스 스프링스틴의 〈강 The River〉이라는 노래는 한 청년이 성인이 된 후 냉혹한 현실 앞에서 자기 삶을 돌아보는 이야기를 담고 있다. 이 노래에서 강은, 삶에서 불시에 맞닥뜨리는 예기치 못한 순간들을 상징한다.

음악이 잦아들자 나뿐 아니라 여러 사람이 눈물을 훔쳤고, 몇몇 부모들은 아예 목 놓아 울기도 했다. 연단 위에 선 어머니가 말했다.

"이 곡은 아르베가 가장 좋아하던 노래였습니다."

카리 베헤임 칼센 Kari Beheim Karlsen은 1981년 10월 어느 날 인도에서 온 아들, 아르베 베헤임 칼센 Arve Beheim Karlsen의 이야기를 들려주었다. 아르베는 안전한 환경에서 자라는 평범한 소년이었다. 그 아이는 슬라롬 스키와 축구를 했고 친구들도 많았으며 베이스 기타도 연주했다. 카리의 목소리는 낮았지만 강렬했다. 그녀의 이야기를 들으며 생기 가득한 소년의 모습을 그릴 수 있을 만큼 말이다. 모든 것이 잘 흘러갔다. 1998년 8월까지는. 그 무렵 아르베는 푀르데의 한 고등학교에 입학하며 하숙 생활을 시작했다. 아마 그 전에도 피부색 때문에 불편한 경험을 했을지도 모른다. 하지만, 그해 가을에 그는 학교 어느 무리에게서 심각한 인종 차별을 당하기 시작했다.

강연장은 아들을 도와주지 못했다는 죄책감을 토로하는 한 어머니의 목소리로 가득 찼다. 부모는 사건을 경찰에 알리려 했지만, 아들은 완강히 거부했다. 아르베는 자존심이 강하고 고집스러웠다. 자신의 삶을 힘들게 하는 이들에게 더는 휘둘리고 싶지 않다고 했다. 그러나 그해 1999년 1월, 한 차례 폭행을 당한 뒤 아르베는 결국 한계에 다다랐다. 그리고 경찰서에 가서 이렇게 말했다.

"이젠 정말 한계예요. 제 남은 생을 두려움 속에서 보낼 순 없습니다."

경찰은 아르베에게 '그 무리와 마주칠 만한 곳은 피하라'고 했다. 그러자 아르베는 이렇게 대답했다. "저는 언제 어디든 원하는 곳에 갈 권리가 있습니다. 다른 사람들처럼요."

카리는 적막이 흐르는 강연장을 향해 물었다.

"그 자존심이 아르베를 파멸로 몰아갔던 걸까요?"

1999년 4월 23일 금요일, 아르베는 이웃 마을에서 열리는 파티에 가기 위해 옷을 차려입고 집을 나섰다. 하지만 그는 다시 집으로 돌아오지 못했다. 그날 밤, 그는 자신을 괴롭히던 무리에게 쫓겼다. "깜둥이를 죽여라, 깜둥이를 죽여라." 무리는 그렇게 외치며, 송달 시내에서 외곽의 강까지 그를 뒤쫓았다.

　아들이 밤새 집에 돌아오지 않자 부모는 불안에 휩싸였다. 그때는 봄이었고, 그는 곧 열여덟 살이 될 참이었다. 다음날 부모가 친구들에게 전화를 걸어 아르베와 함께 있었는지 묻자 그들은 그가 전날 밤 강으로 쫓겨 갔다는 소문을 들었다고 말했다. 부모는 곧장 경찰에 가서 실종 신고를 했다. 그리고 아들에게 무언가 끔찍한 일이 벌어졌다는 것을 깨달았다. 카리가 낮은 목소리로 말했다.

　"그리고 그때부터 지옥이 시작되었지요."

　그 잔혹하고 음울한 감정이 그곳에 있던 사람들을 무겁게 짓눌렀다. 우리 가운데 많은 이가 모임이 열렸던 저녁 즈음에 막 잠자리에 드는 어린 자녀들을 두고 있었다. 검은 머리를 한 유색의 아이들. 가늘게 찢어진 눈매를 가진 아이들. 그 아이들이 베개에 머리를 기대는 시간, 자장가를 들으며 혹은 책을 읽어 주는 소리를 들으며 잠에 드는 시간이었던 것이다. 그들 가운데 몇몇은 이미 어린이집이나 놀이터에서 외모 때문에 욕설을 들어 봤을지도 모른다. 그러나 대부분은 카리가 들려준 그 현실에 대해 아무것도 알지 못하는 나이였다.

　나는 그녀의 이야기를 들으며 그녀의 아들이 느꼈을 법한 외로움, 숨이 멎을 듯한 두려움, 그리고 차디찬 강물을 거의 그대로 느낄 수 있었다. 내가 직접 인종 차별을 경험했기 때문이 아니었다. 그것이 분명 존재한다는 사실, 그리고 내 아이들 역시 그것과 부딪힐 수 있다는 사실을 깨달았기 때문이었다.

어머니로서의 나는 너무나 무방비했다. 카리가 겪은 일이 내게도 일어날 수 있었다. 그녀의 말이 내 피부에 아프게 새겨졌다. 나는 숨을 고르며, 나의 두려움이 그녀가 그때 느꼈던 고통, 그리고 여전히 짊어진 그 고통과 뒤섞이는 것을 느꼈다.

아르베를 쫓았던 젊은이 두 명은 처음에는 살인 혐의로 기소되었으나, 나중에 폭행과 협박으로 혐의가 변경되었다. 카리와 남편은 이에 불복해 항고했다. 그들은 인종 차별 금지 조항에 의한 기소 역시 이루어졌어야 한다고 주장했다. 목격자들은 피고인 두 사람이 아르베를 향해 '깜둥이를 죽여라!'라고 외쳤다고 증언했다. 그러나 법원은 인종 차별 혐의에 대해서는 무죄를 선고했다. 대신 두 사람은 폭행과 협박 혐의로 각각 1년과 3년의 징역형을 선고받았다. 인종 차별 조항에 대한 무죄 판결에 변호사가 항소했으나 굴라팅주 법원은 그 항소를 기각했다.

키리는 우리 사이에서 금기로 남아 있던 사실 하나를 짚어냈다. 우리는 그때까지도 우리 아이들이 겪을지도 모를 인종 차별에 대해 입을 열지 않고 있었던 것이다.

"이제 우리가 이 문제를 드러내야 하지 않겠습니까?"

그녀는 우리에게 물었다. 아르베 사건 이후 많은 입양인이 더 큰 어려움에 처하게 되었다는 사실을 누구보다 잘 알고 있음에도 말이다.

카리와 남편은 세계의아이들이 이 문제를 다루어 주길 기대했지만, 정작 이러한 현실적 어려움은 제대로 논의되지 않았기에 크게 실망했다.

나는 카리가 하는 말이 무슨 의미인지 알았다. 문득 1999년 가을, 세계의아이들 회보에 실렸던 추도문이 떠올랐다. 그때 세 입양 단체인 세계의아이들, 입양포럼Adopsjonsforum 그리고 이노르아돕트Inor Adopt는 우리의 두려움을 누그러뜨리려 애쓰고 있었다.

우리는 모든 사실과 진실이 드러나는 경우가 드물다는 것을 알고 있습니다. …… 하지만 동시에 이러한 사건에서 성급히 결론 내리거나 사람들을 미리 단정해서는 안 된다는 점을 강조하고자 합니다. 이 사건이 살인, 인종 차별이라고 단정하는 것은 우리의 역할이 아닙니다.
우리가 받은 인상으로는 송 노 피오라네Sogn og Fjordane라는 곳은 아이들이 자라기에 좋은 곳이며, 따돌림이나 인종 차별이 다른 곳보다 더 흔하게 일어나지도 않습니다. 우리는 다만 이번 사건이 사람들이 입양을 꺼리는 계기가 되지 않기를 바랄 뿐입니다.
우리가 우리 아이들을 위해 할 수 있는 가장 좋은 일은 그들에게 사랑과 보살핌을 주고, 안전하고 건강한 자존감을 키워 주려 노력하는 것입니다.

나는 아르베의 부모가 그 글을 어떻게 받아들였을지 상상했다. 자신들이 아들에게 '사랑과 보살핌' 그리고 '안전하고 건강한 자존감'을 주는 데 실패했다는 암시로 받아들이지 않았을까? 나는 그것이 추도문과는 거리가 멀다고 생각했다. 그것은 변명이자 해명일 뿐이었다. 쓰라린 현실을 인정하지 않고 서둘러 덮어버리려는 시도에 불과했다.

회의가 끝나갈 무렵, 카리는 아르베에게 무슨 일이 있었는지에 대한 모든 진실을 밝히기 위해, 그리고 다른 입양인들이 같은 일을 겪지 않도록 하기 위해 돌멩이 하나라도 반드시 들추어 보겠다고 스스로에게 약속했다고 말했다. 그리고는 내가 결코 잊지 못할 말로 강연을 마무리했다.

그때 스스로에게 던졌던 질문은 이것이었습니다. '아르베에게 그런 일이 일어난 건, 그가 입양인이었기 때문일까?' …… 저는 이 질문의 정답을 알지는 못합니다. 하지만 이 문제를 생각하면 늘 마음이 무겁습니다. 힘든 순간마다 이렇게 생각합니다. 만약 그들이 입양인을 적대시했다면, 차라리 아르베의 양부모인 우리를 겨냥했어야 하지 않았을까? 아르베를 노르웨이로 데려온 사람은 바로 우리였으니까요. 우리 부부가 아르베를 간절히 원했기 때문이었습니다. 아르베는 노르웨이인이 되겠다고 스스로 선택하지 않았습니다. 그래서 자문해 봅니다. '과연 내가 아르베를 무엇 속으로 끌어들인 것일까, 아르베가 우리에게 오지 않았다면 어른으로 성장할 수 있었을까'라고 말입니다.[16]

그림자 속의 아이

내가 너를 도대체 무엇 속으로 끌어들인 걸까?

나 역시 곧 이 질문을 하게 되었다. 셀마가 병을 앓기 시작한 첫해부터였다. 아이는 음식을 입에 대려 하지 않았다. 그게 음식이 입맛에 맞지 않아서 혹은 위탁 가족을 잃은 슬픔에서 벗어나지 못했기 때문이라고 생각했다. 그래서 아이에게 더 많은 시간이 필요하다고 여겼다. 그럼에도 불구하고 아이가 고개를 저으며 음식을 거부할 때마다, 나를 무겁게 짓누르는 두려움에 사로잡혔다. 도대체 무엇이 잘못된 걸까? 우리가 무슨 잘못을 한 걸까? 셀마는 때때로 몹시 불안해하고 예민해졌다가, 이내 고통 속에 몸을 웅크리고 경련을 일으키며 기절하곤 했다. 그럴 때마다 우리는 베르겐 소아과 병원의 응급실로 달려갔다. 셀마는 거기서 주스를 마시며 기다리는 동안 다시 조금씩 회복되었다.

의사는 혈액 검사를 하고는 모든 수치가 정상이라고 말했다. 그러나 이미 내 안에 자리 잡은 불안, 우리가 알지 못하는 모든 것에 대한 두려움은 가시지 않았다. 혹시 유전적인 문제일까? 무언가 대물림된 병일까? 내가 아이의 체중이 늘지 않는다고 말하자, 의사는 이렇게 대답했다. "그건 이 아이가 한국인이기 때문일 겁니다. 아시아 여자아이들은 원래 작잖아요."

어린이집에서 셀마는 문제아로 여겨졌다. 아이는 한국말과 옹알이를 버리고 노르웨이어를 사용했다. 그러나 정말로 이해하고 쓰는 것인지 아니면 단지 우리와 또래 아이들을 흉내 내는 것인지 우리로서는 알 수 없었다. 아이가 내뱉는 단어들은 문장으로 이어지지 않았다. 어린이집 교사는 셀마가 종종 다른 아이들을 만지며 다가가곤 하지만 아이들이 그것을 좋아하지 않는다고 전해 주었다. 네 아버지와 나는 어린이집 교사들에게 셀마가 다른 아이들과 어울릴 수 있도록 다리 역할을 해 달라고 부탁했다. 그래야 혼자가 되지 않을 테니까. 그러나 우리는 아이들이 셀마를 이해하지 못하며, 그럴 바에는 차라리 셀마를 혼자 두는 편이 낫다는 말을 들었다.

입양협회에 연락해 문제를 이야기했을 때, 돌아온 것은 공감 어린 반응뿐이었다. 그리고 그것으로 끝이었다. 도움이 필요한 입양 가정에 대한 후속 지원은 그들의 역할이 아니었다. 대신 우편으로 소책자 한 권을 받았다. 〈어린이집의 입양아〉라는 제목의 그 책자는 어린이집 교사들을 위한 것으로, 입양아의 놀이와 언어 발달에 관한 일반적인 지침을 담고 있었다.

그 소책자는 내 안에서 자라나는 의문과 무언가 끔찍하게 잘못되었다는 불안을 전혀 잠재우지 못했다. 셀마는 여전히 음식을 거부하고 끊임없이 기절하며, 점점 쇠약해지고 있었다. 나의 무력감과 절망은 끝없이 커져 갔다.

셀마는 점점 생기를 잃고 창백해졌다. 그리고 마침내 정밀 검사를 위해 병원에 입원하게 되었다. 아이가 입원할 때마다 우리는 매번 무력감에 빠졌다. 나는 병상 옆에 앉아, 흰색 침구에 창백한 얼굴을 묻고 누운 셀마를 바라보며 모니터에서 흘러나오는 기계음을 들었다. 아이의 텅 빈 시선을 마주할 때마다 나는 깊은 절망을 느꼈다.

몇 차례의 입원 끝에 우리는 셀마가 저혈당에 시달리고 있다는 사실을 알게 되었다. 우리에게 낯선 진단명이었다. 나는 홀트아동복지회로부터 받은 진료 기록 속에서 관련 정보를 찾으려 했지만 아무것도 눈에 띄지 않았다. 생각해 보니 조금 이상한 일이었다. 영양을 충분히 공급받지 못한 어린아이들에게는 이런 상태가 드문 일이 아니었기 때문이다.

우리가 상담한 한 신경과 의사는 저혈당이 있을 경우 혈당 수치가 지나치게 낮아져 영아의 발달에 영향을 미칠 수 있다고 설명해 주었다. 또 저혈당은 대사 질환이나 호르몬 문제, 혹은 영양 부족으로 인해 셀마보다 조금 더 큰 아이들에게도 발생할 수 있다고 했다. 우리는 저혈당이 뇌 손상과 영구적인 인지 저하를 초래할 수 있다는 사실도 알게 되었다.

의사는 심각한 질환과 영구적인 손상을 예방하기 위해 의료진이 이 상태를 제대로 인식해 충분하고 올바른 영양을 제공하는 것이 가장 중요하다고 말했다. 사실 이것은 생각보다 단순해서, 죽이나 우유 혹은 다른 음료에 전분을 조금만 섞어 주면 혈당이 안정되어 더 큰 손상을 막을 수 있었다.

그러나 셀마의 경우는 이미 때가 늦었다. 셀마의 증상은 입양과 연관된 결과로 여겨졌고, 그 때문에 근본적인 질병 상태는 가려지고 말았다.

수년간의 검사 끝에 셀마의 인지 능력이 세 살 수준이라는 사실이 드러났다. 아이가 회복할 수 있으리라는 우리의 희망은, 발달 장애와 자폐 진단을 받았을 때 무참히 무너졌다. 발달 장애 아동과 함께하는 삶은 우리 가족에게 새롭기만 했다.

바닥에 엎드려 책을 펴 놓고 무언가를 끄적끄적하던 아이가, 이제는 종이에 곧은 선 하나조차 그을 수 없게 되었다. 셀마는 점차 언어를 잃었다. 그리고 몸짓과 표정 그리고 미소마저 잃었다.

셀마는 초등학교 저학년 동안은 일반 학교에 다녔으나, 5학년에 올라가면서 특수 학교에 배정되었다. 이미 1학년 첫 주부터 담임 교사는 알림장에 이렇게 적었다.

셀마는 매우 밝고 열성적이지만, 다른 아이들과 어울릴 때는 놀이의
규칙을 잘 이해하지 못하는 것처럼 보입니다. 저는 셀마에게 다른
아이들과 함께 놀고 싶다면 때리지 말고 토닥여 주라고 말했습니다.
부디 가정에서도 셀마가 제대로 행동할 수 있도록 지도해 주시길
바랍니다.

셀마가 필요한 지원을 받을 수 있도록 싸운 우리에게는 곧
'까다로운 부모'라는 낙인이 찍혔다. 학교, 아동·청소년 정신과 외
래 진료소BUP, 그리고 교육 심리 상담 서비스와 끝도 없는 회의를
거듭하며 도움을 요청했지만 학교는 마지못해 응할 뿐이었다.
교사들은 셀마를 잔인하고 제멋대로 구는 괴물 같은 아이로 묘
사했다. 당시 셀마는 몸무게가 불과 18킬로그램인, 학교에서 가
장 작은 아이였음에도 불구하고.

언어와 인지 능력이 부족했던 셀마는 자주 폭력적으로 행동
했다. 또래 아이들을 발로 차고 손으로 때렸다. 아이는 쉴 새 없
이 의미 없는 말을 늘어놓으며 상체를 흔들었다. 집에서 함께 식
사를 할 때면 셀마와 네가 차례를 지켜 가며 말하는 것이 불가능
할 정도였다.

나는 셀마의 폭력적 행동을 사전에 막아 보려고 움직임을
내내 지켜보았지만, 늘 때를 놓치곤 했다. 그로 인한 긴장이 내
몸에 각인되었고 밤에도 잠을 잘 수가 없었다. 걱정과 슬픔, 그리
고 나 자신의 무력함에 짓눌렸기 때문이다.

남편과 나는 직장에서의 업무를 비롯해 셀마를 위한 각종 검사, 그리고 끝없는 돌봄을 병행하며 하루하루를 가까스로 이어 갔다. 그렇게 무거운 나날은 곧 몇 달, 몇 해로 이어졌다. 우리는 회의와 조율 요청을, 돌봄 지원을 위한 신청서 작성을, 거절 통보가 올 때마다 이의 제기를 끝없이 반복해야 했다.

산드라가 학업을 위해 집을 떠난 뒤, 너는 힘이 부치는 부모와 모든 것을 요구하는 어린 동생과 함께 남겨졌다. 그 때문에 필요한 관심도 받지 못했다. 너 역시 그렇게 셀마의 상태에 영향을 받게 되었다. 사실 우리가 알아채기만 했더라면 충분히 예방할 수 있었던 일이었다. 다른 이들처럼, 장애가 있는 형제자매와 함께 지내야 했던 너는 상황에 스스로를 맞추어 갔다. 나는 네가 소란과 절망을 피해 방문을 닫고 홀로 조용히 안식을 찾는 모습을 지켜볼 때마다 가슴이 아팠다. 어느새 너는, 어른들처럼 모든 것을 스스로 해내야 하는 아이가 되어 있었다.

우리는 네가 쉴 수 있는 틈을 만들어 주려 애썼다. 그래서 토요일 저녁이면 셀마를 일찍 재우고 너와 함께 피자나 타코를 먹곤 했다. 하지만 너는 이미 너무 조용해져 있었다. 마치 내 손가락 사이로 흘러나가 방 안으로 숨어 버리는 것만 같았다. 나는 그것이 사춘기가 다가온 탓일 거라고 생각했지만, 사실은 그저 스스로를 위로하기 위해 그렇게 믿었을 뿐이었다.

네가 청소년기에 학교 친구를 집에 데려온 것은 단 몇 번뿐이었고, 생일 파티를 하자는 말도 거절했다. '가족이면 충분해요'라고 말하는 너를 보며 안도했고 그러면서도 걱정스러웠다. 솔직히 말하자면 안도감이 더 컸다. 누군가 찾아오는 일은 우리 작은 가족 안에 자리한 모든 불안정함이 고스란히 드러나는 일이었으니까. 우리에겐 가까운 곳에 사는 친척들도 없었다. 몇 명 안 되던 지인들과의 만남도 점점 줄어들었다. 우리는 스스로를 고립시켰다. 몇 시간의 돌봄 지원과 잠시의 쉼을 얻기까지도 수년이 걸렸다.

이 글을 쓰는 지금, 나는 극복할 수 없는 죄책감과 수치심에 사로잡혀 있다. 우리가 해 온 일, 혹은 하지 않은 모든 일이 결국 우리를 덮쳐 올 것만 같은 느낌. 마치 주도권을 잃고 통제할 수 없는 힘에 의해 조종되는 말이 된 것 같았다. 음울한 원무圓舞를, 빙글빙글 끝없이 반복되는 춤을 추듯이.

우리는 이해할 수도, 통제할 수도 없는 그 무엇 앞에서 무력하게 서 있었다. 언젠가 끝나리라는 희망을 품고 그저 견뎌야만 했다. 아이를 갖고 싶다는 나의 열망, 그리고 그에 뒤따른 모든 선택이 네 성장에 깊이 각인되는 영향을 미쳤다는 사실로부터 벗어날 수 없었다.

남편과 내가 아이를 하나 더 갖기를 바랐던 이유는, 네가 함께 자라며 의지할 형제를 가졌으면 했기 때문이었다. 그래서 셀마를 입양했다. 나는 두 아이가 함께 뛰놀고 웃으며 좋을 때나 힘들 때나 서로를 의지하는 모습을 그려 보았다. 언젠가는 너희 둘이 함께 한국을 찾아가게 될지도 모른다고 생각했다. 우리가 늙고 세상에서 사라진 뒤에도 너희는 서로 곁에 있어 주기를 바랐다. 하지만 너는 모든 것을 삼켜 버리는 듯한 셀마의 그림자 속에서 자라야 했다. 그때 무슨 일이 일어나고 있는지, 어쩌면 우리는 어렴풋이 알고 있었는지도 모른다. 그러나 나는 그 속에서 너는 물론 우리 스스로도 끌어내지 못했다.

너와 네 여동생은 노르웨이 시민권과 여권을 받았다. 그러나 그 이후로 너희를 포함한 우리 가족은 어떤 지원도 받지 못했다. 상담이나 지원, 심리적 도움 같은 것은 전혀 없었다. 어쩌면 '좋은 의도'였을지도 모른다. 우리가 일반적인 방식으로 아이를 낳은 다른 부모와 동등하게 여겨졌다는 의미에서. 보건소 정기 검진과 예방 접종, 체중 측정만으로 충분하다고 믿었을지도 모른다. 혹시나 생길 문제들도 그 과정에서 발견될 것이라고 여기지 않았을까.

동시에 우리가 일찍 도움을 구하기를 망설였다는 점도 부인할 수 없다. 어쩌면 남편과 나는, 우리가 좋은 부모가 아니라는 사실과 마주하게 될까 두려웠던 건지도 모른다.

3부

정말 아이를 위한 최선이었을까?

한국에서 노르웨이로의 입양을 주선했던 세계의아이들은, 초기에는 한국 전쟁 이후 한국 지부가 이어 오던 구호 활동 일부를 계속했다. 그러나 1980년대 초 전략을 바꾸기로 결정한 뒤로는 주로 입양과 관련된 활동에 집중했다. 이 새로운 전략은 1990년대에 마련된 계획으로 구체화되었다. 그 목표는 단 하나, 입양 건수 증가였다. 세계의아이들은 엄격한 마케팅 방침을 택했고, 이는 2003년 창립 25주년 기념으로 발간된 책에 다음과 같이 기술되어 있다. "당시 사용된 정보 전략은 아이가 없는 상황에 대한 좋은 대안으로 입양을 홍보하는 것이었고, 이를 위해 언론과 다른 정보 채널들이 의도적으로 활용되었다."[1]

1970년대에 들어 국제 입양은 점점 인기를 끌었다. 그러나 국제적 규제의 부재와 맞물리면서 아동의 복지와 권리에 대한 우려가 제기되었다. 아이들이 납치되어 암시장에서 팔리는 불법 입양 사례들이 보고되면서, 국제적 차원의 제도적 틀도 요구되었다.[2]

1989년, 유엔 아동 권리 협약Convention on the Rights of the Child이 제정되었다. 이 협약은 아동의 특별한 지위와 필요를 보장하는 데 초점을 맞췄으며, 비준한 국가들에게는 법적 구속력을 지니게 되었다. 그 어떤 협약도 이처럼 큰 지지를 받은 적은 없었다. 그리고 이 글을 쓰는 현재 전 세계에서 미국을 제외한 모든 나라가 이 협약을 비준했다.

아동 권리 협약은 차별 금지, 아동의 최선 이익 존중, 생명·생존·발달·참여의 권리, 그리고 폭력·학대·착취로부터의 보호권과 같은 원칙들을 규정했다. 국제 입양과 관련해 아동의 최선의 이익을 보장하기 위해 반드시 따라야 할 명확한 지침과 기준도 제시했다. 이 협약은 출생국에서 적절한 해결책을 찾을 수 없을 경우에만 국제 입양이 고려되어야 한다고 강조했다. 즉, 출생국 내에서 입양 가정을 찾는 것이 우선이다. 이러한 원칙은 아동이 자신의 출신 문화와 배경에 연결될 수 있도록 하고, 정체성과 이름, 가족 관계를 보존할 권리를 보장하려는 목적이었다. 또한 이 협약은 아동이 자신의 민족적·국가적 배경에 뿌리를 둔 정체성, 종교와 세계관, 문화적 소속감과 개성을 보존할 권리를 지닌다고 명시했다. 각국은 입양에 관한 협정을 체결할 때, '아동을 위한 최선의 이익'을 판단하는 과정에서 이러한 원칙들을 특별히 고려해야 할 의무가 있었다.

협약은 면밀한 규제와 감독 아래 입양 절차가 이루어지도록 각국에 조치를 취하라고 요구했다. 여기에는 자격을 갖춘 승인된 입양 기관의 활용, 양부모로서의 적합성 평가, 아동의 필요와 이익에 대한 철저한 검토가 포함되었다. 아동 거래와 불법·불공정한 입양을 막기 위한 조치였다.

또 입양과 관련된 결정 과정에서 아동이 자신의 의견을 표현하며 결정에 참여할 기회를 보장하는 것도 중요하다고 강조했다. 이 원칙은 입양 과정에서 아동의 목소리를 존중하고, 가능한 경우 아동의 자기 결정권이 보장되도록 하기 위한 것이었다.

입양을 허용하는 나라는 이 협약의 원칙에 따라 아동의 기본적인 필요를 보장하는 것은 물론, 그보다 더 중요한 '아동의 최선의 이익'도 분명히 보장해야 했다. 또 입양에 참여하는 각 국가는 반드시 적격한 기관을 통해 입양 허가가 이루어지도록 해야 했다. 아울러 국제 입양 과정에서 관련된 이들이 부당한 경제적 이익을 얻는 일이 없도록 하는 것도 중요한 원칙이었다.

그러나 결국 아동 권리 협약은 아동을 출생국 내에서 적절하게 돌볼 방법을 찾을 수 없을 경우 한 나라에서 다른 나라로의 입양이 아동을 위한 또 다른 형태의 대안적 돌봄으로 간주될 수 있음을 인정한 셈이었다.

유엔 아동 권리 협약은 이처럼 아동 보호의 우선순위를 명확히 규정했다. 아동은 무엇보다도 친부모와 함께 자라야 하며,

그것이 불가능할 경우 생물학적 가족의 다른 구성원에게 맡겨져야 했다. 만약 이것조차 불가능하다면 출생국 내에서 입양될 수 있도록 노력해야 했다. 해외 입양은 오직 마지막 수단으로만, 이 모든 것이 불가능한 경우에 고려될 수 있었다.

아동 권리 협약이 아동의 권리를 이처럼 폭넓게 규정한 반면 1998년의 헤이그 협약은 국제 입양에 관련된 여러 종류의 위험과 그에 수반되는 과제를 직접적으로 다루었다.

이 규정은 국가 간 입양에 일정한 기준을 세워 불법 입양과 금전 거래를 막는 것을 목표로 했다. 나라들 사이의 긴밀한 협력을 통해 아동 납치와 판매·거래를 방지하고, 모든 아동의 기본 권리가 존중되도록 하려는 취지였다. 입양 관련 동의를 윤리적이고 법적으로 타당한 방식으로 확보하는 것이 무엇보다 중요했다. 그 동의는 생물학적 부모가, 혹은 아동이 충분히 자랐을 경우에는 아동 자신이 결정해야 했다. 협약은 또한 국제 입양의 모든 절차, 즉 양부모의 적합성 평가에서부터 아동의 신분 확인에 이르기까지의 과정이 모두 아동의 최선의 이익을 목표로 이루어져야 한다고 강조했다.

노르웨이는 1998년 1월 1일부터 헤이그 협약을 비준했다. 그로써 우리는 아동이 입양되어 오는 나라들 역시 이 협약을 비준했는지 확인할 의무를 지게 되었다. 노르웨이가 입양과 관련해 협력했던 모든 국가는 헤이그 협약에 가입했으나, 한국만은 예외였다. 한국은 2013년에 이르러서야 협약에 서명했다. 하지만 이 글을 쓰는 지금까지도 한국은 여전히 이 협약을 비준하지 않고 있다. 만약 비준했다면, 한국은 자국에서 태어난 아동이 자기 가족과 출생국에서 자라날 권리를 보장하기 위해 조치를 취할 의무를 져야 했을 것이다.

이미 자국의 아동을 돌볼 만큼 경제적으로 충분히 성장한 나라에서 여전히 아이들을 해외로 보내는 관행은, 국제 입양이 내세운 이상과 실제 현실 사이의 심각한 간극을 드러냈다.

미국의 법학 교수 데이비드 스몰린David Smolin은 일찍이 국제 입양 제도를 비판한 연구자 가운데 한 사람이다. 그는 유엔 아동 권리 협약과 헤이그 협약 모두에 기반한 이 입양 제도가 결과적으로 일종의 아동 거래를 허용하고 있다고 지적했다. 이들 협약은 아동의 권리를 보호하기 위해 고안되었다. 그러나 국경을 넘어 이루어지는 복잡하고 모호한 입양 과정에 대해서는 문제를 제대로 짚어 내거나 규제하지 못했다. 스몰린은 특히 두 협약에서 핵심 원칙인 '아동의 최선의 이익'이 모호하게 정의되어 있다고 지적했다. 그는 이러한 불명확성이 광범위한 해석과 일관성 없는 적용을 낳을 수 있으며, 그 결과가 아동의 실제적 필요나 이익과 부합하지 않기도 한다고 지적했다.

스몰린의 연구는 국제 입양에서 기증국과 수용국 간의 권력 불균형에 대한 근본적인 우려를 제시했다. 그는 부유한 서구 국가들의 아동 수요가 시장을 형성해, 가난한 나라의 아이들이 상품화되었다고 주장했다. 그 결과, 아이를 입양하려는 수용국의 필요와 욕망이 종종 아이의 최선의 이익을 희생시키는 압력으로 작용했다. 이 같은 역학이 본래 아동 보호를 목적으로 마련된 법적 장치들의 취지를 약화했다.

스몰린은 이러한 문제를 해결하기 위해 국제 입양 제도에서 전면적 개혁이 필요하다고 주장했다. 그는 보다 강력한 규제와 투명성 그리고 책임성 확보가 필수라고 지적했으며, 아울러 '아동의 최선의 이익' 원칙을 보다 정확하게 적용해야 한다고 말했다. 또한 입양은 어디까지나 최후의 수단으로, 가족 재결합이나 아동의 출생국 내 보호와 같은 대안들을 우선적으로 고려해야 한다고 강조했다.[3]

1990년까지 한국에서 노르웨이로 입양된 아동은 6천 5백여 명에 달했다. 이들은 노르웨이 내 초국가적 입양 사례 대부분을 차지했다. 1990년대에 접어들면서 서구 전역의 국제 입양은 끊임없이 늘어 갔지만, 아이들의 출신지는 나라와 시기에 따라 달라졌다.

1980년대 초, 입양 대상 국가는 인도와 콜롬비아 등으로 확대되었다. 이후 중국에서의 입양이 폭발적으로 증가했는데, 이는 같은 시기 중국에 도입된 '한 자녀 정책'의 결과였다. 이 정책 아래에서는 각 가정마다 단 한 명의 자녀만이 교육과 각종 공공 혜택을 누릴 수 있었다. 가부장적 전통이 강한 중국 사회에서 대부분의 가족은 가문의 경제와 미래를 보장하기 위해 아들을 선호했다. 그 때문에 첫 아이가 딸일 경우 많은 가정이 둘째를 원했고, 그 결과 수많은 여자아이들이 고아원에 맡겨졌다가 서구 국가로 입양되었다.

한 자녀 정책은 중국 전역 모든 가정에 적용되었고, 그 결과 인구 구조에 큰 불균형이 나타났다. 약 20년이 지나자 출산율은 급격히 하락했다. 이에 따라 중국은 2016년 두 자녀 정책을 도입해 이듬해인 2017년에 일곱 명의 중국 아동이 마지막으로 노르웨이로 입양되었다. 반면 국제 입양이 정점에 달했던 2001년에서 2005년 사이에는 총 1천 215명의 아동이 노르웨이에 들어왔다. 중국에서의 입양은 노르웨이 내 공인 입양 단체 셋 모두를 통해 이루어졌다. 1991년부터 2017년까지 이들 단체를 통해 입양된 아동은 총 2천 351명이었으며, 그중 세계의아이들이 절반 이상을 주선했다.

1990년대에는 동유럽 국가들도 입양 국가에 합류했다. 루마니아에서는 1989년 니콜라에 차우셰스쿠 대통령의 몰락 이후 입양 건수가 증가했으며, 러시아에서는 1990년대부터 2000년대 초반까지 총 130명의 아동이 입양되었다.

각종 협약과 개정된 법률에도 불구하고, 기존의 입양 관행은 예전과 비교해 크게 달라지지 않았다. 1990년대에는 매년 14개국에서 약 8백 명의 아동이 노르웨이로 입양되었다. 이 가운데 한국은 여전히 선두였으며, 해마다 약 120명의 아동을 입양보냈다. 1990년 한 해에만 188명의 아동을 보낸 콜롬비아가 두 번째를 차지했다.

2006년경까지 입양 건수는 계속 증가했다. 2000년부터 2005년 사이에는 해마다 약 7백 명의 아동이 노르웨이로 입양되었다. 초국가적 입양이 아동을 위한 최선이라는 생각은 아이들이 노르웨이로 들어와 새로운 삶을 시작하던 그 시기에도 여전히 팽배했다.[4]

햇살, 그리고 무너지는 희망

한국은 1996년부터 입양 건수를 줄이려던 그 야심을 포기한 듯 보였다. 아마도 그 배경에는 정권에 따라 달라지는 정치적 관심의 기복이 큰 몫을 했을 것이다.

한편 1998년 2월, '아시아의 만델라'라 불린 김대중의 대통령 취임은 노르웨이에서도 큰 관심을 불러일으켰다. 김대중 대통령은 남한 내부만이 아니라 민족 전체의 화해를 촉구했다. 그는 얼어붙은 이웃, 북녘으로까지 시선을 돌리며 남북으로 살라진 가족들이 서로 만날 수 있어야 한다고 호소했다. 놀랍게도 얼마 지나지 않아 북한 정권은 긍정적인 신호를 보냈다. 이는 1994년 여름 북한의 '위대한 수령' 김일성이 사망했을 때, 전임 대통령이었던 김영삼이 조의를 보내지 않은 뒤로 북한이 남한에 극도로 적대적인 태도를 보여 온 점을 고려하면 매우 뜻밖이었다.

북한은 수년간 한국의 전후 입양 정책을 비판해 왔으며, 입양 문제는 남북 간에 벌어진 선전전의 도구였다. 북한은 1970년대 초부터 남한이 서방에 한국 아동을 판매하고 있다고 비난했다. 〈평양 타임스〉에는 이런 문구가 실리기도 했다. "남조선의 반역 무리들은, 배신에 길들여진 자들답게, 누더기를 걸친 굶주린 아이들을 무더기로 외세의 약탈자들에게 팔아넘기고, 뻔뻔스럽게도 그 아이들을 '입양아'라 부른다." 북한은 남한의 입양 관행을 '사대주의'라고 규정했다.

사대주의 개념은 북한의 비판에서만 사용된 것이 아니었다. 한국 내부의 비판적 목소리와 일부 국제 사회에서도 이 용어가 등장했다. 비판자들은 한국이 아동을 미국과 서구 여러 나라에 입양 보내는 행위를 두고, 강대국에 대한 굴종과 저자세의 태도를 드러내는 것이라고 지적했다. 이들은 한국이 서구 국가들의 비위를 맞추기 위해 자국 아동에 대한 책임을 저버렸으며, 아동 복지를 위한 해결책은 해외 입양이 아니라 국내에서 우선적으로 모색되어야 한다고 주장했다.[5]

김대중 대통령이 집권했을 때는 이미 1988년 올림픽을 계기로 한국의 대규모 해외 입양에 세계가 비판적인 질문을 던진 지 10년이 지난 뒤였다. 그러나 김 대통령은 입양 문제에 무관심하지 않았다. 그는 집권 첫해인 1998년 10월, 15만 명의 한국 아동을 해외로 입양 보낸 사실을 공식 사과했다. 그는 해외 입양인 일부를 청와대로 초청해 앞으로는 친생가족이 아이를 키울 수 있도록 정부가 지원하고, 입양인이 한국에서 자신의 원가족을 더 쉽게 찾을 수 있는 제도를 마련하겠다고 약속했다.

1989년, 김대중 대통령은 스톡홀름의 스웨덴 국제정치연구소를 방문해 강연을 했다. 그곳에서 그는 스웨덴에서 입양인으로 살아가던 한국계 여성 레나 김을 만났다. 레나는 한 모임에서 왜 한국이 자국의 아이들을 스웨덴 같은 낯선 나라로 보내느냐고 물었다. 김대중 대통령은 스웨덴에서 한국 입양인으로 살아왔던 그녀의 운명에 안타까움을 느껴 눈시울을 붉혔다. 그리고 이후 입양 문제를 논의할 때마다 그녀와의 만남을 자주 떠올리곤 했다.

김대중 대통령은 스칸디나비아에 유난히 많은 한국 입양인이 사는 것을 보고 이곳에 특별한 관심을 기울이게 되었다. 그는 1998년의 공식 사과 자리를 비롯해 그 밖의 여러 기회마다 해외로 입양된 한국인들, 특히 스칸니나비아 지역의 입양인들을 한국과 서구를 잇는 독특한 유대의 상징으로 내세우곤 했다.[6]

네가 노르웨이에 온 지 정확히 2년 뒤, 김대중 대통령은 이른바 대북 햇볕 정책으로 노벨 평화상을 받기 위해 오슬로에 도착했다. 그는 햇볕 정책으로 대립보다 대화, 대결보다 협력을 선택함으로써 한반도에서 수십 년간 이어진 긴장과 불신을 완화하려 했다. 그 목표는 남북 간의 상호 이해의 길을 열고, 궁극적으

147

로는 통일로 나아가는 것이었다.

불과 몇 해 전만 해도 상상하기 어려웠던 일들이 햇볕 정책 아래에서 일어났다. 2000년 6월, 남북한 정상 회담이 처음으로 열렸고, 이어 8월에는 분단된 한반도의 남과 북에서 각각 백 명의 한국인이 모여 4일 동안 가족과 친척을 상봉했다. 이 극적인 이산가족 상봉 자리에는 김대중 대통령의 초청을 받은 노르웨이 총리 셀 망네 본데비크Kjell Magne Bondevik도 함께했다. 같은 해 9월에는 시드니 올림픽 개막식에서 남북한 대표단이 하나의 한반도기를 들고 함께 입장하면서 화해의 흐름이 이어졌다.

노르웨이 노벨 위원회가 김대중 대통령에게 평화상을 수여한 것은 한 개인에 대한 인정인 동시에 한반도의 평화에 대한 희망을 담은 결정이었다. 위원회는 김대중 대통령이 민주주의와 인권, 그리고 북한과의 화해를 위해 기울인 노력을 높이 평가했다.

김대중 대통령이 노르웨이에서 평화상을 받는 동안, 그의 아내 이희호 여사는 현지의 많은 한국 입양인에게 큰 관심을 기울였다. 오슬로와 스톡홀름에서는 대통령 부인과 입양인 단체들의 만남이 마련되었다. 오슬로에서는 한국 출신의 안네 베이데르 오센Anne Weider Aasen이 TV2 기자로서 이 만남을 취재했는데, 이는 한국에서 큰 주목을 받았다. 중요한 기자직을 맡고 있다는 사실은 그녀가 낯선 땅에서 이미 확고히 자신의 자리를 찾았다는 의미였다.[7]

그로부터 2년 뒤, 이 노르웨이 저널리스트는 본데비크 총리의 수행단 일원으로 한국을 방문하면서 한국에서 대서특필되었다. 김대중 대통령이 걸음을 멈추고 그녀에게 인사를 건넸고, 외교부 장관은 그녀에게 '우리는 당신이 매우 자랑스럽습니다'라고 말했다. 그날 저녁, 오센은 대통령이 의전 절차를 깨고 다가와 인사를 건넨 인물로, 그리고 한국 입양아들의 존재를 세상에 드러낸 얼굴로 보도되며 뉴스의 1면을 장식했다.[8]

그러나 햇볕 정책은 국내외에서 비판을 받기도 했다. 가장 두드러진 비판 가운데 하나는, 북한에 경제 지원을 하면서도 아무런 상응 조건을 요구하지 않았다는 점이었다. 더불어 북한에 지원된 자금이 평화와 경제 발전을 촉진하기보다 오히려 군사력 강화를 뒷받침했다는 지적도 제기되었다. 이러한 주장은 북한이 지속적으로 실시한 미사일 실험과 핵무기 개발 야망으로 인해 더욱 힘을 얻었다. 이는 지역의 평화와 안정이라는 목표와는 양립하기 어려웠다. 정치 개혁이나 인권 개선에 대한 구체적인 조건 없이 북한을 지원한 결과 한국과 그 동맹국들은 의도치 않게 북한 정권을 더욱 공고히했다. 그 와중에도 북한 주민들은 여전히 혹독한 억압과 빈곤 속에서 고통받았다.

햇볕 정책과 입양 관행은 모두 한국의 국제적 이미지를 개선하기 위한 더 넓은 전략의 일부였다. 햇볕 정책은 한국이 평화를 창출하고 협력을 중시하는 국가임을 보여 주었다. 국제 입양은 한국이 사회 문제를 서구의 규범과 가치에 부합하는 방식으로

'해결'하려 한다는 것을 보여 주었다.

햇볕 정책에서 상호성이 부족하다는 비판은 한국 내에서 충분한 대안을 찾지 않은 채 아이들을 해외로 보내던 일방적 입양 관행에 대한 비판과 맞닿아 있다. 두 경우 모두에서 드러난 문제는 똑같았다. 바로 갈등이나 사회적 불평등의 근본 원인을 해결하기보다 눈앞의 단기적 해법에 치중했다는 점이다.

미래를 빼앗긴 아이들

햇볕 정책 시기 동안 김대중 대통령은 여러 정치 개혁을 약속했다. 그 가운데에는 해외로 대규모로 보내지던 한국 아동 문제를 해결하기 위한 개혁도 포함되어 있었다. 그러나 이를 위한 실행은 결국 기존 관행을 유지하려던 공공 기관과 민간 입양 기관에 떠넘겨졌다.

1990년부터 2010년까지 서구로 보내진 아동 수는 초기 몇 년 동안 매년 약 2천 명 수준이었고, 이후에는 연간 약 1천 명으로 줄어들었다. 입양은 여전히 사적 영역에 속했다. 신생아에 대한 의무 등록도, 국가의 개입이나 아동 보호 조치도 없었다. 대신 민간 입양 기관들은 계속해서 규모를 확장했다. 이로 인해 이들은 정부와의 협상에서 더 큰 영향력을 발휘할 수 있었다.

해외 입양은 햇볕 정책 이후에도 꾸준히 이어졌다. 한국의 입양법인 '특별법'이 국내 입양을 장려하고 양부모를 지원하는 조항으로 개정된 것은 2007년에 이르러서였다. 그러나 유교적이고 가부장적인 이데올로기는 여전히 큰 장애물로 작용했다. 혼외 출생아는 언제나 수치로 여겨졌다.

혈통과 가계는 뚜렷한 두 세계로 나누어져 있었고, 호적 제도는 여전히 유효했다. 출산한 미혼 여성은 가문의 정통성을 지켜야 한다는 엄격한 규율을 어기는 존재로 간주되었기에 가문 전체의 수치였다. 이 어머니들은 남성만을 주체로 인정하는, 낡고 시대에 뒤떨어진 호적 제도 아래 종속될 수밖에 없었다. 아이를 호적에 올리려면 반드시 아버지의 이름 아래에 기록해야 했다. 딸은 처음에는 아버지의 호적에 올랐다가 결혼을 하면 남편의 호적으로 옮겨졌다. 호적에 이름을 올리지 못한 아이는 원칙적으로 국민으로 인정되지 않았으며, 교육이나 일자리에도 접근할 수 없었다. 아버지의 인정을 받지 못한 채 태어난 아이는 미래가 없는 아이였다.[9]

그러나 2008년, 한국 사회는 가족 관계 등록부라는 새로운 제도의 도입과 함께 중대한 전환점을 맞이했다. 헌법 재판소가 호적이 헌법의 평등 원칙을 위반한다며 위헌 결정을 내린 것이다. 이 역사적 판결은 오랜 세월 이어져 온 유교적 보수 세력과 여성 단체를 비롯한 진보 세력 간의 갈등에 공식적으로 종지부를 찍는 계기가 되었다. 그러나 이 문제는 일부에게 여전히 유효한 논쟁거리였다. 막강한 영향력을 가진 보수 성향의 한국 남성들은 새로운 제도가 남성의 권리를 침해하고, 한국의 민족적 정체성과 수 천 년의 역사를 지운다고 주장했다. 새로운 가족 등록 제도는 남성 중심의 상속 서열을 없앴다. 여성은 결혼할 경우 이제 단지 자신의 신분 상태만 변경하면 되었고 더 이상 남편 호적에 편입될 필요가 없었다.

많은 이가 이러한 변화로 인해 한국의 민주화와 성평등이 가까워질 것이라 기대했다. 그러나 유교적 사고방식은 법의 문제를 넘어 사회 전반에 스며 있었다. 그것은 직장은 물론, 아이가 있는 가정을 위한 빈약한 복지 속에도 깊이 자리하고 있었다. 어머니들은 혼외로 아이를 낳을 수는 있었지만, 일자리를 계속 유지하거나 새로 얻기는 거의 불가능했다.[10]

이 복잡성을 더욱 부각시킨 현상 가운데 하나가 한국의 '베이비박스'였다. 호적 등록 규정이 바뀐 이듬해, 서울 주사랑공동체교회의 이종락 목사는 원치 않는 아기를 익명으로 교회에 맡길 수 있도록 하는 장치인 베이비박스를 설치했다. 그는 길가에 버려지거나 어머니가 원치 않아 목숨을 잃을 수도 있는 아기들에게 안전한 피난처를 제공하기 위한 조치라고 설명했다. 이후 수년 동안 그는 수백 명의 버려진 아이들이 새 가정을 찾도록 이끌었다는 이유로 찬사를 받았다.

물론 비판도 뒤따랐다. KBS가 제작한 한 다큐멘터리는 급격히 하락하는 출산율을 배경으로 베이비박스 제도를 집중적으로 다루었다. 다큐멘터리는 얼굴을 가린 채 골목길로 들어서는 한 젊은 엄마의 모습으로 시작된다. 폭우가 쏟아지는 어두운 밤, 그녀는 조심스레 걸음을 옮겨 벽에 난 작은 문을 열고 아기를 살며시 그 안에 눕혔다. 그녀는 작은 문 안쪽이 따뜻하다는 것, 그리고 자원봉사자들이 교회 안에서 밤낮없이 지키고 있어 곧 알람이 울릴 것이라는 사실을 알았다. 잘리지 않은 긴 탯줄을 단 아기는 피투성이로, 아마 어머니의 것이었을 성인용 잠옷에 싸여 있었다. 이처럼 벽에 난 그 작은 문은 어두운 이면을 지녔다.

매일 같이 새로운 아기들이 들어왔다. 젊은 어머니들은 자신이 낳은 아이를 인정하지도, 법이 허용한 방식대로 등록하지도 않았다. 출생 후 30일 안에 등록되지 않은 아기는 소위 '고아 호적'이라고 하는, 새로운 가족 관계 등록부에 '세대주'로 기록되었다. 그렇게 아이와 생물학적 가족과의 연은 단절되었다. 아이는 부모 없는 '비시민'으로 전환되어 입양 대상으로 간주되었다.

이것이 아이들이 체계적으로 '고아화'되는 관행으로 자리 잡았다. 이미 한 가정에 등록된 아이조차도 입양 기관의 요청에 따라 새로운 세대를 만들어 냈다. 따라서 한 아이가 두 개의 가족 등록을 가지기도 했다. 하나는 친생 가족 세대 기록이었고, 다른 하나는 입양 기관이 만들어 낸 '고아 호적'이었다. 입양되는 것은 바로 이 '고아 버전'의 아이였다. 그래서 아이의 진짜 가족 관계 등록부가 한국에 그대로 남아 있는 경우 역시 종종 있었다. 때로는 그 등록부에 여전히 한국 국적으로 기록되어 있지만 본인이 그 사실을 알지 못하는 경우도 생겼다. 입양아가 가진 유일한 공식 문서는 '고아 호적'이었다. 그들은 한국 사회로부터 단절되어 입양 기관이 만든 막다른 골목 속에 가두어졌다.[11]

나는 그것을 네 입양 서류에서 알아보았다. 거기에는 '박현욱'이 세대주로 기재되어 있었고, 부모에 관한 정보는 알려지지 않은 것으로 되어 있었다. 홀트아동복지회는 네게 부모가 없다는 듯 새로운 가족 관계 등록부를 만들어 놓았다.

현재 해리 홀트의 맏딸 몰리 홀트Molly Holt가 이끄는 홀트아동복지회는 여전히 같은 방식을 고수하고 있다. 지지자들은 그녀를 '한국의 마더 테레사' 혹은 '한국 고아들의 어머니'라고 불렀다. 몰리는 전쟁 직후 아버지를 따라 한국에 왔던 때부터 그의 단체 활동에 참여해 왔다. 세월이 흐르며 몰리는 여러 차례 훈장을 받았는데, 그 가운데는 한국의 국민 훈장과 미국 월드비전에서 수여한 밥 피어스 상도 있었다.[12]

노르웨이와 한국의 관계는 점점 더 긴밀해졌다. 김대중 대통령의 노벨 평화상 수상과 양국 간의 활발해진 무역 관계가 그 흐름을 뒷받침했다. 2006년에는 노르웨이가 한국 조선업에 크게 의존하고 있던 상황을 바탕으로 양국 간 자유 무역 협정이 발효되었다. 또한 노르웨이는 1인당 한국 입양아 수가 가장 많은 나라로 한국 사회에서 인정받고 있었다.

네가 우리에게 온 지 10년이 지난 2008년, 몰리는 노르웨이에서도 찬사를 받았다. 국왕 하랄 5세가 그녀에게 '노르웨이

왕립 공로 훈장'과 사령관 작위를 수여한 것이다. 이유는 '한국의
버려진 아이들을 위한 인도주의적 활동과 노르웨이로의 아동 입
양에 기여한 공로'였다.[13]

당시, 한편으로는 금융 위기가 전 세계를 휩쓸고 있었다. 그
러나 한국은 전쟁 이후 기적적인 경제 성장을 이루며 쌓아온 회
복력 덕분에 힘든 순간들 속에서도 위기를 잘 통과할 수 있었다.
세계 무대에서 한국은 이미 OECD 회원국이자, 아시아와 세계
경제를 움직이는 중심축으로 자리매김했다.

한국 경제가 꾸준히 성장 곡선을 그려 가는 동안, 반대로 출
산율은 곤두박질쳤다. 우리가 입양을 했던 1998년 당시 합계 출
산율은 1.46명이었는데, 10년 뒤 한국이 금융 위기를 벗어날 즈
음에는 1.19명으로 떨어졌다.[14] 같은 10년 동안 역설적이게도
2만 3천 명이 넘는 아이들이 '고아 호적'을 안고 서구로 보내졌다.
그리고 그중 약 1천 명이 노르웨이로 향했다.[15]

아동의 최선의 이익

서구의 부부들이 대리인을 통해 한국 아동을 입양하면서 심사 절차를 피하고 직접 한국에 오지 않아도 되었던 제도는 2012년 제정된 '입양 특별법'으로 개정되었다. 이 법은 해외 입양을 우대해 온 기존 관행에 제동을 걸었고, 한국이 세계에서 가장 많은 아동을 해외로 보내는 나라가 되는 데 일조했던 구조를 흔들었다. 이러한 관행을 비판해 온 이들은 투명성의 결여, 친생부모의 권리, 그리고 아동의 최신의 이익에 대해 문제를 세기해 왔다. 새로 제정된 법은 이 우려들에 여러 방식으로 대응하고자 했다.

입양 기관은 더 이상 임신한 여성에게 출산 전후로 숙소를 제공할 수 없게 되었다. 또한 어머니들에게 입양을 권유하려면 출산 직후로부터 7일을 기다려야 했다. 이는 미혼 여성에게 가해지는 입양 기관의 압박을 줄이기 위한 조치였다. 이 기다림, 즉

7일의 숙려 기간은 부모가 자신의 결정을 충분히 숙고할 시간을 보장하기 위한 것이었다. 아울러 생물학적 부모는 입양 확정 전에 반드시 상담을 받아야 했다. 이는 그들의 결정이 충분한 정보에 근거하고, 강요나 압력 없이 이루어지는 동시에 아동의 복지를 고려하도록 하기 위한 장치였다. 또한 부모가 자신의 권리와 입양이 가져올 결과를 충분히 인지하도록 하는 데도 중점을 두었다.

해외 입양이 금지된 것은 아니었으나 국내 입양이 우선시되었다. 입양에 대한 한국의 사회적 인식을 바꾸고 낙인을 줄이는 것이 목표였다. 정부는 국내 입양을 보다 매력적으로 만들어 더 많은 가정이 아이를 입양하도록 장려하고자 했다.

보건부는 입양 절차에서 더 중심적인 역할을 맡게 되었으며, 입양 가능한 아동에 대한 관리·감독과 데이터베이스 운영을 책임지게 되었다. 이러한 중앙 집중화는 더 높은 투명성을 보장하고, 아동과 가정 간의 연계를 개선하기 위한 방침이었다.

입양 특별법은 입양인들에게 자신의 정체성과 뿌리를 알 권리를 보장했다. 이제 성인이 된 모든 입양인은 출생 기록에 접근할 권리를 가졌다. 이를 통해 그들은 자신에 관한 정보를 확인하고 나아가 생물학적 가족을 찾을 수단도 얻었다.

그러나 이 법은 뜻밖의 문제를 낳았다. 출생 신고가 의무화되자 미혼모에게서 태어난 신생아들이 더 많이 버려지게 되었고, 그 가운데에는 베이비박스에서 발견된 아이들도 있었다. 법의 성공적인 시행은 사회적 낙인과 미비한 복지 제도로 인해 가

로막혔다. 새 법은 정조와 체면을 중시하는 문화와 사회적 수치
심, 그리고 생물학적 가족을 위한 지원 제도가 부재한 현실과 충
돌하며 추락하고 말았다.

홀트아동복지회는 이 법이 지향한 방향에 따라 입양 알선의
비중을 국내 입양으로 옮겨갔다. 그러나 국가의 입양 관리 범위
는 거기까지였다. 정부는 기존 입양 기관들이 아동 입양 알선 활
동을 계속하도록 두었다.[16]

한편, 1986년 노르웨이에서 제정된 입양법은 비판에 직면
했다. 국제 입양에 관한 헤이그 협약과 조율되지 않았다는 점이
대표적인 문제로 지적되었다. 동성애자에 대한 차별, 지나치게
엄격한 연령 제한, 그리고 해외 입양에 치우친 관행 또한 주요 비
판 대상이었다. 입양 절차는 지나치게 길고 관료적이며, 지원과
사후 관리가 부족하다는 평가도 뒤따랐다.

동시에 국제 입양에 지나치게 집중한 탓에 노르웨이 아동
복지 시스템 안의 아이들이 외면당한다는 주장도 세기되었다.
그들은 마땅히 받아야 할 관심을 얻지 못했고, 새 가정을 기다리
는 시간은 길어질 수밖에 없었다.

많은 입양 부모가 입양 과정 전후로 더 많은 안내와 지도가
필요하다고 호소했다. 입양이 불러올 수 있는 복잡한 문제들을
다루는 데 필요한 지원과 도움은 너무나 부족했다. 아이의 문화
적·민족적 배경과 관련한 우려도 제기되었다. 특히 다문화 배경

을 지닌 아동들이 노르웨이 가정에 입양될 때, 그들의 언어와 문화가 제대로 존중되고 지켜지는지에 대한 의문도 뒤따랐다.[17]

2018년, 새로운 노르웨이 입양법이 발효되었다. 이제 입양은 아동이 생물학적 가족 구성원과 함께 자라나는 것이 불가능할 때만 고려되는 대안이다. 또한 입양 신청이나 입양 사전 동의를 얻기 위해 대가나 그 밖의 보상을 제공하는 행위가 명시적으로 금지되었는데, 헤이그 협약의 취지에 부합하는 규정이었다.

또한 입양인 본인만이 아니라, 그들의 후손들 역시 친생 부모에 관한 정보를 열람할 권리를 가진다고 명문화되었다. 대부분의 해외 입양인들은 이미 성인이 되었다. 그리고 그들 중 많은 이가 부모가 되었으며, 일부는 조부모가 된 현실을 반영한 조치였다. 1960년대부터 1980년대까지 이루어진 입양은 더 이상 입양인 개인만의 문제가 아니라 여러 세대를 아우르는 문제가 되었다.

이 법은 유엔 아동 권리 협약과 국제 입양에 관한 헤이그 협약을 근거로 삼았다. 아동의 최선의 이익을 강화하기 위해, 예비 입양 부모들은 입양 준비 교육 과정을 반드시 이수해야 했다.

이처럼 노르웨이 입양법은 국제 법규에 맞추어 아동의 최선의 이익을 핵심 원칙으로 삼았다. 이는 단순히 중요한 수준을 넘어, 입양 전체 과정에서 지켜져야 할 근본 원칙이라고까지 여겨졌다. 그러나 이 원칙에도 '아동의 최선의 이익'이 정확히 무엇인지에 대한 명확한 정의는 존재하지 않았다. 다만 제4조에서 이렇게 규정하고 있을 뿐이다. "입양 신청이나 입양 사전 동의는, 그 입양이 아동의 최선의 이익이 될 것이라는 명백한 개연성이 있을 때에만 승인될 수 있다."[18]

국제 협약들이 이론상 보편적이고 국경을 초월하는 것임에도 불구하고, 노르웨이 법은 다소 의아하게도 자국에서 태어난 아이들을 해외로 입양 보내는 것을 인정하지 않았다. 서구 국가들에서는 친부모가 아이를 돌볼 수 없을 때 여러 대안적인 돌봄 방안을 꼼꼼히 검토했지만 그 아이들이 국경을 넘어 입양되는 경우는 없었다. 그 결과, 국제 입양은 '저개발국에서 서구로 향하는 일방적인 흐름'이라는 인식이 더욱 굳어졌다. 이는 모든 아이가 누려야 할 권리는 보편적이라는 근본이념과는 어긋나는 방향이었다.

노르웨이 아이들을 해외로 입양 보내는 일은 터무니없다고 여겨진다. 그래서 우리는 차라리 아이들이 국내 아동 복지 시설에서 자라도록 한다. 낯선 언어와 문화 속의 새로운 가정보다 태어난 나라의 시설에서 지내는 편이 아이에게 더 낫다는 믿음 때문이다. 그러나 여기서 스스로 물어야 할 질문이 있다. 우리는 혹시 '아이의 최선의 이익'이 오직 자국 안에서만 지켜질 수 있다고 단정해 버린 것은 아닐까?

국제 협약에서 '아동의 최선의 이익'은 모호하게 표현되어 있다. 이는 서로 다른 문화와 개별 상황을 고려하기 위해서였다.

그러나 초국가적 입양을 이야기할 때 우리는 문화 경계를 넘어, 무엇이 아이에게 진정으로 이로운지에 대한 공통의 이해를 찾을 필요가 있다. 그러기 위해서는 아동의 복지가 보장되도록 폭넓은 검토와 충분한 자원이 반드시 뒷받침되어야 한다.

이 개념의 정의가 모호했기에, 많은 나라가 친생가정을 지원하거나 본국 안에서 돌봄 대안을 마련하는 데 자원을 쓰기보다 오히려 초국가적 입양을 정당화하는 데 그것을 활용하곤 했다. 아이러니하게도 이러한 문제를 불러온 것은 다름 아닌 입양을 받아들이는 나라들의 끊임없는 수요였다.[19]

새 입양법이 시행된 뒤 몇 해 동안 해외에서 노르웨이로 들어오는 입양은 줄어든 반면 국내 입양은 꾸준히 늘어났다.[20] 이러한 변화는 지난 수십 년간의 기술 발전, 특히 불임 치료와 새로운 생식 방식 때문에 가족의 형태가 새롭게 정의되었다는 맥락에서 이해되어야 한다. 난자와 정자 기증은 이러한 변화에 중요한 역할을 했지만, 동시에 아동의 권리와 기증자의 익명성을 둘러싼 윤리적 딜레마를 불러왔다.

대리모 역시 이 흐름의 일부다. 노르웨이 내에서는 불법이지만 노르웨이 국민이 해외에서 대리모 계약을 맺는 것을 막는 법은 오늘날까지도 없다. 지난 수십 년 동안 노르웨이인들이 인도, 미국, 우크라이나 등지에서 대리모를 이용해 왔다는 사실은 잘 알려져 있다. 해외에서 대리모를 통해 태어난 노르웨이 아이들이 정확히 몇 명인지는 알 수 없으나 수백 명에 이를 것으로 추정된다. 인도는 한동안 노르웨이인들의 주요 목적지였다. 그러나 2013년 더 엄격한 법이 제정되면서 상황이 달라졌다. 뉴델리에 있는 노르웨이 대사관에 따르면, 인도에서 처음으로 대리모 사례가 처리된 것은 2008년이었고 2012년 정점에 이르러 34명의 아이가 노르웨이 부모에게 입양되었다.[21]

그때까지는 주로 남반구와 아시아에 거주하는 취약한 여성들의 삶이 초국가적 입양과 연결되어 있었다. 시장 논리에 따른 메커니즘이 자리 잡기 시작했던 것은 아이에 대한 수요가 늘어나면서부터였다. 전쟁으로 황폐해진 나라에서의 구호 활동을 토대로, 곧 아이를 기다리는 '고객'이 있는 하나의 시장이 형성되었다. 그렇게 아이들은 경제 거래의 일부가 되었다.

수십 년이 흐른 뒤, 구매력을 지닌 서구의 부부들이 원하는 아기를 얻기 위해 이용하는 새로운 시장이 형성되었다. 그들은 카탈로그를 통해 선호하는 조건을 가진 여성을 대리모로 선택할 수 있었다. 미리 수성한 자신의 배아를 대리모의 자궁에 착상시켜 그 여성이 임신과 출산을 하도록 하는 방법이었다.

2018년 새 입양법 도입에서 또 하나 중요한 점은, 노르웨이가 우선적으로 헤이그 협약을 비준한 국가들과만 협력하기로 했다는 사실이다. 이는 입양 절차를 보다 투명하게 하고 비윤리적 관행의 위험을 줄이려는 목적이었다. 그럼에도 불구하고, 또 전체 입양 건수가 전반적으로 줄어드는 상황에서도 노르웨이는 여전히 협약을 비준하지 않은 국가들로부터 아이들을 입양해 왔다. 그중에는 한국도 포함되어 있었다. 두 차례의 법 개정 작업이 진행되던 시기에 한국은 4천 163명의 아이를 해외로 보냈고 그 중 150명은 노르웨이로 향했다.[22]

입양법 개정 작업 과정을 통해 입양에 관한 지식에 공백이 여럿 존재한다는 사실이 드러났다. 그 결과 국회는 아동가족부 산하 국립가족복지국에 입양 이후 양부모와 아이들이 어떤 사후 지원을 필요로 하는지 조사하라고 요청했다.[23]

수십 년 동안 수천 명의 아이들이 여러 나라에서 입양 온 뒤, 2018년에 이르러서야 노르웨이 당국은 마침내 입양 가정에 대한 향후 지원을 계획하고, 입양인의 삶의 조건을 조사하는 데 관심을 기울이기 시작했다.

2021년 가을, 이에 관한 두 편의 연구 보고서가 발표되었다. 이 보고서들은 초국가적 입양인이 노르웨이에서 실제로 어떻게 살아가는지를 둘러싼 기존 통념에 문제를 제기했다.

아스케르에서 왔습니다

너의 몽고반점은 서서히 옅어졌고, 수영장이나 해변에서 다른 이들의 시선을 걱정하던 나의 불안도 사라졌다. 어린 시절, 뻣뻣한 근육을 풀기 위해 물리 치료실에서 울고 고통받던 시간들도 마침내 끝났다. 네가 초등학교를 졸업하던 날, 교장 선생님은 네 손을 잡으며 졸업생 중 최고의 운동선수라고 말했다. 너는 태권도를 하기로 선택했다. 청소년기에 검은 띠와 사범 자격을 얻으며 태권도 실력은 절정에 이르렀다. 너는 그렇게 어린 시절을 짓눌렀던 음울한 예측들을 보기 좋게 무너뜨렸다.

항상 평온함을 유지하던 너의 모습은 우리에게 하나의 수수께끼였다. 우리에게서는 찾아볼 수 없는 기질이었다. 그때 나는 비로소 깨달았다. 우리가 가족이기는 했지만, 혈연으로 이어져 있지는 않다는 사실을.

내가 학교나 운동 이야기로 너의 하루를 물으면, 너는 "별일 없었어요. 괜찮아요, 엄마"라고 간단하게 대답하곤 했다. 나는 그런 너의 눈을 바라보며 속으로 물었다. *정말 괜찮은 거야?* 네 여동생의 특별한 요구 때문에 우리의 관심이 온통 그쪽으로 쏠릴 때, 네가 소외감을 느끼지는 않았을까? 그래서 친구들을 집에 데려오지 않았던 걸까? 혹시 주변에서 상처가 되는 말을 듣거나 밖에서 따돌림을 당한 건 아니었을까? 그런 질문들은 때로 입 밖으로 새어 나왔지만 네 반응은 언제나 똑같았다. 너는 자리에서 일어나 걸어 나가며 익숙한 그 말만 되풀이했다. "괜찮으니까 걱정 마세요, 엄마."

네가 중학교에 다니던 어느 해, 우리는 너에게 부활절 방학을 이용해 한국에 가 보자고 했다. 셀마는 외할머니가 돌보아 줄 수 있을 것이다. 아니면 시청에 단기 돌봄을 신청할 수도 있었고 우리는 네가 태어난 나라를 직접 보고, 그곳의 음식을 맛보고, 그 냄새를 느껴보는 경험도 좋으리라 생각했다.

"네?"

하지만 너는 마치 쓴 음식을 맛본 듯 그렇게 되물었다.

"차라리 뉴욕에 가면 안 돼요?"

너는 한국에는 전혀 관심이 없다고 말했다.

네가 성인식 선물로 받았던 DSLR 카메라는 변화를 이끄는 촉매였다. 카메라는 너와 세상을 새롭게 이어 주었다. 네게 카메라 렌즈는 세상을 헤쳐 나가기 위한 도구가 되었다. 어린 시절, 늘 오른팔을 뻗고 집게손가락을 곧게 세운 채 앞으로 나아갔듯이.

어쩌면 카메라는 단순한 도구가 아니라 그 이상, 네가 현실을 포착하고 이해하며 해석하기 위한 매개체였을지도 모른다. 빛과 새로운 시선을 쫓는 도구, 내면과 외면을 함께 응시하게 해 주는 매개체 말이다. 카메라는 네가 너의 삶을 외부에서 바라볼 수 있도록 필요한 거리를 마련해 주었을까? 아니면 오히려 그 삶 속으로 더 깊이 들어가, 차마 다룰 수 없던 것들을 헤집고 드러내는 열쇠가 되었을까?

너는 네 아버지와 나를 카메라 앞에 세워 두고 렌즈를 통해 우리를 샅샅이 살폈다. 혹시 닮은 구석을 찾으려는 시도였을까? 아니면 우리 얼굴에서 네 자신의 한 부분을 발견하고자 하는 갈망이었을까?

너는 고등학교에 들어가면서 익숙했던 동네를 떠나 자취를 시작했다. 나는 더 이상 네가 어떻게 지내는지 온전히 알 수 없었다. 새 학교에서 사람들이 너를 어떻게 맞이했을까? 친구들이 친절한지, 어디에 사는지, 또 특별히 가깝게 지내는 친구는 있는지 묻다 보니 네가 반에서 유일하게 '비노르웨이인' 외모를 가진 아이였다는 사실을 알게 되었다.

"혹시 누군가 그 점에 대해 뭐라고 하진 않았어?"

하지만 너에게서는 늘 그랬듯 같은 대답이 돌아왔다.

"괜찮으니까, 엄마. 이제 그만 물어봐요."

네가 청소년기에 접어들 무렵 우리는 마침내 셀마를 위한 단기 돌봄 지원을 받게 되었고, 덕분에 셋만의 여행을 떠날 수 있었다. 네 아버지와 나는 '이제라도 잃어버린 시간을 만회하자'라고 말했지만 그것이 불가능하다는 사실을 내심 알고 있었다. 우리 가족은 셀마의 요구와 불안, 그리고 충동적 분출 행동으로 이미 깊이 흔들리고 있었기 때문이다. 네가 견뎌야 했던 수많은 주먹과 발길질, 우리가 지켜 주지 못했던 상처들. 닫힌 방문 너머에서 홀로 보냈던 끝없는 시간들. 그 모든 것을 되돌릴 수는 없었다.

우리는 파리, 런던, 에든버러, 더블린으로 여행을 떠났다. 새로운 경험이 우리를 다시 이어 주기를, 그리고 너에게 세상을 보여 줌으로써 우리가 서로에게 어떤 존재인지 깨닫게 되기를 바라면서.

늘 그렇듯 공항에서는 미리 정해진 순서대로 보안 검색대를 통과했다. 네 아버지가 먼저, 그 다음은 너, 그리고 마지막은 나였다. 마치 네 아버지가 너를 받고 내가 뒤에서 문을 닫는 듯한 모습이지 않았을까. 우리가 아버지, 아들, 어머니로 이루어진 삼위일체임을 사람들은 단번에 알아보았을 것이다.

"액체나 노트북 있으세요?"

검색 요원이 묻자, 네 아버지는 고개를 저으며 곧장 앞으로 나아갔다.

"영어 할 줄 아세요?"

검색 요원은 네 카메라 가방을 확인하려 하면서 영어로 물었다.

"네." 네가 익숙한 듯 영어로 대답했다.

"어디서 오셨나요?"

"아스케르*에서 왔습니다."

네가 한숨 섞인 목소리로 말했다. 그제야 나는 네가 이런 질문을 그간 수없이 들어 왔다는 사실을 깨달았다. 나는 당장이라도 끼어들어 검색 요원에게 소리치고 싶었다. 안 보여요? 이 아이는 우리 아들이고, 노르웨이인이라고요!

먼저 보안 검색대를 통과한 네 아버지가 건너편에서 나를 바라보았다. 그의 시선은 내게 '아무 말 하지 말고 조용히 있어!'라고 말하고 있었다. 그는 네가 소란을 바라지 않는다는 걸 알았고, 네가 뭐라고 말할지도 알았다. *엄마가 그러면 일이 더 복잡해져요. 괜찮아요, 엄마.*

너는 가방과 카메라 가방을 열어 달라는 요청을 받았나. 검색 요원은 모든 물건을 천천히, 꼼꼼하게 확인하면서 줄곧 영어로만 말을 걸었다. 너는 팔짱을 낀 채 마치 체념한 듯 가만히 서 있었다.

수년이 지난 지금, 이 글을 쓰며 그때를 돌이켜 본다. 너는 이런 상황을 이미 수없이 겪어 왔을 것이다. 그리고 나는 네 뜻을 거스르지 않으려 가만히 있었던 그때의 내가 부끄럽다.

아스케르에서 왔습니다

* 오슬로 서쪽에 인접한 지역—옮긴이

돌이킬 수 없는 길

2018년 가을, 〈스타방거 아프텐블라드Stavanger Aftenblad〉는 몇몇 성인 입양인들의 귀향 여정을 따라가며 '노르웨이행 편도 티켓'이라는 제목의 기사를 실었다. 그들 중 여러 명은, 이미 세계 최대 경제 대국 가운데 하나가 된 한국이 여전히 아이들을 지구 반대편으로 보내고 있다는 사실에 놀라움을 감추지 못했다. 기사에는 타인의 선택에 의해 결정된 삶 속에서 단 한 번도 평온을 찾지 못한 입양인들의 이야기가 다수 실렸다.

이 기사 시리즈는 입양인들의 정체성과 많은 이가 겪은 소외감, 그리고 소속감의 부재를 다루었다. 그중 한 기사에서는, 자신의 뿌리에 별다른 관심을 두지 않았던 한 남성이 자가 면역 질환을 진단받고서 마주해야 했던 상황을 전했다. 그는 자신의 지워진 과거 때문에 유전 정보를 묻는 의사의 질문에 아무런 답도 할 수 없음을 깨달았다.

입양은 단지 입양 부모가 오랫동안 원했던 아이를 얻게 되는 일만을 뜻하지 않는다. 입양은 원가정의 어머니들이 겪는 상실이기도 하다. 이 사실은 지금까지 거의 간과되어 왔다.

〈스타방거 아프텐블라드〉 취재 팀은, 생모를 만난 뒤 한국으로 이주한 한 입양인을 따라갔다. 어머니는 아이가 태어난 지 불과 한 시간 만에 자신과 떨어졌다고 털어놓았고, 그때부터 줄곧 딸을 다시 만나기를 간절히 바랐다고 말했다. 그녀는 아이를 보내야 했던 일을 거듭 사과하며 그 사연을 설명했다. 혼전 임신 사실이 드러나자 연인은 그녀를 떠났다. 가족들은 불법 임신 중단을 강요했다. 그 압박 속에서 그녀가 택할 수 있었던 길은 입양뿐이었다. 다른 선택지란 없었다.

기사는 아이의 알려지지 않은 과거와 경험 때문에 마주하게 될 어려움을 입양 부모들이 충분히 대비하지 못했다는 사실 역시 조명했다.

또 다른 한 기사는 우마 피드Uma Feed의 이야기를 다루었다. 그녀는 1983년 서울의 어느 길거리에서 미아로 발견되었다. 그리고 곧 노르웨이로 보내졌다. 흔히 되풀이되는 이야기였다. 발견되어 구출되고, 소위 세계에서 가장 좋은 나라라 불리는 노르웨이에서 밝은 미래를 맞이한다는 이야기 말이다.

하지만 성인이 된 우마는 끊임없는 내적 불안을 겪어 왔다고 털어놓았다. 그녀는 자신이 어디에도 속하지 못한다고 느꼈고, 그 경험을 표현할 말을 찾느라 애써야 했다. 아무에게도, 심지어 부모에게조차 이해받지 못한다는 느낌은 세상이 자신을 거부한다는 인식으로 이어졌다. 우마는 이것이 많은 입양인이 공유하는 고통이며, 반드시 드러나야 한다고 말했다. 또한 그녀는 입양이 한국의 가난한 미혼모로부터 부모 없는 아이들을 구해내는 일이라는 단편적 서사에도 이의를 제기했다. 그리고 이제는 노르웨이 사회가 이 논의를 시작해야 한다고 호소했다.

"노르웨이는 왜 여전히 한국에서 아이들을 데려오는가?"

이 질문은 기자가 김도현 목사를 인터뷰하며 내건 제목이었다. 김 목사는 수십 년 동안 서울에 있는 비정부 기구 '코루트Ko-Root'를 통해 입양인을 돕는 일에 헌신해 왔다. 이 단체는 2003년에 설립되어, 해외로 입양된 한국 출신 입양인들을 지원해 왔다. 코루트는 가족 찾기를 위한 추적 지원, 법률 상담, 트라우마 치유 상담, 그리고 문화 행사들을 제공했다. 또한 오랫동안 '귀환 입양인들'을 위해 따뜻한 보금자리를 제공하는 게스트 하우스도 운영해 왔다.

그는 국제 입양 자체를 전면적으로 반대하지는 않았다. 그러나 그가 '산업화된 입양'이라 부른 현상에는 종지부를 찍어야 한다고 주장했다. 김 목사는 한국의 입양 사업에서 민간단체들이 지나치게 큰 영향력을 행사한다고 지적했다. 또한 한국의 입양 관행을 과연 아동 복지로 볼 수 있는지, 오히려 아동 학대에 해당하는 것은 아닌지 공개적으로 의문을 제기해 많은 반발을 사기도 했다. 그는 미시적 차원에서는 입양이 아동 복지 조치로 여겨질 수 있다고 설명했다. 실제로 많은 노르웨이 입양 가정이 한국 아이들에게 좋은 환경을 제공해 주었다는 점을 강조하기도 했다.

하지만 거시적 관점에서는 한국이 아이들을 해외로 보내며 아이들의 정체성과 국적에 대한 권리를 침해했다고 보았다. 또 한국은 대규모 입양 사업을 통해 막대한 사회 복지 비용을 절감했고, 그 결과 나머지 국민이 더 큰 풍요를 누릴 수 있었다고 지적했다. 그는 국제 입양에 관한 헤이그 협약을 언급하며 무엇보다 생물학적 가족이 아이를 직접 돌볼 수 있도록 지원해야 할 의무를 강조했다. 그리고 만약 입양이 불가피하다면 반드시 한국 내부에서만 이루어져야 한다고 덧붙였다. 그러나 이 문제는 아이들의 권리일 뿐만 아니라 여성들의 권리이기도 하다. 어머니와 아이의 분리를 막기 위해서는 무엇보다 어머니들의 권리가 강화되어야 한다. 그는 또한 헤이그 협약이 입양을 국가의 책임으로 규정하고 있다는 점에 주목했다. 그렇기에 한국과 노르웨이 사이에서 민간 주도로 이루어져 온 입양 관행은 이에 정면으로 배치된다고 지적했다.

그가 바란 점은 스칸디나비아 국가들이 한국으로부터의 입양을 멈추는 것이었다. 그래야만 이들 국가가 입양인들의 기본적 인권, 즉 자신의 뿌리를 알 권리에 기초한 변화 요구를 지지할 수 있다고 보았다.

스타방거 대학교의 젠더 연구 네트워크 책임자인 연구자 레네 명Lene Myong은, 입양 부모에게 상처를 줄지도 모른다는 두려움이 노르웨이에서의 논쟁을 제약해 왔을 수 있다고 지적했다. 그녀는 입양을 논의할 때마다 입양 부모의 감정을 유의하라는 권고를 자주 받았다고 했다. 그러나 아이를 잃은 생물학적 부모들의 감정을 고려하라는 권고는 좀처럼 들을 수 없었다. 그녀는 이러한 불균형한 시각이 입양 제도 안에서 주도권을 쥔 이들에게 유리하게 작용해 왔다고 보았다. 역사적으로 입양 부모들은 국가의 지원을 받아 왔지만, 생물학적 부모들은 외면당해 왔다.

여러 한국 여성들은 1980~1990년대에 미혼모 시설에 들어가 출산 관리를 받으려면 먼저 입양 서류에 서명해야 했다고 증언했다. 또한 출산 직후에 홀트아동복지회가 아이를 빼앗아 갔다고도 말했다. 이에 대해 복지회 측은 그 주장이 사실이 아니며, 다만 한국의 사회·문화적 환경이 달랐다면 많은 여성이 아이를 직접 키우는 쪽을 선택했을 것이라고 반박했다. 나는 그것이 무슨 의미인지 알고 있었다. 바로 전통과 수치심이었다. 전쟁도, 빈곤도, 죽은 부모 때문도 아니었다.

노르웨이 입양 단체 세계의아이들은 기사를 통해 코루트의 김 목사가 제기한 비판에 답변했다. 이 단체는 한국과의 협력을 중단한다면 개별 아이들에게는 재앙이 될 것이라고 주장했다. 한국 내 입양은 제한적이었고, 그 대안은 시설 수용뿐이라는 이유에서였다. 또한 이 단체는 입양 중단은 한국에서 정치적 변화를 이끌어 내기 위해 아이들을 도구로 사용하는 일이나 다름없다고 주장했다.

국가는 반드시 어머니와 아이를 직접 돌봐야 한다는 김 목사의 주장에 대해, 세계의아이들은 국가가 그 임무를 다른 주체에게 위임할 수 있으며 이 경우에는 홀트아동복지회 같은 민간 단체가 그 역할을 맡을 수 있다고 답했다. 또한 그러한 방식이 헤이그 협약에 위배되는 것은 아니라고 주장했다.

세계의아이들은 실제로 유감스러운 오류가 있었을 가능성은 인정했지만, 홀트아동복지회 그리고 한국과의 오랜 입양 협력을 중단하라는 요구는 납득하기 어렵다고 강조했다. 최근 몇 년간 관련 규정이 크게 개선된 점을 고려하면 더욱 그렇다고도 덧붙였다.[24]

〈스타방거 아프텐블라드〉의 연재 기사는 나를 불안하게 만들었다. 입양 제도가 아동의 최선의 이익을 엄격하게 보장한다는 한때의 약속이 내 눈앞에서 산산이 부너져 내렸다. 나는 내가 읽은 이야기를 너에게 말해야 할지 망설일 수밖에 없었다.

온갖 생각이 머릿속에서 쉴 새 없이 맴돌았다. 만약 네 어머니가 강압에 의해 너를 보냈고 그렇게 네가 내 아들이 되었다고 믿게 된다면 어떡할까? 어쩌면 젊은 어머니는 이 '수치 덩어리'를 호적에 올리는 것은 절대 안 된다고 부모에게, 혹은 분노한 집안 어른에게 강요를 당했을지도 모른다. 어쩌면 아이 아버지 쪽 부

모의 압력이 있었을지도 모른다. 혹은 그 집안에 아이를 족보에
올리려는 남자가 애초에 없었을지도 모른다. 당시 여성들은 아
이를 직접 호적에 올릴 권리가 없었다. 결국 온 가족이 그녀를 향
해 이 불행의 책임은 네 몫이라며, 입양만이 수치를 덜 유일한 길
이라고 다그쳤을지도 모른다.

질문들이 나를 갉아먹었다. 답을 찾을 수 없는 모든 질문과
빈약한 정보에도 불구하고 네가 수치스러운 아이로 자신이 세상
에 태어났다는 사실을 알게 된다면, 너는 어떻게 느낄까? 배신감
을 느낄까? 혹은 나와 네 아버지를 외면하게 될까?

엄마, 한국인이라도 나를 사랑하나요?

네가 영국 어느 대학의 사진학과에 지원했다고 말했을 때, 나는 숨이 멎을 것 같았다. 너는 셀마를 돌보는 일에서 남편과 내가 의지할 수 있는 유일한 사람이었다. 셀마가 특별 교통편으로 학교에서 돌아올 때면 늘 네가 집에 있었다. 우리가 버스를 놓쳐 퇴근이 늦어지더라도 너는 집에 있었다. 식사도 네가 도와주었다. 저녁 시간에 우리가 외출해야 할 때도 너는 셀마를 재우고 돌뵈 주었다. 나는 속으로 제발 우리 곁을 떠나지 말라고 소리쳤지만 차마 입 밖으로 내어 말하진 못했다. 물론이다.

작별의 순간, 내 안에서는 두려움과 자랑스러움이 서로 맞섰다. 남들과 다른 너의 외모에 쏟아질 시선들과 그 속에 도사린 인종 차별이 두려웠다. 그러나 네가 지닌 용기와 자부심 그리고 세상을 향한 열망을 알기에, 그에 대한 자랑스러움으로 두려움을 잠재울 수 있었다. 그리고 너는 지극히 자연스럽게 소녀의 방을 떠나 세상으로 발걸음을 내딛는 청년이 되었다.

너에게서 오는 소식은 드문드문했다. 공부, 새로운 친구들, 그리고 전 세계에서 모여든 학생들로 북적이는 활기찬 대학 생활에 정신이 없었으리라. 간혹 영상 통화로 연락을 주고받으며 보았던 네 얼굴에는 기쁨과 열정이 가득했다. 너는 콘월에서의 생활에 젖어 들었고 어느덧 연인을 만나 함께 살게 되었다.

너는 순식간에 어른으로 자라났다. 세상이 네 발아래 펼쳐져 있었다. 노르웨이로 돌아올 생각은 아득하게 밀려났다. 더 고려할 가치도 없었다. 너는 가족에게서 벗어나 해방되었고 마음껏 자유를 만끽했다.

어느 날 밤 나는 네게 외모 혹은 출신에 관한 질문을 종종 듣냐고 물었다.

"네, 그렇죠. 거의 매일 듣는 걸요." 네가 대답했다.

"그럴 때 뭐라고 하니? 네가 노르웨이인이라고 말해?"

너는 고개를 저었다.

"아뇨, 그냥 바로 한국에서 왔다고 해요. 어차피 그 사람들이 정말로 궁금해하는 건 그거잖아요."

2019년 여름방학이 끝나갈 무렵이었다. 네가 다시 영국으로 돌아갈 채비를 하던 그때, 우리를 비롯한 수많은 입양 가족을 뒤흔든 사건이 발생했다.

2019년 8월 10일 토요일, 언론은 테러범으로 추정되는 한 남자가 베룸의 한 모스크에서 총격을 가했고 그로 인해 한 사람이 다쳤다고 보도했다. 무슬림을 겨냥한 인종 차별적 범행이었다. 다만 그 테러범이 자신의 계획보다 늦게 도착하는 바람에 대량 학살은 일어나지 않았다.[25]

그러나 첫 보도에서는 또 다른 사람이 테러범의 집에서 살해된 채 발견되었다는 사실이 언급되지 않았다. 요한네 장지아Johanne Zhangjia의 삶은 무참히 빼앗겼다. 그녀는 자신의 침대에서 총에 맞아 살해당했다. 테러범이 처음 쏜 총알 한 발은 빗나갔지만, 이어 머리에 한 발, 가슴에 두 발이 발사되었다. 어머니가 중국에서 그녀를 입양한 지 17년 만에 그녀의 생은 잔혹하게 꺼져버렸다.

요한네는 입양 직후에 다시 새로운 가족의 일원이 되었다. 양어머니가 세 아들을 둔 홀아비 애인과 함께 살기로 하면서였다. 막내아들이 다섯 살이던 때, 그들은 한 가족이 되었다. 요한네와 막내아들은 같은 방, 같은 이층 침대를 쓰며 남매처럼 자랐다. 그러나 외모 때문에 학교에서 쏟아진 인종 차별을 피해 숨은 자기 방조차, 요한네에게는 안전하지 않았다. 형제들은 그녀를 '깜둥이', '검둥이', '열등한 인간'이라 불렀다. 아버지와 말싸움을 하던 중에는 이렇게 소리치기도 했다. "흑인과 같은 방에 배정되면, 아버지라면 어떻게 하시겠어요?" 그 말을 듣는 순간 부모는 아들을 단호히 꾸짖었다. 그러나 부모가 미처 듣지 못한 말도 많았다.

그해 늦여름 어느 날, 두 아이는 집에 단둘이 있었다. 테러범은 차를 몰아 베룸의 모스크로 무슬림을 살해하러 가기 전에 요한네를 죽였다. 훗날 그는, 자신은 백인을 보호하려 했을 뿐이라고 주장했다.[26]

요한네는 인종 차별로 인해 희생되었다. 그녀는 형제라고 믿었던 사람에게 생명을 빼앗겼다. 그것도 자신의 집, 자신의 방, 자신의 침대에서. 그가 그녀를 죽인 이유는 그녀가 입양아였기 때문이었고, 아시아인의 외모를 지녔기 때문이었다.

아르베 베헤임 칼센이 강에 내몰려 숨진 지 20여 년이 지난 뒤, 또 다른 입양인이 인종 차별로 인해 죽었다.

요한네를 살해한 베룸의 테러범은 우퇴위아 테러범*과 똑같은 이데올로기에 사로잡혀 있었다. 그는 스스로를 민족주의자라 칭하며, '그따위 여자들'이 백인 종족을 '더럽힌다'는 망상으로 가득 차 있었다.[27]

요한네가 살해된 뒤 몇 주 동안, 언론은 주로 테러범이 모스크를 공격한 동기와 무슬림에 대한 그의 증오에만 몰두했다. 요한네의 죽음은 한동안 사적인 영역에 머물렀다. 마치 그 일이 사회와는 무관한, 가족 내부의 갈등에 불과하다는 듯.

너는 언론이 모스크의 무슬림들뿐 아니라 요한네 역시 소수자였다는 사실을 드러내 주기를 바랐다. 입양인이 인종 차별을 당했다는 점, 그리고 가정 안에서조차 차별과 소외를 겪는 입양

*   우퇴위아^Utøya 테러는 2011년 노르웨이 우퇴위아섬에서 발생한 극우 테러 사건이다. 아네르스 베링 브레이비크^Anders Behring Breivik가 청소년 캠프 참가자 77명을 살해한 사건을 말한다—옮긴이

인들이 있다는 점을 언론이 문제 삼아 주기를 기다렸다.

모스크에서 살아남은 피해자들의 증언은 자세히 보도되었다. 그들은 무슬림으로서 종교와 민족적 배경 때문에 위협을 겪는다는 것이 어떤 일인지 묘사했다. 사람들은 이를 통해 소수자들이 노르웨이에서 겪는 삶이 어떤지를 이해할 수 있었다.

"아무도 우리한테 어떤 기분인지 묻지 않아요." 네가 말했다.

"무슨 뜻이야?"

"우리도 소수자잖아요. 어떤 한 사람이 아시아에서 입양되었다는 이유만으로 살해되었다면 거기엔 분명 어떤 숨은 의미가 있는 거예요."

너의 단호한 목소리에서 확신이 느껴졌다. 너는 다른 나라에서 온 입양인들 역시 노르웨이 사회의 소수자라고 단언했다. 나는 '그래도 넌 노르웨이인이잖아'라고 말하려다, 네 목소리에 깃든 단호함에 말을 삼킬 수밖에 없었다.

"언론이 요한네가 입양인이라는 사실에 관심을 두지 않는 것도, 일종의 소외이자 인종 차별이라고 생각해요."

너는 격양된 목소리로 말하고는 자리에서 일어나 방을 나갔다. 그러면서 대화를 마무리하듯 한결 차분하게 덧붙였다.

"그래도…… 괜찮아요, 엄마. 정말 괜찮아요."

그해 가을, 입양 가정에서 또 하나의 불길한 비극이 발생했다. 입양인 오스카르 안드레 오캄포 오베른Oscar André Ocampo Overn 역시, 자기 집 안에서 살해되었다.

사건이 일어나기 전 해, 아버지가 아들에게 성적 학대를 저질렀다는 신고가 접수되어 아동보호청이 부모에게 연락을 취했다. 그러나 어머니는 혐의를 부인하는 남편의 말을 믿기로 했고, 아동보호청은 사건을 종결했다.

오스카르 안드레의 어머니는 오래도록 바라던 끝에 콜롬비아에서 아들을 입양했다. 하지만 그의 성장 과정은 끊임없는 갈등으로 얼룩졌고, 학교와도 수차례 충돌을 겪었다. 그 결과 가족은 오랜 세월 동안 그 어두운 그림자 속에서 살아야 했다.

2019년 가을, 아들이 마침내 아버지의 반복된 성적 학대를 털어놓았다. 이미 2년이나 지속되어 온 일이었고, 그때 오스카르 안드레는 열다섯 살이었다. 이번에는 어머니가 아들의 말을 믿고 남편에게 맞섰다. 그녀는 그에게 집에서 나가라고 요구했다. 아들은 진실이 드러나면 무슨 일이 벌어질까 두려움에 떨었지만, 어머니는 반드시 지켜 주겠다고 약속했다. 그러나 그녀가 잠시 화장실에 간 사이 비명이 울려 퍼졌다. 그녀는 재빨리 아들에게 달려갔지만 남편에게 가로막혀 침실에 갇혀 버렸다. 그 동안 남편은 끔찍한 범행을 실행에 옮겼다.

그 후 아버지는 차를 타고 나가 경찰에 자수했다. 어머니는 바닥에 쓰러진 아들을 발견했다. 11월 4일, 오스카르 안드레는 약 한 달간의 혼수상태 끝에 세상을 떠났다.

2020년 봄에 열린 재판에서 아버지는 아들을 살해한 혐의로 징역 20년형을 선고받았다. 하지만 그는 그 끔찍한 범행에 대해 끝내 어떤 회한도 보이지 않았다.[28]

그 사건 이후, 여러 해외 입양인들이 언론 앞에 섰다. 그들은 입양인으로 살아가며 겪는 복잡한 어려움을 이야기했고, 많은 이가 입양 가정을 제대로 지원하지 못한 당국의 책임을 지적했다. 그해 가을의 비극들은, 적절한 지원과 지도 없이 가족을 방치할 때 어떤 파국이 닥치는지를 여실히 보여 주었다.[29]

많은 입양 가정 내에서 가족 간의 애착 형성은 쉽지 않은 일이다. 그리 놀랍지 않다. 입양된 아이들은 저마다의 이야기와 경험, 그리고 트라우마를 안고 온다. 그들은 서로 다른 나이에 입양되었고, 어떤 아이들은 이미 짧지만 하나의 삶을 살아온 뒤였다. 어떤 아이들은 방임되었거나 노골적인 학대를 겪기도 했다. 아이들에게는 양육자가 여러 차례 바뀐다는 사실 자체가 하나의 트라우마다. 국제 입양은 본질적으로 충격일 수밖에 없다. 따라서 이들은 정체성 발달 과정에서 어려움을 겪게 되고 많은 아이가 이중의 정체성 속에서 힘들어한다. 한쪽에는 가족이, 다른 한쪽에는 사회가 그들을 바라보며 규정하는 시선이 있기 때문이다.

입양은 부모에게서 태어난 형제자매와의 관계를 어렵게 만들기도 한다. 서로 다른 배경을 지닌 형제자매들은 질투나 소외감을 느낄 수 있다. 이러한 감정은 형제자매 관계 중 어느 한쪽에만 국한되지 않는다. 부모들 역시 오랫동안 기다려 온 아이를 얻은 기쁨과, 복잡한 배경 때문에 아이를 이해하지 못하는 데서 오는 스트레스 사이에서 흔들릴 수 있다. 또한 그들은 자신의 가정이 친생 가정만큼이나 '정상적'이고 '진짜'라는 것을 입증해야 한다는 사회적 압박을 느끼기도 한다.

우리 역시 경험한 일이었다. 특히 셀마가 우리 가족의 일원이 된 뒤에 더욱 그랬다. 새로운 현실은 우리 모두의 관계를 흔들어 놓았다. 이해하지 못한 것들, 해내지 못한 것들에 대한 좌절은 네 아버지와 나 사이에 갈등을 불러왔다. 가족생활은 하나의 노동, 반드시 감당해 내야 할 과제가 되어 버렸다.

언론은 왜 이 살인 사건들에서 입양이라는 문제를 본격적으로 다루지 않았던 걸까? 무지함 때문이었을까, 아니면 뿌리 깊은 편견 때문이었을까? 보도 전반에서 '양녀', '양자'라는 피해자의 지위는 반복해서 강조되었다. 그것이 혹시 그들이 친생자에 비해 가정에서 덜 소중히 여겨졌다는 암시였을까? 혹은 학대와 살해가 '진짜' 자녀에게 벌어졌을 때만큼 비극적이지 않다는 뉘앙스였을까? 아니면 단지 그들의 피부색이 달랐기 때문이었을까?

지금 이 글을 쓰는 순간에도, 그런 생각은 터무니없고 잔인하게 여겨진다. 그러나 그 의문은 여전히 나를 괴롭힌다. 왜냐하면 지금까지 사람들이 입양 가정의 관계를 '정상 가정'에 비해 더 약하다고 보는 시선과 질문을 수없이 받아 왔기 때문이다. "당신이 직접 낳은 딸만큼, 정말 똑같이 그 아이들을 사랑하나요?" 같은 질문들을.

나는 처음에 너에게 자주 물어보곤 했다. 사람들이 너를 '제대로' 대했는지, 아니면 사회에서 '불쾌한 무언가'를 겪은 적은 없는지. 나는 혹시라도 힘든 일이 있으면 꼭 말해야 한다고 강조했다. 하지만 너의 대답은 언제나 한결같았다. "괜찮아요, 엄마."

나는 이제야 깨닫는다. 그렇게 돌려 묻는 말들이 나 자신의 두려움에서 비롯되었다고. 나는 항상 네게 무슨 일이 닥칠까 두려워했다. 네 피부색 때문에 공격을 당하지는 않을지, 혹시 네가 '왔던 곳으로 돌아가라'는 말을 듣지는 않을지, 혹은 가족에게조차 버려져서 팔려 온 게 아니냐는 질문을 받지는 않을지. 문득 내 머릿속에 아르베의 어머니와 그녀가 들려준 최악의 이야기들이 떠올랐다.

내가 던졌던 질문들이 따지자면 본질적으로 방관에 불과했던 건 아닐까? 혹시 마음 깊은 곳에서는 괜찮다는 말을 간절히 듣고 싶었던 건 아닐까? 어쩌면 오직 나 스스로를 보호하느라 정작 네가 간절히 필요로 했던 버팀목이 되어 주지 못했던 건 아닐까? 불안은 내 안에서 계속 소용돌이쳤다. 내가 과연 이 말을 꺼낼 용기가 있을까?

나는 마음속으로 질문을 준비했다. '혹시, 너, 인종 차별 같은 건 겪은 적 없지?'라고. 하지만 곧 마음을 다잡고 정면으로 부딪쳐야 한다고 결심했다. 그래서 직접적으로 물어보았다.

"안데르스, 인종 차별을 겪은 적 있니?"

나는 단단히 마음을 다잡고, 힘겨운 대답을 들을 각오를 했다. 하지만 뜻밖에도 너의 대답은 애매하기만 했다.

"아니, 꼭 그렇다고는 할 수 없어요."

"그게 무슨 뜻이야?" 나는 어리둥절해 물었다.

너는 내게 낯선 사람들이 던진 조롱들을 이야기해 주었다. '칭총 차이나 맨', '빌어먹을 깜둥이', '빌어먹을 누런 놈', '검둥이' 같은 말들을. 한번은 술에 취한 사람들이 '네가 온 곳으로 돌아가!'라고 소리친 적도 있었다. 하지만 너는 개의치 않는다고 했다. 그런 말을 하는 이들은 어차피 술에 취했거나 어리석은 사람들이라고.

"그건 사실 인종 차별이라고 할 수도 없어요. 전 다만 그런 말들이 늘 따라붙는 게 짜증날 뿐이에요."

"하지만 그게 바로 인종 차별이야. 인종 차별은 단순히 몇 번의 고립된 사건이 아니라 체계적이고 반복적으로 일어나는 거야. 항상 노골적으로 드러나지는 않지만, 끊임없이 이어지는 태도의 문제지. 네가 '우리 가운데 하나가 아니다'라는 사실을 끊임없이 상기시키는 말과 행위 들 말이야."

여기에는 단지 그런 조롱 섞인 말뿐 아니라 네가 어디서 왔는지, 여기서 잘 지내는지, 고향을 그리워하는지, 혹은 한국에서 왔으니 개고기를 먹는지 같은 수많은 질문도 포함되어 있었다. 그것은 곧 편견이었고, 아시아인은 이렇다거나 저렇다는 고정 관념을 내포하는 행위였다.

인종 차별은 미시적 공격으로도 드러날 수 있었다. 이를테면 사람들이 네게 '노르웨이어가 어렵지 않으냐'고 묻는 것처럼. 그런 질문은 네게 소외감을 불러일으켰다. '노르웨이' 혹은 '아스케르'라고 대답해도, 사람들은 쉽게 만족하지 않았다. 사실상 그들이 하고 싶은 질문은 바로 이것이었다. '찢어진 눈, 노란 피부, 검은 머리카락을 지닌 너는 도대체 왜 여기 있니?' 그 질문에 깔린 메시지는 분명했다. 너는 우리가 아니라는 것.

"그게 바로 배제와 단절을 의미하는 거야. 다수의 사람들이 네게 '너는 다르다, 너는 열등하다, 너는 우리에게 속하지 않는다'라고 말하는 것, 그게 바로 일종의 권력 행사란다. 오직 네 외모만을 근거로 그렇게 말하는 일은 결코 용납될 수 없어."

나는 말을 이었다.

"그러니까 그런 일이 있으면 우리에게 꼭 말해 줘!"

문득, 내가 거의 고함치듯 말하고 있다는 것을 깨달았다. 동시에 평소 차분하던 네 눈빛이 흔들리는 게 보였다.

"진정해요, 엄마. 괜찮아요. 엄마가 어떻게 할 수 있는 일이 아니잖아요."

그제야 나는 이것이 바로 소수자 연구에서 '내면화된 인종 차별'이라고 부르는 현상이라는 것을 깨달았다. 이 개념은 사회적 소수자들이 주변인들의 부정적이고 인종 차별적인 태도나 고정 관념을, 종종 스스로도 인식하지 못한 채 내면화하는 과정을 말한다. 이는 곧 자신이 민족적 뿌리와 노르웨이 문화 사이에 끼어 있다는 이중 정체성 갈등으로 이어질 수 있다. 그 결과, 사회에 퍼져 있는 부정적 고정 관념 때문에 자신의 출신이나 민족적 배경을 스스로 깎아내리게 될 수도 있다. 또한 자신의 가치를 끊임없이 증명해야 한다는 압박감에 시달리기도 한다.[30]

너는 네가 겪은 인종 차별과 미시적 공격, 그리고 배제와 소외의 경험으로부터 스스로를 지켜 내기 위해, 내가 보지 못하는 곳에서 홀로 묵묵히 버텨 내고 있었다. 어쩌면 너의 잠재의식은 내가 그것을 이해하지 못하리라 믿었을지도 모른다. 나는 너처럼 몸으로 겪은 적이 없었으니까. 너는 알았다. 나의 외모가 나는 보호해 주었지만, 너에게는 그렇지 않았다는 것을. 적어도 네가 어릴 적, 우리와 함께 일상을 보내고 세상을 살아갈 때만큼은 어느 정도 보호막이 되어 주었을지 모른다. 그러나 이제는 더 이상 그렇지 않았다.

나는 내게 스스로 질문을 던져 보았다. 네가 사회적 배제와 인종 차별을 겪은 것뿐 아니라 혹시 나로부터, 우리로부터, 가족으로부터도 그런 상처를 입은 건 아닐까? 충분히 그럴 수 있었다. 백인으로서의 우리의 위치 또한 문화적·사회적 맥락 속에서 형성되었으니까. 백인 우월성은 단순히 개인들이 가진 편견들의 합이라고는 할 수 없다. 그것은 사회 깊숙이 뿌리내린, 그물처럼 정교하게 얽힌 패턴이다.

서구의 제도, 교육 시스템, 보건 의료, 그리고 언론은 '외부인'에 대한 고정 관념을 강화한다. 이러한 인종 차별은 서구 문화와 역사 속에 깊이 뿌리내려, 그것이 가족 안에서 드러날 때조차 우리는 인지하지 못한다. 이렇게 해서 백인이 우월하다는 관념은 마치 정상 상태인 양 유지된다.

소위 '색맹 입양 가족'이라는 개념, 즉 겉보기에는 민족적 차이가 존재하지 않는 입양 가족의 이상은 이런 맹점 속에서 수십 년에 걸쳐 자리를 잡아 왔다. 나 역시 알게 모르게 이 과정에 가담해, 입양인들이 입은 상처를 외면하는 데 일조했다. 부모들의 맹점으로 인해 내 아들은 수많은 다른 입양인들과 함께 침묵을 강요당한 소수자가 되어 갔다.

대화를 나누다 보니 문득 또 다른 기억이 떠올랐다. 우리가 네 증조할머니, 곧 내 할머니를 찾아갔던 일이다. 네가 다섯 살쯤 되었을 때였다. 우리는 할머니가 살고 있던 동부의 작은 마을로 향했다. 이미 나이가 많고 병약했던 그녀에게 너희를 보여 주기 위해 너희를 곱게 차려입혔다. 너는 셔츠와 단정한 바지를, 셀마는 원피스를 입었다. 나는 셀마의 머리를 곱게 땋아 주었다. 할머니가 증손녀의 고운 얼굴을 또렷이 볼 수 있도록.

"세상에, 얼마나 예쁜지. 귀여운 한국 꼬마 아이들이구나."

그녀는 한숨 섞인 감탄을 내뱉으며 오른손을 가슴에 얹고 고개를 갸웃한 채 너희를 유심히 바라보았다. 그녀가 다시 "아!" 하고 감탄하자, 내 안에서 자부심이 파도처럼 밀려들었다. 그녀는 너희에게 여러 번 빙글빙글 돌아보라고 했고, 너희의 모든 것을 보고 싶어 했다.

"증조할머니, 나 좀 보세요!"

너는 또랑또랑한 베르겐 억양으로 말하며, 한쪽 다리로 얼마나 오래 설 수 있는지 보여 주고 싶어 안달했다.

"세상에, 이렇게 노르웨이어를 잘하다니, 게다가 베르겐 사투리까지!"

할머니는 놀라움에 탄성을 질렀다. 그러나 나는 곧 '노르웨이 말을 배우기 어렵지 않니?'라고 묻는 그녀에게 당장이라도 한마디 쏘아붙이고 싶은 마음을 가까스로 눌러야 했다. 뭐 이런 어리석은 질문이 다 있담!

"아니에요." 너는 그렇게 대답하며 불안한 눈길로 나를 올려다보았다.

"아휴, 한국 아이들은 참 자그마하고 귀여워. 머리도 영리해서 배우는 것도 빠르다니까."

그녀는 그렇게 말하며 내게로 시선을 옮겼다. 그녀는 의미심장하게 고개를 끄덕이더니 이내 내게 다시 물었다.

"그래, 정말 귀여워……. 그런데 너, 정말 이 아이들을 사랑하니? 이 아이들은 한국 아이들이고, 네 친자식이 아닌데도 진심으로 아껴 줄 수 있어?"

그 순간, 나는 완전히 얼어붙은 듯 멍해졌다. 대화를 더 일찍 끊었어야 했다. 사태가 어디로 향하는지 그 전에 알아챘어야 했다. 아이들의 귀를 내 손으로 막아 주기에는 이미 너무 늦었다. 되돌릴 수도 없었다. 나는 그때 네가 나를 바라보던 눈빛을 지금도 잊지 못한다. 망설이며 주저하는 듯한 그 눈빛. 어쩌면 네가 속으로 품고 있었으나 끝내 입 밖에 내지 못한 질문은…….

엄마, 내가 한국인이라도 나를 사랑하나요?

4부

나를 잊지 말아요

● 2020년 2월

너는 네가 처음 왔을 때 가지고 있던 소박한 물건들을 조심스레 정리했다. 작은 잠옷 한 벌과 발싸개가 달린 노란색 점프 슈트를 손으로 한 번 쓰다듬은 후 파란 여행 가방에 다시 넣었다. 작은 고무신, 젖병, 공갈 젖꼭지도 차례차례 넣었다. 'K98-135'라고 적힌 노란색 A4 서류철과 아기였던 네 모습이 담긴 사진들도 조심스럽게 가방 옆 칸에 끼워 넣었다. 그리고는 지퍼를 천천히 닫은 뒤, 그 가방을 다시 다락방으로 들고 올라갔다.

영국에서 학사 논문을 준비하던 너는 귀국해 있었다. 지도 교수는 사진전을 통해 네 안에서 진정으로 중요한 것, 지금 삶에서 가장 절실한 주제를 탐구해 보라고 권했다.

"저는 입양과 제 정체성을 들여다보기로 했어요. 이걸 이해하지 않고는 앞으로 나아갈 수 없을 것 같아요."

너는 프로젝트 설명서의 초안에서 한 개인의 정체성과 소속에 관한 질문은 많은 입양인에게 당연하다고 말했다. 특히 입양되기 전의 기억이 없는 이들에게는 더욱 그렇다고 했다. 동시에 너는, 자의식이 분명하고 스스로가 누구인지 아는 사람이라면 굳이 생물학적 뿌리나 소속을 찾아 나서지 않을 수도 있다고 주장했다. 너는 '내게는 그것이 문제가 된 적은 없었다. 다만 하나의 호기심일 뿐이었다. 그렇지만 어떤 이들에게는 그것이 매우 중요한 의미를 갖는다는 점을 충분히 이해할 수 있다'라고 썼다.

너는 언론이 때때로 입양을 부정적으로 묘사한다고 지적했다. 그 이유는 일부 잘못된 입양 과정, 그리고 결코 양육 자격이 없었던 이들이 양부모가 된 경우가 적잖이 있었기 때문이라고 추측했다. 또 이러한 이유로 입양인들이 트라우마와 소속감의 결여를 경험한다고 짐작했다. 자신의 집조차 안전하다고 느끼지 못했던 이들은 당연히 자신이 그곳에 속하지 않는다고 생각할 테고, 바로 그 때문에 친생 국가로 돌아가려는 동기를 품게 된다는 것이다. "그러나 이 경우는 내게 해당하지 않는다." 너는 이렇게 쓴 뒤 다음과 같이 결론을 내렸다. "나는 나 자신의 배경을 탐구함으로써 입양이 실제로 긍정적인 경험이 될 수 있음을 보여주고 싶다."

네가 잃어버린 이야기들의 작은 조각들을 조심스럽게 꺼내 보일 때, 내게도 잊고 있었던 관심이 되살아났다.

네가 성장하던 시절이었다. 그저 그렇게 흘러가는 일상에 파묻혀 지내던 나는 입양이라는 전문 영역에는 크게 관심을 갖지 않았다. 그럼에도 지난 몇 해 동안 점점 무게를 더해 왔던 입양인들의 요구가 내 마음 한구석에 맴돌았다. 70년에 걸친 노르웨이의 입양 서사가 다시 쓰여야 한다는 것이었다.

곧 나는 입양인들의 증언을 통해 세계 곳곳에서 잘못된 구조 및 과정을 통해 입양이 이루어져 왔다는 사실을 알게 되었다. 이 비판의 물결은 서구 사회와 노르웨이를 휩쓸었고, 정부와 입양 기관, 입양 부모들은 아이를 상품으로 삼은 글로벌 산업에 가담했다는 비난을 받았다.

너는 다른 사진작가와 영화인 들을 탐색하던 중 덴마크의 영화감독 선희 엥겔스토프트Sun-Hee Engelstoft를 알게 되었다. 그녀의 2019년 다큐멘터리 〈나를 잊지 말아요Forget Me Not〉는 지금껏 좀처럼 들리지 않았던 젊은 미혼모들의 목소리와 그들이 맞닥뜨린 운명을 날카롭게 비추어 냈다.

그녀의 영화는 한국에서 덴마크로 입양된 선희가 사신의 생모에게 보내는 편지였다. 그녀는 KBS와의 인터뷰에서 자신이 한국에 대해 거의 알지 못한 채 자랐다고 말했다. 선희가 가진 한국에 관한 자료라고는 관광 안내서 한 권뿐이었다.

그녀는 불과 2천 명 남짓한 주민이 사는 작은 마을에서 어린 시절을 보냈다. 그녀가 '하얀 환경'이라 부른 그곳에서, 그녀는 늘 외부인으로 여겨졌다. 점점 커져 가는 호기심 속에서 선희는 스스로에게 물었다. 나는 과연 누구인가?

스무 살 무렵 그녀는 서울로 향했고, 그곳에서 난생 처음으로 소속감을 느꼈다. 지하철에서 한국인들을 바라보는 일은 너무나 매혹적이었다. 자신과 닮은, 자신을 비추어 볼 수 있는 사람들이 거기 있었다. 그러나 자신의 배경을 알기 위해 찾아간 홀트아동복지회에서는 이미 알고 있던 단편적인 사실 외에는 어떤 정보도 얻을 수 없었다.

부산을 여행하던 그녀는 마침내 그곳에서 생모의 이름을 알게 되었다. 경찰은 불과 며칠 만에 그녀의 어머니를 찾아내는 데 성공했다. 그러나 KBS와의 인터뷰에서 선희는 이렇게 말했다.

"그때 저는 가슴을 짓누르는 소식을 들었습니다. 어머니가 나를 만나기를 거부했거든요."

가장 간절히 만나고 싶었던 바로 그 사람의 거절로 인해 나라와 문화에 대한 소속감, 그리고 마침내 고향에 왔다는 기쁨이 잔혹하게 무너져 내렸다. 그리고 상처 받은 그 순간, 영화는 싹트기 시작했다.

덴마크로 돌아온 그녀는 이후 수년 동안 그곳에 살고 있는 8천 명이 넘는 한국계 입양인들과 교류를 쌓아 갔다. 2004년, 전 세계 한국계 입양인들이 모이는 모임에 참석하기 위해 다시 서울을 찾은 그녀는 한국의 입양 기관들을 규탄하며 거리에서 시위하는 여성들을 목격했다. 그들이 들고 있던 한 플래카드에는 이렇게 적혀 있었다. "그들이 우리 아기들을 훔쳐 갔다."

그녀가 한 미혼모 보호 시설을 방문했을 때, 임신 8개월 차에 접어든 한 여성이 다가와 물었다. "입양아로 자라며 당신은 행복했나요?" 선희는 어떻게 대답해야 할지 알지 못했다. 그녀가 던진 질문에는 태어나지도 않은 아이를 입양 보내려는 선택에 동의해 달라는, 자신의 선택을 정당화해 달라는 묵시적인 바람이 담겨 있었다. 젊은 여성의 얼굴에 서린 절박함이 선희의 마음에 깊이 새겨졌다. 서구 사회에서 자란 선희는, 어머니들이 아무렇지 않게 자녀를 입양 보냈고 그것이 곧 최선이었다는 이야기 아래 성장해 왔다. 그러나 가시 같은 질문은 여전히 남아 있었다. 과연 무엇이 한 여성에게 자신의 아이를 내어 주게 만드는가?

선희는 자신의 영화에서 세 명의 여성을 조명했다. 그녀는 직접 그들과 함께 미혼모 보호 시설에 머물며 1년 반 동안 촬영을 이어갔다. 그러한 보호 시설을 찾는 것이 쉽지는 않았다. 당시 한국에는 50곳이 넘는 미혼모 시설이 있었고 그중 절반은 홀트아동복지회를 비롯한 입양 기관들이 운영하고 있었다. 나머지 절반 가운데 단 한 곳의 독립 시설만이 그녀에게 문을 열어 주었다. 제주도의 그 시설에 들어서자 선희는 생애 처음으로 한국 집에 발을 들인 듯한 느낌에 사로잡혔다.

그곳에 있던 미혼모들의 가정 배경과 사회 계층은 다양했다. 가장 어린 이는 10대였고, 가장 나이가 많은 이는 40대였다. 하지만 그들에게는 공통점이 있었다. 모두 미혼이었고, 그 때문에 극히 어려운 상황에 놓여 있었던 것이다. 처음에 그들은 선희를 경계했으나 입양이라는 공통된 주제 아래에서 서서히 연대감을 형성해 갔다. 그들은 입양인으로 살아온 선희의 삶에 관심을 기울였고, 선희는 미래 입양인들의 어머니인 그들의 삶에 귀를 기울였다.

KBS와의 인터뷰에서 선희는 자신의 초기 프로젝트가 '행복한 이야기'를 전하려는 목적이었다고 밝혔다. 그곳의 여성 한 사람 한 사람 모두 뱃속의 아이를 지키고자 하는 강렬한 열망을 품고 있었다. 이는 그녀의 어머니가 걸었던 길과는 정반대의 이야기, 곧 선희가 입양 가게 된 이유와는 다른 서사라고도 할 수 있었다. 그녀는 한국적인 방식으로 드러나는 모성의 본질을 탐구하고 보여 주고자 했다.

선희는 아이를 키울지, 입양 보낼지를 결정하는 권한이 여성 자신에게 있다고 생각해 왔다. 그러나 실제로는 수많은 이가 그 과정에 개입하고 있음을 알게 되었다. 여성의 부모와 조부모, 숙모와 삼촌 들, 더 나아가 아이 아버지 측 대가족, 병원 그리고 입양 기관까지. 모두가 그 여성의 운명에 관여했고, 그 운명은 곧 입양인들 자신의 운명이 되었다.

가슴 아픈 깨달음이었다. 왜냐하면 그 서사가 그녀 자신의 어머니를 비추고 있었기 때문이다. 어머니가 자신을 사랑했기 때문에 입양 보냈으리라 믿어 온 모든 생각이, 어쩌면 잘못되었을 수도 있었다.

그녀는 자신이 만든 다큐멘터리를 통해 관객들이 이 여성들의 처지를 이해해 주기를 바랐다. 그들의 운명을 저 멀리, 아무

상관없는 낯선 타인의 운명이라고 할 수 없었기 때문이다. "그들이 당신의 이웃이라고 생각해 보세요. 그들은 당신의 동료, 혹은 친구일 수도 있습니다. 그들도 우리와 똑같이 인간적인 감정과 고통을 품고 살아가는 평범한 사람들이랍니다."

선희는 이렇게 물었다.

"어머니, 그 선택은 어떻게 하신 거예요? 어떻게 한 어머니가 자기 자식을 떠나보낼 수 있나요?"

선희는 영화를 제작하며 미혼모들의 임신과 출산을 지켜보았다. 그리고 그들이 출산 직후 며칠 동안 아기를 돌보는 모습을 기록했다. 아기에게 젖을 물리거나 젖병을 건네고, 따스한 머리 냄새를 맡으며, 작은 배를 조심스레 씻어 주고, 등을 가볍게 토닥여 주며, 이마에 입을 맞추는 순간, 그리고 아기를 품에 안아 재우는 장면이 영화 속에 담겼다. 그 영화를 보던 나는 문득 깨달았다. 세상 어디서나 모성은 다르지 않다는 사실을. 만약 사회가 허락하기만 했다면 그들은 무엇보다도 아이를 곁에 두고 싶어 했을 것이다.

우리는 조용히 전개되는 드라마를 보듯, 어머니들이 하나둘씩 부모와 친척, 그리고 입양 기관의 설득에 굴복해 아이를 내어 줄 수밖에 없게 되는 과정을 지켜보았다.[1]

TV 화면 앞에서 우리는 아무 말도 하지 않았다. 홀트아동복지회의 사회복지사가 아이를 데리러 왔을 때, 젊은 어머니는 울고 애원하며 버텼다. 나는 숨을 멈춘 채 그 장면을 지켜보았다. 결국 아이가 팔에서 떨어지자, 그녀는 시설 앞마당에 무너지듯 풀썩 주저앉았다.

우리는 복지회 일행이 아이를 품에 안은 채 서둘러 서울행 비행기를 타러 가는 모습을 지켜보았다. 아이를 가슴에 꼭 끌어 안은 복지회 관계자는 아이의 몇 안 되는 소지품이 든 작은 파란 가방을 어깨에 메고 있었다.

자막이 서서히 사라지자, 네가 던진 한마디가 우리 거실을 채우던 긴 침묵을 깼다.

"엄마, 엄마가 나를 잊었을까요?"

정체성 추적

이제는 입양인들이 직접 원고를 쓰고, 국경을 넘어선 입양 이야기의 연출을 맡았다. 그들은 비입양인이 주도해 입양인을 단순한 오락거리로 축소해 왔던 낡은 스크린을 걷어 냈다. 그것은 입양인의 삶을 진정으로 이해하지 못하는 관객을 위한 소비재에 불과했기 때문이다.

1990년대 이후에도 입양 건수는 계속 증가했고, 동시에 고향을 찾는 입양인들의 사례도 꾸준히 늘어 갔다. 많은 이가 양부모와 함께 여행을 떠났다. 어떤 이들은 혼자 혹은 같은 나라 출신의 다른 입양인들과 동행했다. 입양 단체들은 소위 '고향 방문 여행Homeland tours'이라는 프로그램을 기획하기도 했다. 그러나 그 여행은 많은 이에게 개인적·경제적으로 부담스러웠다.[2]

입양인과 원가족의 재회를 다룬 TV 프로그램들도 속속 생겨났다. 노르웨이에서는 NRK의 〈토레 포 스포레Tore på sporet〉(토레의 추적)가 그 출발점이었다. 1996년부터 여러 차례 방영된 이 프로그램에서 진행자 토레 스트뢰뫼위Tore Strømøy는 연락이 끊어진 이들을 다시 만나게 하는 데 힘썼다. 특히 많은 회차에서 해외 입양인들의 원가족 찾기 여정에 동행하며 길잡이가 되었다.

TV2는 2010년부터 2014년까지, 그리고 다시 2019년부터 방영된 다큐멘터리 프로그램 〈스포르뢰스Sporløs〉(잃어버린 흔적)를 통해 그 흐름을 이어갔다. 이 프로그램 역시 잃어버린 친척이나 가족을 찾는 사람들을 돕는 것을 목표로 했으며, 참가자들 중에서 해외 입양인이 가장 큰 비중을 차지했다.

노르웨이 사람들은 하나같이 TV 앞에 모여 입양인들이 뿌리를 찾아가는 여정을 지켜보았다. 그 여정에는 고아원 방문, 옛 위탁모와의 재회, 그리고 어떤 나라에서는 입양 서류를 열람하는 장면까지 담겨 있었다. 자신의 뿌리와 가족의 역사, 잃어버린 혈연을 되찾으려는 몸부림이었다. 여러 프로그램에서 해외 입양인들은 늘 마음 한구석이 비어 있는 것 같다고 고백했다. 그리고 친생가족을 만나 입양 이전의 이야기를 들었을 때 비로소 조금은 마음의 안정을 찾았다고 말했다. 그들은 정체성의 혼란과 그리움, 소외와 상실감을 드러냈다. 어디에서 비롯되었는지 알 수 없었던 성격과 특징 들은 '나는 왜 입양되었는가'라는 해묵은 질문과 얽혀 있었다.

그 프로그램을 지켜본 수많은 사람들 역시 눈물을 멈추지 못했다.

하지만 동시에 많은 해외 입양인이 이 프로그램들을 비판했다. 출연자들은 절박함에 떠밀려 자신의 정체성과 관련된 가장 내밀한 생각과 불안을 고스란히 내보일 수밖에 없었다. 결국 그 모습은 황금 시간대에 방영되는 '사회적 포르노'로 전락했다는 것이다.

나 역시 토레가 진행했던 그 프로그램의 과장되고 극적이었던 연출을 기억한다. 거기에는 입양인을 늘 죽음과 가난에서 구제된 존재로만 그려 내는, 단순하고도 편향된 서사가 자리하고 있었다.

이 프로그램들은 당사자들의 정신 건강을 충분히 헤아리지 않았다는 비판도 받았다. 정체성 탐색이 개인에게 남기는 심리적 무게와 고통을 무시했다는 것이다. 게다가 TV 프로그램이 입양아들의 정체성 혼란을 더욱 부추길 만한 이야기들을 상품화했다는 지적도 적지 않았다. 그렇다면 끝내 재회에 이르지 못한 채, 무너진 기대와 더 깊은 정체성의 위기만을 안게 된 이들은 어떻게 되었을까?[3]

그들의 이야기는 TV 화면에 담기지 않았다.

입양은 한국에서도 대중매체의 흥밋거리였다. 1990년대 이후, 친생가족을 찾기 위해 한국을 찾은 서구 입양인들 가운데 많은 이가 대중 매체를 통해 자신의 뿌리를 찾아가는 과정을 공개했다.

뿌리를 찾아 돌아온 입양인들과 그들의 생모 찾기는 이산가족 서사의 일부, 즉 한국 전쟁이 남긴 살아 있는 유산으로 그려졌다. 이러한 이야기들은 이미 강력한 영향력을 지닌 장르로 흡수되었고, 그 결과 입양은 그 시기 TV에서 가장 인기 있는 소재 중 하나가 되었다.

'그 사람이 보고 싶다'는 1996년부터 2007년까지 방영된 아침 프로그램 〈아침마당〉의 가족 재회 코너였다. 이후 이 코너는 독립된 프로그램으로 발전해 매주 금요일 아침 KBS에서 방영되었다. 이 인기 프로그램을 통해 수많은 한국인들이 한국 전쟁, 경제적 어려움, 가족 해체, 혹은 해외 입양으로 인해 헤어졌던 가족들을 다시 만날 수 있었다.

매주 방송된 이 방송에는 대개 대여섯 명이 출연했으며, 그중 한두 명은 해외 입양인이었다. 이들은 생방송 무대에 나와 상실과 슬픔, 그리움에 얽힌 사적인 이야기를 나누었다. 그리고 그 이야기는 재회의 희망으로 이어졌다.

이렇게 해외 입양인들의 서사는 한국의 현대 국가 정체성 형성 과정 속에 통합되었다. 이는 2011년, 해외 입양인들에게 복수 국적을 허용하며 그들을 한국 시민 사회의 구성원으로 편입하려 한 정책에서 뚜렷이 드러난다.

한국의 오랜 해외 입양 역사를 재현한 미디어들은, 한국이 과거와 화해해 가는 과정의 일부로 스며들었다.

해외 입양은 오랫동안 수치스럽지만 피할 수 없는 현실로 여겨져 왔다. 그것은 일제 식민 지배, 그리고 이어진 서방과 소련의 피비린내 나는 패권 경쟁이 한반도를 폐허로 만든 결과이기도 했다. 그러나 자본주의의 신자유주의적 논리 아래에서, 한국 정부는 해외 입양인들을 '해외 동포' 집단의 일원, 즉 동서양을 잇는 중요한 다리로 인식했다.[4]

입양 제도와 입양인에게 과거와의 화해라는 역할을 맡기는 태도는, 더 큰 문제로부터 시선을 돌리게 하는 결과를 가져왔다. 정작 그 관행이 지금도 계속되고 있다는 문제 말이다.

우리 사이의 세계

학교로 돌아간 너는 자신의 뿌리와 정체성을 찾아 나섰다. 카메라를 손에 쥔 채 너의 이야기를, 우리가 가족이 되기 전과 후의 이야기를 직접 조사하고 기록하기 시작했다.

너는 네 아버지와 나의 사진을 우리 사이에 놓인 확대경처럼 세워 두었다. 그 사진에서 너는 하얀 피부와 푸른 눈을 가진 부모의 모습을, 그리고 황금빛 피부와 짙은 갈색 눈, 검은 머리카락을 지닌 네 모습을 나란히 대비시켰다.

사진을 통해 너는 '한국으로부터 입양된 존재'로 사는 일에 대한 이야기를 전했다. 너는 '기록 없음'이라 표시된 칸들 뒤에 숨겨진 진실을 밝혀내려는 열망으로, 수많은 서류를 샅샅이 뒤지며 질문을 던졌다. "누가 내 인생을 대신 설계할 권리를 가졌던 걸까?" "누가 내가 태어난 세계와의 모든 연결을 끊고, 나를 노르웨이에서 아시아인으로 살아가게 만든 걸까?"

너는 우리에게, 그리고 스스로에게 정체성에 대한 질문을 던졌다. 그리고 흔적으로 남은 기억들을 더듬기 시작했다. 우리는 긴 영상 통화를 하며, 네가 진행 중이던 과제에 대해 이야기했다. 나는 그 화면 속에서 소년에서 남자로 성장해 가는 너의 모습을 보았다. 자신의 이야기를 더 큰 역사에 연결시키고, 한국에 대한 관심을 키워 가는 한 남자. 그러나 너는 그것이 단지 문화에 대한 관심일 뿐, 출신의 문제가 아니라고 일축했다.

너는 백인 가족 속에서 아시아인으로 자라온 경험과 우리가 한 가족임을 알아보지 못하는 사람들의 시선 속에서 살아왔던 세월이 자신의 소속감에 어떤 의미를 남겼는지 곱씹었다. "나는 마치 사과 바구니 속에 있는 유일한 바나나 같아요. 겉은 노랗지만, 속은 하얗죠." 그러나 너는 늘 자신이 누구인지, 어디에 속하는지 잘 알고 있다고 말했다. 그리고 언제나 그랬듯 "괜찮아요, 엄마"라고 말했다.

나는 그 말을 듣고서야 안도의 숨을 쉴 수 있었다.

새로운 방향으로 시선을 돌리는 너를 바라보며, 나 또한 네가 보고 있는 세계에 호기심을 느꼈다. 어느 날 나는 페이스북과 인스타그램을 둘러보다가 이른바 '입양 산업'과의 단절을 요구하는 그룹들을 발견했다. 그들은 정부, 입양 기관, 양부모를 '범죄적 삼위일체'라 부르며 입양 구조를 고발하고 그에 맞서 싸울 것을 호소했다. 팟캐스트에서는 '#fuckadoption', '#fuckgratitude'

같은 해시태그 아래 저항의 목소리가 이어졌다. 세계 곳곳의 입양인들이 그 안에서 새로운 연대의 공동체를 이루었다. 그들은 그곳에서 각자의 삶의 경험을 드러내기 시작했다. 그들 중 다수가 입양 가정 내에서 일어난 학대와 돌봄의 부재를 이야기했다. 그들은 자신의 입양 서류를 볼 권리, 그리고 출생국에서의 존재와 지위를 되찾을 권리를 요구했다. 입양인들은 그동안 입양 기관과 양부모가 독점해 왔던 서사를 넘어, 입양에 대한 또 다른 이야기의 주체로 나서기 시작했다.

이제는 진실이 드러나야 한다는 요구가 물결처럼 유럽 각지로, 그리고 여기 노르웨이로까지 밀려왔다. 유괴, 납치, 착취, 서류 조작, 인신매매 등 입양의 본질적 의미를 뒤흔드는 폭로와 고발이 잇따랐다. 이미 성인이 된 많은 입양인이 국제 연구, 예술, 문학 활동을 통해 입양에 대한 통찰을 넓혔다. 그로 인해 그 실체가 보다 입체적이고 다층적인 모습으로 나타났다. 이제 많은 이가 '국제 입양' 대신 '초국가적 입양transnational adoption'이라는 용어를 사용하기 시작했다.

리 랑그바드의 《덴마크인 홀게르 씨를 찾아라Find Holger Danske》와 《그 여자는 화가 난다》를 읽었을 때, 나는 깊은 충격을 받았다. 그 두 책에서 작가는 국제 입양에 비판적 시선을 던지며, 마치 모든 당사자가 입양으로 이익을 얻는다는 지배적인 통념에 정면으로 맞섰다. 그녀는 왜 자신이 입양되었는지를 알고자 하는 많은 입양인이 입양 서류에 기록된 대로 '길에서 발견된 아이'가 아니라는 사실을 뒤늦게 깨닫는 과정을 그려 냈다. 그들이 입양된 이유는 성별이 여자이거나 생모가 미혼모였기 때문에, 혹은 가족이 가난했기 때문이었다. 그리고 종종, 부모가 입양에 설득되었기 때문이기도 했다.

그녀는 입양된다는 것이 평생에 걸친 과정임을 깨닫고, 그 사실에 대한 격렬한 분노를 드러냈다. 그 분노는 또한 자신의 생물학적 뿌리를 찾아 가려는 입양인들을 가로막는 입양 부모들에게 향하기도 했다.

랑그바드는 입양을 오직 긍정적으로만 보는 통념에 근본적인 문제를 제기했다. 그녀의 책은 입양인의 개별적인 경험을 담고 있을 뿐 아니라, 입양을 세계라는 보다 큰 맥락 속에서 조명하며 그 의미를 한층 깊이 탐구했다. 그녀는 3년 동안 서울에 머무르면서 다른 입양인들이 소속된 입양 비판적 공동체를 만났다. 그리고 그곳에서 일부 입양인들이 자신의 역사와 정체성을 새롭게 정의해 가는 과정을 목격했다. 랑그바드는 이 여정이 한번 시작되면, 다시는 되돌아갈 수 없다는 사실을 책을 통해 보여 주었다.

그녀는 입양인의 경험을 국제적 차원에서 살펴보며 입양과 관련된 문화적·경제적·사회적 조건을 모두 고려해야 한다고 지적했다. 또 입양의 초점을 '부모를 위한 아이 찾기'가 아니라, '아이를 위해 친생가족을 지원하는 일'에 두어야 한다고 주장했다.

랑그바드는 생물학적 부모가 겪은 상실을 조명하고, 입양인이 겪는 트라우마를 공동체의 문제로 드러냄으로써 독자들에게 입양에 대한 새로운 관점을 제시했다.

그녀의 글을 읽으며 나는 스스로에게 물었다. 내가 아들의 정체성 모색을 가로막은 것은 아닐까? 그가 어쩌면 강제로 동화된 것은 아닐까? 그리고 나 역시 국제 입양을 미화하는 데 일조하지는 않았을까?

초국가적 입양은 이미 우리 모두, 그리고 사회 전체에 근본적인 질문을 던지는 뜨거운 논쟁의 주제였다. 우리는 어떤 권리로 아이들을 그들이 속했던 가족과 문화로부터 떼어 놓았는가? 입양은 정말로 아이를 위한 최선이었을까, 아니면 아이 없는 이들에게 아이를 공급하기 위한 사업 모델 위에 세워진 시장 구조였을까.

2020년 겨울과 봄, 서구 사회 전역에서 입양인이든 아니든 상관없이 동아시아인 같은 외모를 지닌 많은 사람이 공통된 경험을 했다.

글로벌 팬데믹, 코로나19로 인해 동아시아인의 외모를 지닌 사람들은 따가운 시선의 대상이 되었다. 바이러스의 발원지가 중국 우한이라는 인식에서 비롯된, 일종의 조직적 캠페인과도 같은 양상이었다. 그 움직임은 당시 미국 대통령이었던 도널드 트럼프Donald Trump가 '중국 바이러스Chinese virus'라는 표현을 트윗에 사용하면서 더욱 확산되었다. 그 결과 미국에서는 아시아인을 향한 '증오 바이러스'가 퍼져 나갔다. 학계와 언론은 대통령의 발언을 비판하며, 인종 배경에 따라 바이러스를 특정하는 행위가 결국 인종 차별과 증오 범죄로 이어질 것이라고 경고했다.

다른 많은 사회 현상과 마찬가지로, 이 일 또한 미국에만 머물지 않았다. 그 여파는 노르웨이를 비롯해 유럽으로 번졌다. 겉모습이 아시아계로 보이는 많은 사람이 버스에서 내려 달라는 요청을 받거나, '집에 머물라'는 혹은 '원래 온 곳으로 돌아가라'는 말을 들었다.

영국에서는 매우 엄격한 제한 조치가 시행되었다. 주민들은 사실상 통행이 금지되어, 하루 24시간 중 23시간을 집 안에서 보내야 했다. 외출이 허용된 단 한 시간은 식료품을 사러 가거나 약국을 이용해야 할 때뿐이었다. 그마저도 거주지로부터 최대 3킬로미터 이내에서만 가능했다. 동네 슈퍼마켓은 입장 인원을 엄격히 제한했고, 그 때문에 문 바깥으로 마스크로 얼굴을 가린 사람들이 긴 줄을 이루었다.

하지만 네 마스크가 가려 주지 못한 한 가지 분명한 점은 네가 아시아인처럼 보인다는 사실이었다. 사람들은 너를 피해 물러섰고, 어떤 이들은 '영국인들'로부터 멀찍이 떨어져 줄의 맨 뒤로 가라고 말했다.

나는 그곳에 가서 당장 너를 데려오고 싶었다. 하지만 우리는 각자의 자리에 묶인 채 어느새 서로 다른 두 세계 속에서 살고 있었다. 그리고 우리 사이에는 두려움과 증오로 가득 찬 더 큰 세계가 자리 잡고 있었다. 우리는 두려움을 함께 나누었지만, 증오의 대상이 된 것은 오직 너뿐이었다.

그 몇 달 동안 나는 나 자신의 무력함을 인정해야 했다. 나는 네가 기대 설 수 있는 벽이 되어 줄 수 없었다. 그것은 단지 우리 사이에 북해가 놓여 있고, 국경이 닫혀 있었기 때문만이 아니었다. 나는 한 번도 인종 차별을 겪은 적이 없었다. 외모 때문에 누군가의 증오를 직접 받아 본 적도 없었다. 나는 실상, 입양인으로 사는 일이 어떤 의미인지 전혀 알지 못했다.

너의 세계는 내가 더듬으며 나아가야만 하는 낯선 풍경이었다.

너는 영상 통화에서 스스로 기분을 북돋우기 위해 한국 음식을 만들어 본다고 말했다. 불고기, 삼겹살, 비빔밥. 국과 밥, 매운 양념의 구이와 달콤한 떡까지. 너는 가끔 조언을 구하려고 전화를 걸기도 했지만, 곧 너 혼자서도 훌륭히 해내게 되었다. 하지만 김치만은 쉽게 시도하지 않았다.

늦은 저녁이면 우리는 다시 항공편이 열려 돌아온 네가 차려 줄 음식을 같이 먹는 상상을 하곤 했다. 그때 우리는 함께 김치를 담그기로 했다.

너는 인터넷에서, 3월과 4월 사이 짧은 몇 주 동안 온 세상이 분홍빛과 흰빛으로 물드는 한국의 봄을 보았다고 말했다. 거리와 공원, 산비탈과 강가에 만개한 벚꽃을 담은 사진들이었다. 나는 우리가 네 여동생을 데리러 서울에 갔던 이야기를 해 주었다. 너는 그 일을 거의 기억하지 못했다. 그때 너는 겨우 세 살짜리 아이였으니 그럴 수밖에. 나는 그 여행에서 찍은 사진들을 너에게 보내 주었다. 그중 몇 장에 우리가 벚꽃이 한창이던 바로 그때 그곳에 있었다는 사실이 선명히 담겨 있었다.

우리는 코로나 팬데믹이 끝나고 맞이할 다음 봄에는 함께 한국에 가서 벚꽃을 보자고 약속했다.

그해 여름 너는 마침내 영국에서 출발하는 비행기에 오를 수 있었다. 그리고 유럽의 여러 나라들을 경유한 후에야 노르웨이에 도착했다. 집을 떠나 세상으로 나아가려 했던 너는 바이러스와 불안정한 세계에 가로막히고 말았다. 이제는 네가 어린 시절을 보냈던 방에서 사진 프로젝트를 이어 가야 했다.

나는 조심스럽게 네 포트폴리오를 넘겨 보았다. 그 안에는 파란 여행 가방을 중심으로 파편 같은 정보가 담긴 오래된 서류들, 고무신 한 켤레, 턱받이, 그리고 한국에서 온 분유 깡통이 있었다. 모든 것에 네가 처음 왔을 때 그대로 'K98-135'라는 꼬리표가 또렷이 붙어 있었다.

프로젝트의 서두에는 소개글과 한 장의 사진이 있었다. 로포텐의 산 정상, 세상과 단절된 듯 홀로 선 너의 뒷모습이었다.

백야의 하늘과 태양을 향해 두 손을 뻗은 채였다. 사진 아래에는
이렇게 적혀 있었다.

> 내 안에는 두 세계가 공존한다.
> 한국인이 되고자 하는 그리움,
> 그리고 내가 노르웨이 사람이라는
> 단호한 믿음이.

기록 없음

어느 날 오후, 너는 학교에서 아르바이트를 마치고 비틀거리며 문을 열고 들어왔다. 당시 너는 석사 과정을 이어가며 보조 교사로 일하고 있었다. 너는 어지럽다고 했고, 구토를 하며 끙끙 앓았다. 세상이 미친 듯 빙글빙글 논다고 신음하듯 말했다.

"혹시 이석증 아닐까? 나도 예전에 앓았던 적이 있거든."

"그거랑은 전혀 상관없잖아요!"

너는 숨을 몰아쉬며 말했다. 물론 그게 유전되었을 거라는 뜻은 아니었지만, 아픈 너에게 그 말을 굳이 덧붙이진 않았다.

응급실에 도착하자 우리는 '보호자는 함께 들어갈 수 없다'는 안내를 받았다. 팬데믹 시기에는 그런 규정이 엄격하게 적용되었다. 하지만 네가 너무 심하게 비틀거렸기에 나는 너를 부축해 주어야 했고, 결국 함께 들어가도 좋다는 허락을 받았다.

몇 시간 뒤, 응급실에서 여전히 어지러움을 호소하던 네게 드디어 한 의사가 다가왔다.

"예전에도 이런 증상이 있었나요?"

"아뇨." 너는 신음하듯 대답했다.

"가족 중에 이런 어지럼증을 앓은 분이 있나요?"

"네, 엄마가요." 너는 침대 끝에 앉아 있는 나를 힐끔 바라보며 말했다.

"하지만 그건 관계없을 거예요." 나는 의사에게 필요한 설명을 덧붙였다. "저는 양엄마고 저 아이는 한국에서 태어났어요." 나는 침대를 향해 고개를 끄덕이며 말했다.

"가족 중에 다른 유전성 질환을 앓은 분은 있나요? 예를 들면 심장병 같은 거요."

의사는 포기하지 않고 계속 물었다. 너는 나를 애원하듯이 바라보았다. 의사가 왜 이런 걸 묻는지 궁금했다.

"모르겠어요." 너는 한숨을 쉬며 말을 이었다. "정말 몰라요. 말씀드렸다시피 저는 입양됐거든요."

곧 다른 의사가 들어와 아마 이석증일 거라고 말했다. 생명에는 지장이 없지만, 매우 불쾌한 증상이라고 했다. 그는 정해진 순서에 따라 너의 머리를 몇 차례 특정 각도로 돌렸다. '에플리 수기Epley maneuver'라고 불리는 처치였다. 그리고 이제 귓속의 작은 이석이 반고리관에서 빠져나와 더 이상 평형 감각이 방해받지 않을 거라고 설명했다.

나는 응급실을 나서며 이석증이 유전되는 병이냐고 의사에게 물었다. 의사는 그 부분은 다소 불확실하지만 연구 결과, 어떤 가족들에게서 이 증상이 유난히 자주 나타나는 경향이 있다고 친절하게 대답해 주었다. 그래서 환자의 유전자를 살펴 이것이 유전적 요인인지 단순한 우연인지를 확인하려는 시도가 이루어지고 있다고 설명했다.

"하지만 이 경우에는 해당되지 않는 것 같네요."

그는 그렇게 말하며 우리를 집으로 돌려보냈다.

며칠 뒤, 너는 고개를 숙인 채 우리가 처음 만났을 때 너와 함께 왔던 서류철을 들여다보고 있었다. 너는 네게 유전될 수 있는 질환에 대한 정보를 찾던 중이었다.

"이건 나만의 문제가 아니잖아요. 언젠가 내가 아이를 갖게 될 경우도 생각해야 할 것 같아서요."

나는 아무 말도 하지 않았다. 네가 무엇을 발견하게 될지 이미 알고 있었기 때문이다.

기록 없음.

No record.

엄마를 찾아 나서는 첫 걸음

"꼭 알아내고 싶어요."

"무엇을 알아내고 싶은데?"

되묻는 목소리는 내가 바랐던 만큼 부드럽지 못했다. 어쩌면 나는 네가 무언가를, 혹은 누군가를 발견해 그것이 네게 책임감을 불러일으킬까 두려워했는지도 모른다. 그리고 그것이 너를 방대하고 감당하기 어려운 혼란 속으로 이끌까 봐 불안했다. 언제나 조화롭고 내면의 균형이 확고한 사람으로 보였던 너. 나는 우리가, 우리 가족이 더는 견디지 못할까 봐 두려웠던 것일까?

그럼에도 나는 아무 말도 하지 않았다. 대신, 예전에 친구들이나 가족이 물었을 때 내가 했던 대답을 떠올렸다. 만약 내 아이들이 원가족을 찾고 싶어 한다면, 나는 어떻게 할까? 그때마다 나는 주저 없이 대답했다. 물론 나는 그들을 지지할 것이라고. 아무런 조건도, 망설임도 없이. 이제 그 말이 내가 완전히 파악할 수 없는 막막한 현실 속에서 시험대에 올랐다.

불안이 밀려왔지만, 나는 결국 입을 열었다.

"내가 도와줄까?"

셀마는 마침내 돌봄 주택 입주 제안을 받았다. 그렇게 너는 처음으로, 네 아버지와 나 단둘과 남게 되었다. 사회는 여전히 팬데믹의 영향 아래 있었고, 우리는 집에 머무는 시간이 많았다.

우리는 나란히 앉아 서류를 한 장 한 장 넘겨 가며 살펴보았다. 혹시나 놓쳤거나 의미를 제대로 이해하지 못한 내용이 있을지도 몰랐다. 그러나 거기 적힌 형식적인 문장들은 마치 자동 입력된 듯, 너무나 빈약하고 건조했다.

"이게 전부일 리가 없어요."

너는 그렇게 소리쳤다. 우리는 곧장 인터넷에서 검색하기 시작했고, 곧 '사후 입양'이라는 정보 서비스를 찾아냈다. 거기에는 입양인에게 전하는 안내문이 있었다.

사유가 무엇이든, 또 언제 정보를 찾기로 결심했든, 그 전에
자신이 이 과정에 어떤 기대를 품고 있는지 충분히 생각해 보는
것이 중요합니다. 또한 탐색 과정에서 마주칠 수 있는 여러 문제와
어려움을 미리 인식하고, 가족이나 전문가로부터 받는 지원이
얼마나 큰 도움이 되는지도 알아 두어야 합니다. 이 여정을 혼자
시작해서는 안 됩니다. 곁에서 지지해 주는 사람이 있다는 것은 큰

힘이 됩니다. 입양 부모와 형제자매, 친생부모와 형제자매, 혹은 다른 가족들 역시 이 과정에서 전문가의 도움과 지지가 필요할 수 있습니다.[5]

그 글은, 이 과정이 실질적으로나 정서적으로 모두 쉽지 않다는 일종의 경고였다. 안내문에는 입양 협력국들은 모두 상담과 전문적인 지원을 제공해야 한다고 명시되어 있었다. 하지만 지금 우리에게 어떤 전문가가 도움을 줄 수 있는지, 또 어디에 연락해야 하는지에 대해서는 아무런 언급이 없었다. 입양인과 그 가족은 결국 이 모든 것을 스스로 감당해야 했다.

신청 절차의 첫 단계는, 만 18세 이상인 입양인이 입양 관련 기관에 연락해 자신의 서류 열람을 요청하는 것이었다. 안내문에는 '그렇게 하면 노르웨이 아동가족부가 보관 중인 입양 관련 모든 문서를 보내드립니다. 그 안에는 친생가족이 당신과의 연락을 원하며 보낸 편지가 포함되어 있을 수도 있습니다'라고 적혀 있었다. 너는 의자에 등을 기대고, 두 손을 책상 위에 올린 채 손가락으로 천천히 책상을 두드렸다. 숨을 깊게 들이마시는 너의 얼굴에 희미한 미소가 번졌다.

"편지가 있을 수도 있겠죠? 어쩌면 수년 동안 거기 있었을지도 몰라요!"

그것이 바로 내가 두려워하던 일이었다. 네가 충족되지 못할 기대와 희망을 품는 것, 그리고 결국 실망과 상처만 남는 것.

하지만 나는 아무 말도 하지 않았다.

　너는 노르웨이 여권 사본, 그리고 출신 국가와 입양된 연도, 우리의 이름을 적은 정보를 동봉해 편지를 보냈다.

　"무슨 소식 있었니?" 그 후 며칠 동안 나는 네가 전화를 걸 때마다 어김없이 물었다.

　거의 한 달이 지난 뒤, 너는 노르웨이에 보관되어 있던 모든 서류가 첨부된 한 통의 이메일을 받았다. 그러나 그 안에는 네가 이미 가지고 있던 얇은 서류철 이상의 내용은 아무것도 없었다. 노르웨이 아동가족부가 보관하고 있던 문서에도 친생가족에 관한 언급은 전혀 없었다. 이제는 너무도 익숙해진, '기록 없음'이라는 칸들만이 반복되었다.

5부

선의의 그늘

내 안에서 스멀스멀 고개를 들었던 불안은 곧 현실로 다가왔다. 2021년 2월, 네덜란드의 한 조사 위원회가 입양 관행에 대한 보고서를 발표한 것이다.

보고서 서문에는 네덜란드가 1960년대 초부터 80여 개국에서 4만 명이 넘는 아이들을 데려왔다는 사실이 명시되어 있었다. 성인이 된 입양인들이 자신의 경험에 대한 사회적 관심을 요구했다. 그들이 자신과 자신의 출신에 관한 올바른 정보를 얻고자 한 움직임으로 인해 조사가 이루어졌다. 점점 더 많은 사람이 생물학적 뿌리를 찾기 시작했다. 그중에는 입양인 자신이 부모가 되어 그 아이들 또한 자신의 뿌리를 알고 싶어 한다는 이유로 움직이는 이들도 있었다. 많은 이에게 시간이 촉박했다. 친생부모들이 이미 나이가 들었음을 깨달았기 때문이다. 그런데 그 과정에서 너무나 많은 입양인이 자신과 입양 절차에 관한 정보가 불완전하거나 수많은 오류로 가득 차 있고, 심지어는 일부가 조작되었다는 사실을 알게 되었다. 네덜란드에서는 점점 더 많은 입양인이 자신들이 겪은 존재적 위기에 대해 정부에 책임을 물었다. 이러한 논의 끝에 2019년 4월 네덜란드 법무부 장관은 독립적인 조사 위원회를 설립했다.

이 보고서는 국제 입양이 이루어진 전 기간 동안, 모든 참여국에서 심각한 구조적 인권 침해가 있었다는 사실과 네덜란드 정부와 입양 알선 기관들 역시 이 문제를 1960년대부터 알고 있었다는 점을 밝혔다. 위원회는 네덜란드 정부가 보여 온 수동적 태도를 비롯해 이 분야의 정책이 주로 입양 부모들의 이익을 중심으로 이루어져 왔음을 지적했다.

정부는 개입이 필요했던 상황에서도 이를 방관했다. 그 이유는 아마도 입양이 전쟁이나 자연재해로 황폐해진 개발 도상국의 아이들을 구하는 행위라는 사회적 관념에 기반했기 때문일 것이다. 돕기 위해 입양해야 한다는 일종의 도덕적 의무감이었다. 위원회는 보고서에서, 이러한 '선의에서 비롯된' 사회적 인식이 국제 입양 제도의 형성과 유지 및 정당화에 결정적인 역할을 했다고 밝혔다. 궁핍한 아이와 입양을 원하는 부모 모두가 입양을 통해 이익을 얻게 된다는 관념이 사회를 지배했다. 입양은 일종의 고결한 도덕적 행위로 여겨졌다.

보고서는 입양에 대한 바로 이러한 사회적 관념이 아동의 나이를 조작하는 등의 각종 위조 행위를 용인하거나 심지어는 당연하게 여기게 만든 원인이었을 가능성이 높다고 지적했다. 또한 입양을 추진하는 데 관여한 모든 사람은 선행을 베푸는 이들로 간주되었다. 정치인들 역시 국제 입양 절차가 신속히 진행되도록 적극적으로 나섰다.

이 조사를 통해 체계적인 방관과 입양을 정당화하려는 반복적인 시도가 오랜 기간 되풀이되어 왔음이 밝혀졌다. 입양이라면, 설령 그것이 불법으로 이루어진 입양이라 할지라도 하지 않는 것보다 낫다는 생각은 언제나 일관되게 자리하고 있었다.

네덜란드 조사 위원회는 '아동의 최선의 이익'이라는 개념이 아동 권리 협약에 근거했음에도 불구하고, 절차나 문서에 결함이 있는 경우에서조차 입양을 정당화하는 데 반복적으로 활용되어 왔다는 사실에 주목했다. 아동의 자율성과 독립적인 권리에 대한 근본 원칙은 체계적으로 무시되었다. 입양 제도는 '어린아이는 스스로 사고하거나 행동할 능력이 없으며, 따라서 자신의 입양에 농의할 수도 없다'는 선제 위에 구축되었다.

위원회는 사정이 무엇이든 간에 결코 어린아이를 거래의 대상으로 삼는 행위는 정당화되지 못한다고 못을 박았다. 오히려 아이들이 아직 그러한 판단 능력을 갖추지 못했기 때문에, 입양 과정은 무엇보다 신중함이 필요하다고 강조했다.

보고서를 읽어 내려갈수록 속이 서서히 메스꺼워졌다. 산업으로 이루어져 왔던 국제 입양의 어두운 실태가 점점 더 훤히 드러났다. 보고서는 아동을 입양 보낸다는 결정이 출생국 내에서 책임 있는 방식으로 이루어지지 않았음을 밝혀냈다. 그 결정들은 너무도 자주 강요나 부당한 압력 아래 이루어졌다. 그리고 충분한 정보가 제공되지 않은 상태에서 내려진 경우도 많았다.

그 결과 아동의 이익은 체계적으로 외면되어 왔다고 보고서는 지적했다.

조사 위원회는 많은 입양인이 잘 적응해 만족스러운 삶을 살고 있긴 하지만 입양으로 많은 것을 잃은 사람들도 적지 않다고 밝혔다. 그들은 자신의 가족과 함께 자랄 기회, 자신의 문화, 그리고 자신이 어디에서 왔는지를 알 기회조차 잃었다.

위원회가 인터뷰한 여러 입양인들은 자신의 삶을 서로 다른 현실 사이에서 아슬아슬하게 버티며 살아가는 일이라고 말했다. 그들은 분열된 정체성을 이해하려는 고된 내적 싸움을 끊임없이 이어가고 있었다.

위원회는 또한 아이를 입양 보낸 나라의 생모들과 친생가족들에게도 시선을 돌렸다.

조사 과정 중 이루어진 이들에 대한 접근은 제한적이었지만, 그럼에도 불구하고 많은 가족 역시 피해자였음이 드러났다. 여러 가족이 아이를 포기하라는 압박을 받았다. 일부는 서구 사회에서 통용되는 '입양'이 무엇을 의미하는지도 제대로 알지 못했다. 최악의 경우에는 아이를 도둑맞기까지 했다.

물론 최근 몇 년 사이 입양 건수는 네덜란드뿐 아니라 다른 서구 국가들에서도 크게 줄었다. 입양 과정에서 불법적이거나 비윤리적인 절차를 막기 위한 제도도 마련되었다. 그럼에도 불구하고 경제적 인센티브는 제도 안에서 여전히 사라지지 않았고, 입양 수요 역시 지속되고 있었다.

위원회는 입양 남용에 관한 이번 조사로 얻은 통찰이, 대리모 출산이나 정자·난자 기증 등 새로운 가족 형성 방식에도 고려되어야 한다고 권고했다. 이 경우에도 자신의 출생 배경과 정체성에 관한 질문은 여전히 중요한 문제로 남기 때문이다.[1]

보고서는 입양 제도의 결함이 입양 부모들의 영향에서도 비롯되었다며, 그들에게도 책임의 시선을 돌렸다. 아이를 향한 끝없는 열망에 사로잡힌 입양 부모들은 그 소망을 이루기 위해서라면 불법적인 절차를 눈감는 일도 마다하지 않았다.

서구의 아이 없는 부부들은 그렇게 해서 간절한 바람을 이루었지만, 그 이면에는 누군가의 비극이 있었다.

나는 이 대목을 읽는 순간, 네덜란드의 입양 제도 운영 체계가 노르웨이의 경우와 다르지 않다는 사실을 깨달았다. 두 나라는 오랫동안 같은 나라들로부터 아이들을 입양해 왔다. 수십 년 동안 이 시스템의 방향을 결정지어 온 핵심 기관 가운데 하나는 바로 한국의 홀트아동복지회였다.

내면의 격렬한 파동 속에서 보고서를 내려놓았을 때, 내 머릿속에는 한 가지 집요한 질문이 맴돌았다.

내가 도대체 무슨 일에 가담해 왔던 거지?

썩어 가는 냄새

보고서 발표 이후, 그 여파로 네덜란드 정부는 국제 입양과 관련된 모든 협정을 일시 중단하기로 결정했다.

2021년 봄, 스웨덴 일간지 〈다겐스 뉘헤테르Dagens Nyheter, DN〉는 '어떤 데기도 막론히고 얻은 아이'라는 제목으로 연속 기획 기사를 실었다.

이 탐사 보도 프로젝트는 한국에서 입양된 파트리크 룬드베리Patrik Lundberg 기자의 제안으로 시작되었다. 그는 어린 시절과 청소년기를 거치는 동안 친생가족을 찾아야겠다는 절실함을 느낀 적이 거의 없었다. 직접 만나러 가겠다는 생각은 더더욱 없었다. 그럼에도 불구하고 부모가 아직 살아 있는지, 어떤 모습일지에 대한 궁금증은 마음 한편에 남아 있었다. 그의 서류에 적힌 정보는 그를 부산으로 이끌었고, 그곳에서 룬드베리는 자신을 부모로 등록한 부부를 찾아냈다. 만남의 자리에서 부부는 그를 껴안고 눈물을 흘렸다. 그러나 그는 머리카락과 피부색이 비슷하다는 점 외에는 아무런 친밀감도 느낄 수 없었다. 만남이 진행되는 동안, 룬드베리가 지금까지 믿어 왔던 정보는 거짓이었다는 사실이 드러났다. 그의 생년월일은 서류와 달랐고, 출생지 또한 전혀 다른 곳이었다. 입양 당시 부모로 등록된 사람들은 사실 그의 삼촌과 숙모였다. 숙모의 말에 따르면, 가족은 입양 절차가 순조롭게 진행되도록 하기 위해 그렇게 하기로 합의했었다고 한다.

이 일을 겪은 뒤 룬드베리는 다른 입양인들과의 연대를 모색했다. 한국에서 유학하던 그는, 서구로 입양되었다가 자신의 뿌리를 되찾기 위해 고국으로 돌아온 많은 입양인을 만났다. 그 중에는 자신을 입양 반대자라고 밝히는 이들도 적지 않았다.

룬드베리는 의아했다. 과거에 그가 입양에 반대하는 사람들의 이야기를 들었을 때, 그들은 대개 백인 사회를 인종적으로 순수하게 지키려는 사람들이었기 때문이다. 노르웨이에서는 '백인연합'이나 '반이민국민운동' 같은 단체들이 그러한 성향을 보였다.

한국에서 그는 서구 여러 국가로 입양된 사람들을 만났다. 자신들이 불법 입양의 피해자였다고 털어놓은 그들은 어린 시절 한국에서 생물학적 부모의 의사에 반해 납치되거나 강제로 입양되었다. 혹은 자신의 입양 서류에서 수많은 오류와 조작의 흔적을 발견하기도 했다.

스웨덴으로 돌아온 룬드베리는 입양인들을 위한 페이스북 그룹에 가입했다. 그곳에서도 같은 이야기가 반복되었다. 스웨덴 입양인들 또한 자신들이 불법 입양의 피해자였다고 털어놓았다. 그리고 그 과정에서 국제 입양에 관한 헤이그 협약과 유엔 아동 권리 협약이 모두 위반되었다고 주장했다.

불법적이고 비윤리적인 입양 의혹을 밝혀내려는 강한 열망에 이끌린 룬드베리는 언론학을 공부하기로 결심했다. 그는 이후 여러 신문사에서 일하면서, 기회가 있을 때마다 이 복잡한 사안을 심층 취재해 보자고 제안했다. 그러나 대부분의 편집국은 이 주제를 다루려 하지 않았다. 그는 같은 경험을 한 다른 기자들과도 접촉했지만, 대형 언론사들 역시 이 문제에 뛰어들기를 꺼렸다. 룬드베리와 그의 취재원들에 따르면, 언론계 내부는 물론 각계 권력층에도 입양 부모들이 있고, 그들이 입양 제도에 부정적인 빛이 비추어지는 것을 막으려 했기 때문이라고 한다.

2020년 가을, 룬드베리의 인생은 완진히 달라졌다. 그는 〈다겐스 뉘헤테르〉의 기자로 채용되었다. 그곳의 르포 부장은 그의 이야기에 귀를 기울였다. 룬드베리는 '확신할 수는 없으나 지금까지 선 세계 어느 기자도 국제 입양을 둘러싼 의혹스러운 정황들을 체계적으로 조사한 적이 없다'고 주장했다. 그는 동료 두 명과 함께 탐사 취재에 착수했고, 그 작업은 스웨덴을 비롯한 스칸디나비아 지역의 초국가적 입양의 역사를 새롭게 써 내려가는 계기가 되었다.

2021년 봄, 방대한 취재 결과가 세상에 공개되었다. 그때 스웨덴의 유력 일간지는, 스웨덴 당국과 주요 정치인들이 입양 과정과 관련된 불규칙한 절차와 아동 인신매매 의혹에 대해 이미 알고 있었음에도 아무런 조치를 취하지 않았다는 사실을 폭로했다. 탐사 팀은 이 연속 르포 기사들을 통해 오랜 세월 이어져 온 입양 관행 속에 범죄가 개입되어 있었다는 의혹을 전하며, 이를 '입양 산업'이라 불렀다.

그들은 칠레, 중국, 콜롬비아를 비롯한 여러 나라의 입양 사업을 추적했다. 물론 '입양 산업의 기함旗艦'이라 불리는 나라, 한국도 그 조사 대상에 포함되었다.

나는 위조된 서류와 부패, 납치되어 스칸디나비아로 입양된 아이들, 그리고 도움을 받을 것이라 믿었지만 실상은 아이를 빼앗긴 친생국가의 가난한 어머니들의 비극적인 이야기를 읽었다. 콜롬비아에서는 무려 8백 건에 달하는 입양이 불법으로 이루어졌음이 데이터베이스를 통해 입증되었다. 칠레에서는 독재자 아우구스토 피노체트Augusto Pinochet가 해외 입양을 대對스웨덴 선전 전략의 일부로 활용했다. 그의 목표는 칠레가 스칸디나비아의 지원을 얻어 국제적 고립 상태에서 벗어나는 것이었다. 수백 명의 스웨덴 입양인들은 잘못된 서류, 누락된 서류, 그리고 아이들을 서방 국가로 보내는 과정에서 누군가가 막대한 이익을 챙긴 흔적이 드러나는 자금 흐름에 대해 증언했다.

아이를 서방 국가로 입양 보내는 동안, 생모들에게는 아이가 사산되었다는 거짓 통보가 전달되었다는 이야기도 나왔다. 한낮 대로에서 벌어진 아동 납치 사건들, 그리고 수십 년 동안 자식을 찾아 헤맨 부모들의 이야기도 있었다.

중국에서는 한 자녀 정책 시기 동안 15만 명에 달하는 아이들이 서방과 스칸디나비아로 보내졌는데, 대부분이 여자아이들이었다. 룬드베리와 그의 동료들은 그중 상당수가 부모의 동의 없이 이루어진 입양이었다는 사실을 밝혀냈다.

한국에서는 많은 어머니가 입양 기관의 압박 속에 아이를 내어 줄 수밖에 없었다. 조사 결과, 그러한 입양 절차가 아동 권리 협약과 스웨덴 법 모두에 위배된다는 사실이 드러났다. 입양 기관들은 생물학적 부모에 관한 정보를 의도적으로 은폐하거나 아이의 출생 배경을 제대로 기록하지 않았다. 때로는 부모의 동의조차 존재하지 않았다.[2]

솔직히 인정하겠다. 나는 스웨덴에서 터져 나온 폭로 기사들을 믿기가 다소 어려웠다.

너 역시 그 기사들을 읽었지만, 놀라지는 않았다. "하지만 노르웨이의 입양 제도까지 그렇게 엉망이었다고 단정할 수는 없잖아?" 나는 그렇게 말하며, 우리가 믿어 왔던 이야기 말고 다른 이야기가 있을지도 모른다는 생각을 애써 밀어냈다. "초기에는 조금 혼란이 있었을지 몰라도, 우리가 너를 입양했을 때는 그렇지 않았을 거야. 그렇지?" 나는 거의 혼잣말하듯, 공허하게 중얼거렸다.

나는 세계의아이들 담당자가 우리를 어떻게 설득했는지 아주 잘 기억하고 있다. 러시아에서 아이를 데려오려던 일이 무산된 뒤, 그녀는 이렇게 말했다. "한국은 달라요. 오랜 경험 덕분에 모든 절차가 아주 철저하고, 한 치의 문제도 없어요. 거긴 모든 게 제대로 진행된답니다." 하지만 네 생각은 달랐다. 만약 한국과 스웨덴 사이의 입양에 문제가 있었다면 노르웨이도 예외일 수는 없다. 그렇지 않다고 생각한다면 마치 다른 나라들과는 동떨어져 모든 것이 완벽하게 작동하는, 노르웨이만을 위한 별도의 통로가 존재한다고 믿는 셈이었다. "정말 그렇게 생각해요, 엄마? 냄새가 나잖아요. 썩은 내가 진동하는데!"

언제나 차분하고 침착하던 너는, 우리를 둘러싼 이야기가 부정한 토대 위에 세워졌을지도 모른다는 가능성을 한 번도 직접 제기한 적이 없었다.

"너는 너를 입양한 과정에 불법적인 무언가가 있었다고 생각하니?"

내가 묻자, 너는 조용히 대답했다.

"그건 알 수 없어요. 지금에 와선 더욱더 그렇고요."

노르웨이에서도 불법적인 초국가 입양 사례들이 있었을까? 그렇다면 우리는 어떤 현실과 마주하게 되는 걸까? 나는 그런 기사들을 놓쳤던 걸까, 아니면 의식적으로 외면했던 걸까?

우리는 둘 다 초국가 입양의 역사를 좀 더 깊이 이해하기 위해 각자의 방식으로 움직였다. 나는 신문과 인터넷 자료를 뒤졌다. 너는 한국에서 노르웨이로의 입양을 단독 중개해 온 기관인 세계의아이들에 연락해, 자신의 배경에 대한 더 많은 정보를 찾고 싶다며 도움을 요청했다.

너는 그들이 보내 온 답장을 통해 노르웨이 아동가족부에 보관된 서류 외에도 서울의 홀트아동복지회에 너와 관련된 문서가 존재한다는 사실을 확인하게 되었다.

한국의 홀트아동복지회에는, 노르웨이에서 확인할 수 있는 자료보다 더 많은 정보가 보관되어 있을 수도 있습니다. 이를 확인하려면 저희 '세계의아이들'을 통해 홀트아동복지회에 문의하실 수 있습니다. 추가 정보를 요청하는 절차는 상당한 시간과 비용이 소요될 수 있으며, 이에 따라 350크로네의 수수료가 부과됩니다. 이 금액은 전액 한국의 홀트아동복지회로 이체됩니다. 송금 시 계좌 번호, …… 그리고 '출생 배경 정보' 및 귀하의 K-번호를 함께 기입해 주시기 바랍니다.
한국으로 전달되는 문의 중 실제로 구체저인 결과로 이어지는 경우는 매우 적다는 점을 알려드립니다. 또한 전 세계 입양인들의 문의가 쇄도하고 있어, 이 과정에는 상당한 시간이 걸릴 수 있음을 양해해 주시기 바랍니다.

"이럴 수가!" 네가 외쳤다.
"홀트가 이런 일에도 돈을 받는다고요?"

바람에 흩날리는 씨앗처럼

"결정했어요." 너는 단호한 목소리로 말했다. 마치 내가 내놓을지 모를 어떤 반대 의견을 미리 막아 두려는 듯했다. 그럼에도 나는 네가 석사 과정의 일부로 준비 중이던 사진전 기획안을 읽어 볼 수 있었다.

나는 단지 하나의 번호, 하나의 거래 대상이었습니다. 이 프로젝트를 통해 그 번호 뒤에 한 사람이 존재한다는 것을 보여 주고 싶습니다. 〈미지未知〉라는 제목의 이번 작업에서 나는 초국가 입양을 겪은 사람의 정체성 속에서 유실된 것을 조명하고자 합니다. 입양인의 경험은 매우 다양하고 서로 다르기에, 그 다성多聲 속의 일부라도 드러내 보이고 싶습니다.

그 글을 읽는 동안 내 목은 점점 메어 왔다. 너는 파일 속 정보가 얼마나 부실한지에 대해 지적했다. 부모에 대한 묘사가 적혀 있는 동시에 아이가 '고아'라고 되어 있는 건 왜일까? 살아 있는 부모가 존재하는데 어떻게 고아일 수 있지? 그 파일에 적힌 그 얼마 안 되는 내용조차, 과연 사실이라고 확신할 수 있을까? 너는 그 의문에 답을 찾기 위해 한국에서 입양된 다른 입양인들과 만나 그들의 경험을 조사해 보기로 했다.

너는 전 세계 입양인들이 형성한 인터넷과 소셜미디어를 통한 새로운 공동체를 기록했다. 한때 입양아였던 이들이 이제는 성인이 되어 자신의 과거와 뿌리를 찾기 위해 서로 연대하며 힘을 모으고 있었다.

우리가 그것을 자각하기도 전에 우리는 어느새 한국 디아스포라의 한가운데 서 있었습니다. 자신의 문화와 언어, 그리고 나라로부터 단절된 채, 우리는 미국, 프랑스, 스웨덴, 덴마크, 노르웨이 등 서방세계 곳곳으로 바람에 흩날리는 씨앗처럼 퍼져 나갔습니다. 우리는 하얀 세상 속에서 감사할 줄 아는 잘 적응한 개인으로 자라야 한다는 보이지 않는 압력을 받았습니다. 그러나 마음 깊은 곳에서는 여전히 하나의 질문이 자리하고 있습니다. '왜 우리의 운명은 이미 정해져 있었던가?'

나는 냉혹한 흐름이 이미 시작되었음을 어렴풋이 느꼈다. 그러나 되돌리기에는 너무 늦었다. 너는 이미 네 프로젝트에 착수했고, 나는 너를 돕겠다고 약속한 뒤였다.

어느 날 저녁, 너는 자신보다 나이가 많은 입양인을 찾아보고 있다고 말했다. 혹시 그들 중에 네 친부모를 닮은 사람이 있을지도 모르니까. 너는 다른 한국 입양인들을 탐색하며, 그들 속에서 자신의 반영과 메아리를 찾아보고 싶다고 했다. 나는 네가 우리 부부의 사진을 오랫동안 들여다보던 모습을 기억한다. 어쩌면 너는 다른 이들의 눈에도 보일 만큼 우리를 분명하게 이어 주는 어떤 흔적을 찾고 있었는지도 모른다. 하지만 나는, 네가 결국 아무것도 찾지 못했다는 것을 안다.

"페이스북에 글을 올려보는 건 어때?"

나는 그렇게 제안했다.

"한국에서 입양된 사람들 중에, 네 부모 또래인 마흔 살 안팎의 사람들이 있다면 연락을 달라고 써 보는 거야."

"글쎄…… 잘 모르겠어요." 너는 주저하며 말을 이었다. "좀 이상하게 보이지 않을까요?"

선희 엥겔토프트의 영화, 성인이 된 입양인들의 기고문, 스웨덴에서의 보도들, 그리고 최근에 읽은 네덜란드 보고서까지. 이 모든 것은 내 안에 깊은 흔적을 남겼다. 나는 더 이상 그것들을 들여다볼 용기를 낼 수 있을지 확신이 서지 않았다. 그래서 스스로에게 이렇게 말했다. 이제 그만 이 장章을 덮어야 할 것 같다고. 이 모든 것을 재빨리 지나쳐 버리면, 우리가 믿어 온 진실 아래 또 다른 진실의 그림자처럼 도사리는 그 고통으로부터 우리를 지켜 낼 수 있을지도 모른다고.

내가 한국과 서구 사이의 입양 역사를 읽고 나서 그 이야기를 들려주었을 때, 남편은 이렇게 말했다. "당신에게 그 사안을 파헤칠 용기와 힘이 있다면 그렇게 해 봐."

"엄마는 어때요? 감당할 수 있겠어요?" 너는 그렇게 말하며 눈썹을 살짝 치켜올렸다.

"그냥 받아들이면 되지 않을까." 내가 말했다.

"상처받을지 모르는데도요?"

너는 심각한 표정으로 나를 바라보았다. 마치 내가 마음을 바꿀 마지막 기회를 주려는 듯.

초국가 입양은 결코 우리만의 이야기가 아니다. 고통스러운 의심 속에서 거의 모든 것을 내려놓으려던 순간, 나는 그렇게 생각했다. 이것은 한 사회에 대한 이야기이기도 했다. 우리가 타국에서 사람들을 데려와, 이곳 노르웨이에서 그들을 '우리 사람들'로 만들고자 했던 방식에 대한 이야기였다.

우리는 아이를 간절히 원했다. 그리고 가난한 나라들에는 부모가 필요한 아이들이 있었다. 우리가 한 모든 일은 노르웨이 법에 근거해 절차에 따라 이루어졌다.

우리는 우리 자신을 탐욕스러운 인신매매꾼으로 여기지 않았다. 입양은 모두에게 이익으로 여겨졌다. 서구에서는 많은 백인 가정이 입양을 통해 풍요로운 다문화 가정을 이루었다. 우리는 서로 다른 피부색을 넘어 다양성을 지닌 조화로운 가족이 될 것이라 믿었다. 아이의 피부색은 우리에게 아무런 의미가 없었다. 우리는 그 아이를 어떤 경우에도 '우리 아이처럼' 사랑할 것이라고 믿었다.

'그때는 시대가 달랐다'는 변명은, 그 결과 속에서 살아가는 수많은 초국가 입양인들에게 아무런 위로도 되지 않는다. 이 나라에는 어릴 적 해외에서 입양되어 온 이들이 2만 명이 넘고, 그중 6천 5백 명은 한국 출신이다. 이들의 경험에 무지한 채 어떻게 그들의 이야기를 쓸 수 있을까?

결국 내가 먼저 나섰다. 나는 페이스북에 짧은 글을 올렸다. 책 작업과 관련해 한국에서 온 성인 입양인들과 연락을 희망한다는 내용이었다. 그리고 사진 한 장을 함께 올렸다. 우리 둘이 찍은 첫 번째 사진이었다. 1998년, 가르데르모엔 공항에서 찍은 그날 밤의 사진. 노란색 점프 슈트 위에 잠옷을 입은 너는 내 팔에 안겨 있었고, 우리는 베르겐으로 향하기 직전이었다. 사진 속의 너는 조심스레 미소 짓고 있었다. 나는 그날 내내 나와 주변 사람들 사이를 오가던 너의 시선을 또렷이 기억하고 있었다.

나는 어딘가에 한국에서 입양된 사람으로서의 경험을 더 들려줄 누군가가 있기를 바랐다. 하지만 그 기대는 너무나 조심스러웠다. 너는 내 게시물을 한국 입양인들만을 위한 비공개 페이스북 그룹에 공유했고, 곧 반응이 있었다고 말했다.

"입양모가 우리 이야기를 쓴다고? 쳇!"

"또 한 명의 백인이, '갈색 피부로 사는 게 어떤 건지' 쓰겠다고 나섰네."

내가 직접 그 댓글들을 볼 수 있겠냐고 묻자 너는 단호히 거절했다.

"그룹은 한국 입양인만을 위한 곳이에요."

순간 나는 기분이 상했다. 하지만 곧 스스로를 다잡았다. 이 일을 진지하게 하려면, 그들의 말부터 존중해야 했다. 어쩌면 비판한 이들의 말이 옳았는지도 모른다. 입양인이 아닌 내가 어떻게 감히 입양에 대해 쓸 수 있다고 생각했던 걸까. 입양 이야기라는 것은 사실 너무나 오랫동안 입양 부모의 손에서 연출되어 오지 않았던가.

그들의 비판은 정당했다. 우리는 같은 사회에서 살고 있었지만, 동시에 서로 다른 세계 속에서 살아가고 있었다. 각자의 경험이 우리를 형성했다. 나는 내 경험만으로는 입양된 이들의 삶을 결코 이해할 수 없음을 깨달았다. 그렇기에 그들의 경험을 조금이라도 더 이해할 수 있는 유일한 길은 가능한 한 열린 마음으로 그들의 이야기를 듣는 것뿐이라고 생각했다. 나와는 다른 경험과 시각이 존재함을 인정하려는 의지를 가지고, 때로는 아픔으로 다가오리라는 것을 감수하며 말이다.

회의적인 시선에도 불구하고 이야기를 나누고 싶다는 한국 입양인들의 연락이 쏟아졌다. 그들 중 일부는 여전히 내 입장에 의구심을 가졌지만, 나는 비판 또한 기꺼이 받아들이겠다고 전했다. 그들의 삶에서 비롯된 비판이기에 나의 주관에 따라 해석할 수는 없었다. 하지만 내가 그들의 이야기에 귀를 기울임으로써, 우리는 어쩌면 함께 우리 모두의 역사 속 드리워진 그림자에 작은 빛을 비출 수 있을지도 몰랐다.

그 후 몇 주 동안 수많은 영상 통화와 전화 인터뷰가 이어졌다. 전국 각지에서 모인 서른 개의 목소리, 서른 개의 성장과 정체성의 이야기였다. 1959년에서 2000년 사이에 태어난 이들이 폭넓은 경험의 스펙트럼을 보여 주었지만, 그중 대부분은 1970~1980년대 대규모 입양 물결 속에서 입양된 사람들이었다.

한국에서 건너온 초기 입양인들은 단일 사회였던 노르웨이에서 자신의 자리를 찾아야 했다. 그들은 두 문화 사이를 오가며 길을 모색했고, 그 속에서 자신의 정체성을 스스로 만들어 갔다.

대부분의 사람들은 입양을 인도주의적 선행으로 여겼다. 아이를 간절히 원하던 부부와 노르웨이에서 더 나은 삶을 약속받은 가난한 나라의 아이들이라는 이상적인 조합으로 생각했던 것이다. 그러나 현실은 달랐다. 아이들을 받아들인 가정들은 대체로 충분한 지원이나 준비 과정을 거치지 못했다. 그 결과, 그들이 그 역할을 감당할 수 있을지는 사실상 운에 달린 일이었다. 초기 입양아들 중 많은 이가 세 살이나 네 살이었고, 어떤 아이들은 이미 학교에 다닐 나이였다. 그들에게는 가능한 한 빨리 '노르웨이 아이'가 되라는 기대가 쏟아졌다. 아이들의 배경이나 언어, 식습관, 그리고 개별적인 요구를 이해하려는 노력은 불필요한 일로 여겨졌다.

아이들은 노르웨이행 비행기에 홀로 올랐다. 대부분 일본이나 캐나다를 경유했고, 그들을 돌보던 사람은 입양 기관으로부터 돈을 받고 동행한 항공사 승무원들이었다.

B는 어머니가 세상을 떠난 뒤 고아원에 맡겨졌다. 그리고 다섯 살이 되던 해 마침내 그곳을 떠나게 되었다. 그는 작은 집에서 임종을 앞둔 어머니가 했던 말을 또렷이 기억했다. '고아원에서 착한 아이로 지내야 한단다. 그래야 누군가 너를 데려가 줄 거야.' 그가 회상한 고아원의 생활은 엄격했다. 규율을 어기면 자주 뺨을 맞았다고 했다.

"그래도 거기서는 밥을 먹을 수 있었어요." 그는 잠시 생각에 잠겼다가 말을 이었다. "우리를 돌보던 사람들도, 최선을 다하려고 했던 것 같아요."

그가 있던 고아원은 늘 아이들로 가득 차 있었나. 그곳에서의 삶은 오직 '입양되기'를 향해 있었다. 입양 기관에서 아이들을 데리러 올 때마다, 차례가 된 아이들은 마당의 큰 대야에서 몸을 씻은 뒤 깨끗한 옷을 입고 새 신발을 신었다.

그는 노르웨이로 가는 비행기 안에서도 자신에게 무슨 일이 벌어지고 있는지 거의 이해하지 못했다. 그러나 한 승무원이 건네준 파란색 플라스틱 자동차는 기억하고 있었다. 그는 두려웠지만 이것이 자신이 오래도록 기다려 온 순간임을 알았다. 어머니의 말처럼 이제 그는 입양되어 다정한 새 부모를 만나게 될 것이다.

"마침내 해냈어!" 그는 자신만 알아들을 수 있는 언어로 그렇게 외쳤다. 며칠간의 긴 여정을 마치고, 새 집에 발을 들였을 때였다. 그리고 한국에서 어머니가 했던 말은 사실이 되었다. "저는 사랑받는 좋은 집으로 가게 되었어요." 그는 작은 마을에 사는 부부의 외동아들이 되었다. 그곳에서는 모두가 따뜻하게 그를 맞아 주었고, 그 역시 그들의 기대에 부응하고자 노력했다. 두세 달 만에 노르웨이어를 익힌 소년의 목표는 단 하나, 노르웨이 사람이 되는 것이었다.

그는 성인이 된 뒤 한국어를 다시 배우려 했다. 하지만 이미 오래전에 잊어버린 터라, 한국을 방문했을 때는 그 사실이 더욱 안타깝게 다가왔다. 노르웨이 서부의 한 마을에서 자란 그는 어린 시절, 팔의 피부를 문질러 색을 지워 보려 하기도 했지만 성인이 된 후에는 자신에 대한 확신과 평온을 되찾았다. 이제 한국에서 비롯된 자신의 뿌리와 연대감은 그에게도, 그의 가족에게도 하나의 풍요로움이 되었다.

그러나 내가 만난 사람들 가운데 많은 이가 깊은 두려움을 토로했다. 그들은 자신이 안전하다고 느꼈던 곳을 떠나야 했다. 그곳이 고아원이든 위탁 가정이든. 그곳에는 익숙한 관계와 언어, 냄새, 그리고 자신들의 일상이 있었다. 그러던 어느 날, 그들은 포르네부 공항에 도착해 낯선 어른들의 품에 안겼다. 노르웨이 옷으로 갈아입기 위해 입고 있던 옷을 벗어야 했고, 곧 하우게순이나 트론헤임, 트롬쇠 같은 낯선 도시로 향하는 자동차 뒷좌석에 앉아야 했다.

E는 그때의 일을 이렇게 회상했다. 그녀는 화장실에 가고 싶었지만 태어나서 서양식 변기를 처음 보았다. 아무도 그녀에게 그것을 어떻게 사용하는지 알려 주지 않았다. 그래서 네 살이던 그녀는 몇 주 동안 정원에 있는 나무 밑을 찾아가 볼일을 봤다. 가끔은 너무 오래 참다가 옷에 싸 버리기도 했다. 그녀는 아직도 그때의 굴욕감, 그리고 부모에게 더럽다는 꾸지람을 들었을 때 느꼈던 그 참담함을 생생히 기억하고 있었다.

나는 그들 모두가 겪은 일상적 인종 차별에 대해서도 들었다. 이 현상을 받아들이는 정도는 사람마다 달랐지만, 그 경험만큼은 예외 없이 공통되었다. 그들은 유치원이나 학교에서 '칭총', '더러운 흑인', '껌둥이', 혹은 '브루노스트'* 같은 말로 놀림받았다. 어떤 이들은 술집이나 직장의 크리스마스 파티에서 남자들에게 성추행을 당하기도 했다. '너희는 가볍잖아'라는 식의 말과 함께였다. "사실 제일 괴로웠던 건, 그럴 때 주변 사람들이 아무 말도 하지 않았다는 거예요." A가 떨리는 목소리로 말했다.

어떤 이들은 가장 가까운 가족 안에서도 인종 차별을 경험했다.

---

* Brunost. 노르웨이의 전통적인 갈색 유청 치즈. 한국에서는 브라운 치즈로 알려져 있다—옮긴이

"아버지는 신문을 읽을 때마다 이민자들 이야기를 하며 불평을 했어요. '저 사람들은 얼른 노르웨이 사람답게 살아야 해'라고 말하면서도, 그 말이 곧 나를 닮은 사람들을 향했다는 사실은 전혀 깨닫지 못했죠."

많은 이가 비슷한 경험을 털어놓았다. 그럴 때면 친구나 가족들은 이렇게 말하곤 했다. '아니, 너를 두고 하는 말이 아니야. 넌 그런 부류가 아니잖아' 하고. "그들은 그 말이 우리에게도 똑같이 상처가 된다는 걸 몰라요. 우리는 늘 경계에서 살았어요."

미세 공격, 외국인 혐오, 소외감, 그리고 인종 차별은 노르웨이가 다문화 사회로 변해 가도 사라지지 않았다. 1980~1990년대를 지나며 다양한 민족과 인종이 노르웨이에 점점 더 많이 정착하게 되자, 오히려 상황은 더욱 복잡해졌다. 비서구권 출신 외국인을 더 자주 마주하게 되었음에도 불구하고 편견은 여전히 사회 속에서도, 그리고 가장 가까운 관계들 속에서도 사라지지 않았다. 내가 만난 사람들 가운데 일부는 이런 현실을 분명히 인식하고 있었지만, 다른 이들은 그것을 언급하면서도 동시에 대수롭지 않게 여기곤 했다. 그 말은 입양인들이 이러한 시선과 태도 속에서 보이지 않는 노력을 기울이며 살아왔다는 뜻이다. 그들은 자신이 노르웨이어를 유창하게 구사한다는 것을 주변 사람들이 알아듣도록 일부러 큰 소리로 말하거나, 인종 차별을 겪어도 부모에게는 털어놓지 않았다. 어차피 부모도 해 줄 수 있는 것이 없다는 사실을 알았기 때문이다. 입양인들은 부모에게 괜한 불안감을 주고 싶지 않았다.

K는 열여덟 살이 되기만을 기다리며 어릴 적부터 돈을 모았다. 그때가 되면 마침내 쌍꺼풀 수술을 받을 수 있었기 때문이다. 그러면 더 서양인처럼 보일 거라고 생각했다. 그때까지 그녀는 파란색 렌즈를 끼고, 인근 마을의 청소년 파티에 갈 때면 금발 가발을 쓰곤 했다.

M 역시 자신의 검은 머리카락 때문에 괴로워했다. 그녀가 어머니에게 사람들의 시선이 싫다고 털어놓았을 때, 어머니는 '아냐, 네 머리는 그렇게까지 검지 않아'라고 말했다. "어머니는 아마 나를 위로해 주고 싶었겠죠. 하지만 그건 완전히 엇나간 말이었어요." M이 원했던 대답은 자신이 '거의 노르웨이 사람처럼 보인다'는 반응이 아니었다. "내가 듣고 싶었던 말은, 내 외모 그대로 괜찮다고, 그게 곧 나 자신이라고, 그러니 아무 문제도 없다는 말이었어요."

H는 10대 시절, 자신을 뒤쫓아 다니던 신新나치 무리들에게 쫓기며 소프트건 총격을 받았던 일을 이야기했다. 한동안 그는 학교에 갈 때마다 경찰의 호위를 받아야 했고, 동네를 자유롭게 다닐 수도 없었다. "그래요, 좀 무섭긴 했죠." 그가 당시를 떠올리며 말을 이었다. "하지만 엄마는 정말 진심으로 겁에 질려 있었어요. 그런 엄마를 보는 게 오히려 더 힘들었어요. 아마 그때는 이런 일이 얼마나 심각한지 모두들 깨닫지 못했던 것 같아요."

또 하나 반복적으로 등장한 주제는, 입양인들이 이곳에 올 수 있었던 일에 대해 얼마나 감사해야 하는지 끊임없이 상기시키는 말들이었다. 가족들로부터도 자주 들을 수 있었다. '우리가 너를 위해 얼마나 많은 걸 해 주었는지 생각해 봐'라는 말은 너무나 흔했다. '이렇게 좋은 나라에 올 수 있었으니 너는 운이 좋다'는 말도 빠지지 않았다. 그리고 '말을 안 들으면 다시 돌려보내겠다'는 위협을 들었던 사람도 한둘이 아니었다.

어떤 이들은 바로 그 은근한 위협이 두려워, 스스로 행동을 조심하게 되었다. L은 이렇게 말했다. "학교에서 힘든 일이 있어도 말할 수가 없었어요. 그래서 나는 뭐든 잘하려고 노력했어요. 부모님이 늘 나를 자랑스럽게 여기도록, 혹시라도 나를 다시 돌려보낼 생각을 하지 않도록 말이죠."

내가 들은 이야기들 중에는, 안타깝게도 돌봄의 부재나 학대를 겪은 사례들도 있었다.

E는 아주 어린 시절부터 시작된 성적 학대에 대해 이야기했다. 처음에는 양오빠들이었고, 그다음은 양아버지였다. 양어머니도 무슨 일이 일어나는지 알고 있었을 것이다. 하지만 그 모든 일에 등을 돌렸다. 열 살 무렵이 되자, 어머니는 행실이 문란하다며 그녀를 책망했다. "마치 내가 그런 일을 당할 만한 사람이라고, 그걸 스스로 자초한 사람이라고 여기는 것 같았어요." 문제는 성적 학대에서 그치지 않았다. 폭력을 비롯한 정신적 학대 역시 이어졌다. "늘 두려움 속에서 살았어요."

많은 입양인이 가족 내 갈등에 관한 이야기를 들려주었다. 그들은 종종 오해받았다고 느꼈다. 무시당하거나 반항아로 비추어지기도 했다. 그런 상황은 부모가 이해하지 못하는 행동으로 이어지곤 했다. 아마 부모들은 지구 반대편에서 아이를 데려오는 일이 실제로 어떤 의미인지 미처 헤아리지 못했을 것이다. 그들은 사랑만으로 모든 어려움을 극복할 수 있다고 믿었다. 하지만 모든 사람이 그런 종류의 사랑을 실천할 수 있는 것은 아니다. 그 사랑은 아이가 지닌 과거의 경험을 받아들이고, 입양이라는 일이 아이에게 얼마나 복잡한 의미를 지니는지를 이해하려는 능력과 의지를 필요로 한다. "부모님은 최선을 다하셨어요." 많은 입양인이 그렇게 말했다. 그것은 일종의 변명이자, 이해의 표현이었다.

"그분들은 잘 몰랐던 거예요. 하지만 애초에 그런 분들에게 입양을 허락하면 안 된다고 생각해요."

나는 그들의 이야기를 들으며 가족 내부의 소외감이 어떻게 돌봄의 결여로 이어졌는지를 생각하게 되었다. 부모나 가족 구성원이 아이에게 선을 넘는 행동을 하게 된 것은 가족으로서의 유대와 소속감이 충분히 형성되지 못한 탓이었을까? 그리고 거기에 더해진 아이의 '원치 않는 행동'이 그런 행위를 정당화하거나 적어도 더 쉽게 정당화하도록 만들었던 것일까?

나에게 연락을 해 온 이들 중에는, 내가 입양에 대해 부정적인 이야기만 쓸까 봐 걱정하는 사람들도 있었다. 그들은 자신의 행복한 성장 과정, 돈독한 가족 관계, 그리고 소속감을 이야기하고 싶어 했다. 그리고 자신은 노르웨이 사람이며 그걸로 충분하다고 분명히 말했다. 그들에게 내가 읽은 비판과 스웨덴에서 드러난 일들을 이야기해 주며 그것에 대해 어떻게 생각하느냐고 묻자, 한 사람은 이렇게 말했다.

"물론 그런 일들은 옳지 않아요. 철저히 조사해야겠죠."

그러자 다른 사람이 덧붙였다.

"하지만 사람들의 이야기를 그렇게 다 헤집어야 하나요? 그냥 덮어 두는 게 낫지 않을까요?"

그럼에도 내가 만난 대부분의 사람들은, 특히 한국으로부터의 입양이 오늘날까지 계속되고 있는 현실을 비판적으로 바라보며 이렇게 말했다.

"이제는 이 역사의 한 장을 마무리할 때가 된 것 같아요."

많은 이가 이 문제는 자신들만의 이야기가 아니라는 점을 강조했다. 그들 중 대다수가 이미 부모가 되었고, 어떤 이들은 손주도 있었다. 그들의 아이들 역시 초국가적 입양이 남긴 결과와 함께 살아가야 한다. 그들이 한국에서 입양된 이유를 설명할 때 언제나 두 가지 이야기가 되풀이된다는 점이 특히 인상적이었다. 하나는 '길에서 발견되었다'는 이야기였고, 다른 하나는 '아이를 돌볼 수 없었던 어린 미혼모에게서 태어났다'는 이야기였다.

그 두 이야기를 관통하는 공통 배경은 가난과 수치심이었다.

적지 않은 이들은 자신이 길에서 발견된 지 불과 몇 주 만에 노르웨이로 보내졌다는 사실에 의문을 품었다. "그렇다면 경찰은요? 왜 실종 사건에 대한 조사는 없었을까요?" 서류 어디에도 그런 내용은 없었다. "어쩌면 그저 부모님과 잠깐 떨어졌던 걸지도 몰라요. 아이들이 가끔 그러잖아요, 이를테면 사람이 붐비는 시장 같은 곳에서요. 부모님이 나를 애타게 찾는 사이 이곳으로 보내졌던 건 아닐까요?" A는 이렇게 말했다.

한국을 다시 찾은 입양인들 가운데 상당수는 홀트아동복지회를 찾아가 서류 열람을 요청했다. 그들은 곧 충격적인 사실을 발견했다. 홀트에 남은 기록과 입양 부모가 받았던 서류의 내용이 서로 일치하지 않았던 것이다. 이름이 다르거나, 성별이 바뀌어 있거나, 신체 특징이나 나이에 관한 정보가 잘못 기재된 경우도 있었다. 1980년대의 그 분주한 시기에 한국에서 보내진 6만 명 중 한 사람은 이렇게 말했다. "그땐 완전히 공장처럼 돌아갔던 것 같아요. 서류가 마치 대량 생산되듯 만들어졌어요. 그러니 잘못이 생기는 게 당연하지 않겠어요?" 이런 경우는 또 다른 상처로 이어졌다. 특히 유전 질환이 있는 사람의 경우, 그 정보가 서류에 누락되어 치료가 어려워지거나 그 질환이 다음 세대로 이어지는 일도 있었다.

입양인들은 '하얀 슬픔'에 대해 이야기했다. 그것은 일어날 수도 있었지만 끝내 일어나지 않은 일을 향한 슬픔이었다.[3] 무언가를 잃었다는 사실은 분명했다. 그러나 정작 그것이 무엇인지는 알지 못하는 경우도 많았다. 생물학적 가족과 다시 연락이 닿은 이들 중에는 이 슬픔을 더욱 깊이 느낀 사람들도 있었다. 그들은 몸은 여기 있지만 마음은 거기에 있어야 한다고 느꼈다. 그 복잡한 감정의 틈새, 혹은 아무도 온전히 이해해 주지 않는 외로움은 너무나 깊고 고독했다. 그들의 슬픔은 인정받지 못한 채 남아 있었다. 그래서 다루기 더 까다로웠고 더 오래 지속되었다.

너에게도 그랬을까? 네가 '괜찮아요, 엄마'라고 말했던 것은 내가 이해하지 못하리라 생각했기 때문이었을까? 혹시 내가 너를 외면할까 봐 두려웠던 걸까? 나는 네가 방으로 들어가 문을 닫은 이유가 늘 셀마 때문이라고 생각했다. 셀마가 너무 많은 관심과 에너지를 요구했기에, 우리 모두가 서로에게 버거워졌다고 믿었다. 하지만 어쩌면 그것은 우리가 정말로 이야기해야 했던 주제를 가려 버린 핑계였을지도 모른다. 다른 입양인들과 대화를 나누는 동안 이 생각들이 불쑥 떠올랐다. 나는 프로젝트에 몰두하는 네 모습을 보고, 그냥 조용히 두었다.

그럼에도 내가 깨달은 사실은 대부분의 사람들에게 있어 입양은 심오한 존재론적 질문이라는 점이었다. 자신의 존재를 향한 외로운 탐색이 늘 같은 강도로 지속되는 것은 아니다. "만약 그랬더라면 나는 버텨 내지 못했을 거예요. 나는 엄마로 살아야 하고, 매일의 일상을 꾸려 가야 하고, 해야 할 일도 많으니까요."

M이 말했다. 이런 감정은 가족에게 어떤 일이 생길 때, 이를테면 입양인이 부모가 되었을 때나 누군가 세상을 떠났을 때 혹은 관계가 무너졌을 때마다 다시 파도처럼 밀려왔다. 하지만 그것이 반드시 인생을 뒤흔드는 큰 사건일 필요는 없었다. 여러 사람들이 단순한 가족 모임에서도 소속감과 정체성의 문제를 새삼 느꼈다고 말했다. "그런 모임에서는 모두가 서로 닮은 점을 찾으려 해요. 그런데 나를 보면 오히려 혼란스러워하죠. '얘는 우리 집안의 가계도 어디쯤에 두어야 하지?'라고 말하는 듯한 표정을 짓거든요."

그들과 대화를 나눈 후, 나는 너무나 은밀하고 개인적인 생각을 함께 나눈 듯한 느낌에 사로잡혔다. 많은 사람이 자신의 입양 경험을 주제로 누군가와 처음 진솔한 이야기를 나누었다고 했다. 그들 중 상당수는 나와 비슷한 또래의, 이미 충분히 성숙한 어른들이었다. 그럼에도 나는 그들과의 대화에서 묘하게 부모의 책임감 같은 것을 느꼈다. 그들이 이 주제에 대해 자신의 부모와는 거의, 혹은 전혀 이야기를 나눈 적이 없다고 말했기 때문이다.

내가 그동안 알게 된 사실들을 너에게 이야기했을 때, 너는 조용히 고개를 끄덕였다. 그 끄덕임에는 여전히 답을 얻지 못한 질문들이 담겨 있었다. 너의 뿌리에 대한 의문, 그리고 왜 한국이 너희를 선택하지 않았는가 하는 오래된 물음이었다.

"어떻게 그런 일이 반복적으로 지속될 수 있었을까요?"

네가 물었다. 너는 국제 입양 제도 전반을 다시 조사해야 한다고 주장한 사람들의 의견에 동의했다.

"이제는 세상 밖으로 드러내야 해요! 그리고 정말로 정부의 말처럼 모든 절차가 국제 규정에 따라 올바르게 이루어졌다면, 그걸 공개하지 못할 이유도 없잖아요."

나는 어쩌면 네 말이 옳았을지도 모른다고 생각했다. 만약 노르웨이가 정말로 이런 비인간적 제도를 유지하는 데 일조했다면? 그 사실은 입양 부모인 우리뿐 아니라 사회 전체에 차가운 빛을 드리우게 될 것이다. 그리고 우리는 이미 저질러진 불의 앞에서 눈을 감고 모른 척했던 책임을 함께 져야 한다.

나의 피붙이가 아니다

〈스타방거 아프텐블라드〉는 국제 입양을 주제로 한 기사 시리즈에서 '연구자들은 자신의 뿌리를 찾는 입양인이 이기적이라고 주장한다'라고 보도했다. 사회인류학자 싱네 호벨Signe Howell은, 혈연은 생물학적인 요소가 아니라 사람들과의 관계에서 만들어지기 때문에 입양인이 자신의 생물학적 뿌리를 찾으려는 데에는 큰 의미가 없다고 주장했다. 그녀는 입양인들에게 삶에서 느끼는 소속감의 결여나 어려움을 입양 탓으로 돌리지 말라고 경고했다.[4]

나는 이 주장이 상당히 문제적이라고 생각했다. 그렇게 생각한 사람이 나 혼자만은 아니었다. 여러 학문적 배경을 지닌 연구자들 또한 호벨의 주장을 반박했다. 우리의 생물학적 기원은 존재의 일부이자 결코 분리될 수 없는 근본적인 요소라는 논거로 말이다.

우리는 본능적으로 자신을 돌보는 이와 유대감을 형성하도록 생물학적 차원에서 프로그램되어 있으며, 이러한 과정이 바로 안정적인 애착 형성의 토대가 된다. 이 애착은 단순한 사회적 상호 작용의 결과가 아니라 우리의 유전자 속에 깊이 뿌리내린 것이다. 생물학적 요인은 신체 발달뿐 아니라 우리의 성격 형성과 성장에도 큰 영향을 미친다.

일부 학자들은 후성 유전학의 관점에서, 우리의 발달과 정체성 인식에 영향을 미치는 요소는 단지 개인의 경험에 국한되지 않고 우리가 이어받은 세대의 경험 또한 포함된다고 말한다.

이러한 이론들은 생물학과 경험이 긴밀히 얽혀 있으며 따라서 유전과 환경을 구분할 수 없음을 시사한다. 바로 이런 점이 왜 많은 입양인이 자신을 이해하고 소속감을 찾기 위해 생물학적 부모를 찾으려 하는지를 일부라도 설명해 줄지 모른다. 많은 경우 이러한 탐색의 욕구는 사회적으로 구성된 가족 관계보다 더 강한 힘을 지닌다.[5]

내 할아버지는 100세가 넘도록 장수하셨고, 그가 남긴 수많은 사진은 가족의 자랑이자 기쁨이었다.

그 사진들은 가족 모임에서 가족들을 하나로 묶는 물꼬를 터 주었다. 그것은 많은 해외 입양인에게도 중요한 주제였다. 그 자리에는 나와 내 여동생, 그리고 너의 아버지와 삼촌, 네 형제자매들과 사촌들이 있었다. 너의 외할머니는 디지털 시대 이전 삶의 소중한 순간들을 담은 귀중한 사진들을 가지고 오셨다. 그 안에는 네 증조부가 어린 시절과 청년 시절을 보냈던 두 차례 세계대전 사이의 모습은 물론, 결혼식과 세례식, 그리고 성인식의 사진도 있었다. 이제는 모두 노인이 된 대고모들은 땋은 머리에 환한 미소를 띤 귀여운 소녀로, 삼촌들은 생애 첫 양복을 차려입은 모습으로, 그리고 진지한 표정의 소년들은 성인식 복장을 한 채 서 있었다.

이 오래된 가족사진들은 단순히 과거의 한 시절을 재현한 기록물만이 아니라, 세대를 이어 주는 이야기들의 매개이자 촉매였다. 우리가 상상으로만 그릴 수 있었던 시대를 향해 난 하나의 창이었다. 그 사진들이 아니었다면 그 시절은 우리도, 그리고 다음 세대도 결코 닿을 수 없는 세계였을 것이다. 성단 모임에서 멋을 내고 있거나, 기관사 제복을 입었거나, 혹은 첫딸인 외할머니를 품에 안은 젊은 시절의 증조부는 다른 유행과 풍속, 사회 규범이 지배하던 시대로 우리를 데려갔다. 문득 궁금해졌다. 그의 삶은 어떤 모습이었을까? 그는 어떻게 증조모를 만나게 되었을까? 그들의 꿈과 희망은 무엇이었을까? 외할머니는 아버지를 닮았을까, 어머니를 닮았을까?

우리는 사진들을 꼼꼼히 들여다보았다. 손주와 증손주 들은 옛 세대가 그들과 같은 나이였을 때의 모습과 자신의 얼굴을 나란히 놓고 비교했다. 그러다 우리는 닮은 점들을 하나둘 발견하기 시작했고 모두가 갑자기 한목소리로 말했다. "저 사촌은 어릴 적 올레 삼촌이랑 똑같아요!" "입 모양까지 똑같잖아!" 우리는 웃음을 터뜨렸다. "이것 봐요, 빌마는 어릴 적 외할머니를 그대로 빼닮았어요."

사진들 중에는 내 어린 시절 모습도 있었다. 네 누나와 내가 닮았다는 사실이 다시 한번 확인되었고, 사촌 클라라는 젊은 시절의 나와 꼭 닮아 있었다.

우리가 돌려 보았던 사진들은 세대와 세대를 잇는 다리였다. 그리고 우리가 같은 뿌리에서 비롯되었다는 사실을 일깨워 주었다. 사진 속 그들과 우리를 거듭 비교할수록 유전이라는 유산은 한층 구체적이고 생생하게 다가왔다. 과거와 현재를 잇는 유대 또한 더욱 단단해졌다.

이 사진들에 얽힌 일화들은 가족 모임이나 식사 자리에서 수도 없이 되풀이되어 왔다. 우리는 서로의 얼굴을 유심히 살피며, 자신이 이 가족의 일부임을 확인시켜 줄 어떤 시각적 증거를 찾아 헤맸다. 부모와 친척들은 아이들의 기억을 불러내도록 도와주었다.

나는 신생아 시절의 내 모습이 찍힌 네 장의 사진에 깊이 매달렸다. 그 사진들은 끝없이 '나는 누구이며, 나는 어떤 이야기와 혈통의 일부인가' 하는 질문을 낳았다. 어머니는 우리 집안의 내력을 길게 들려주곤 했고, 그 이야기 속에서 나는 자연스럽게 내

자리를 찾을 수 있었다.

하지만 너를 위해 내가 해 줄 수 있는 것은 거의 없었다. 네 과거와 기원에 대해 아는 바가 너무도 한정적이었기 때문에.

너 역시 그 자리에 앉아 있었지만 아무 말도 하지 않았다. 몸을 웅크린 채 의자에 앉은 네 얼굴에는 체념한 듯한 공허한 빛이 어려 있었다. 너는 기계적으로 사진을 하나씩 받아 들었다. 그리고 그 어떤 눈길도 주지 않은 채, 곧바로 다음 사람에게 넘겼다. 그 옆에서는 누군가가 열심히 닮은 점과 그 증거를 찾아내려 하고 있었다.

너는 한 번도 네 얼굴이나 성격이 주변 사람들과 닮았는지 아닌지 비교되는 일을 겪은 적이 없었다. 심지어 지금 이렇게, 우리의 공통된 괴기 속에서 닮음을 찾는 이 가족 안에서도 마찬가지였다.[6]

나는 너에게 도와달라고 말하며 부엌으로 불러냈다. 그러자 너는 머뭇거리며 따라 들어왔다.

"요즘 어때? 속상한 일 있어?" 내가 물었다.

"난 아무도 안 닮았잖아요. 가끔은 그게 너무 자주 떠올라요." 네가 한숨 섞인 목소리로 말했다.

"하지만 너도 우리 가족이라는 거 알고 있지?"

너는 잠시 말을 아꼈다. 그리고 나를 바라보았다. 내 하얀 피부, 푸른 눈, 퉁퉁한 몸을 유심히 살피는 듯했다. 너와는 아무런 공통점이 없는 그 모든 것을. 너는 나보다 키가 조금 작았고, 매우 마르고, 광대뼈가 높았으며, 머리카락은 짧고 곧게 뻗었다.

너는 갈색 눈동자를 내 푸른 눈에 고정한 채, 조용히 말했다.

"그래요, 다들 분명 제 가족이죠. 그렇긴 하지만 전 이 혈통에 속한 사람은 아니에요."

희미한 메아리

스웨덴 일간지 〈다겐스 뉘헤테르〉의 폭로 이후, 스웨덴 당국은 2021년 가을 국제 입양 제도에 대해 독립적인 조사를 실시하기로 결정했다. 사회복지부 장관에 따르면, 이번 조사는 1950년대부터 지금까지 스웨덴으로 입양된 국제 입양 전반을 대상으로 하며, 특히 가장 많은 아동이 입양된 주요 국가들을 중심으로 이루어질 예정이었다.[7]

노르웨이 안에서도 움직임이 시작되었다.

네덜란드 보고서는 입양을 간절히 원한 나머지 선을 넘어서는 행위까지 감행한 입양 부모들이 존재했다고 지적했다. 그리고 그런 일은 노르웨이에서도 예외가 아니었다는 사실이 드러났다. 이번에도 〈스타방거 아프텐블라드〉가 새로운 연재 기사로 입양의 과거사를 다시 파헤쳤다.

1978년 봄, 노르웨이의 여러 부부들이 포르네부 공항의 출국 터미널에 모여 있었다. 전국 각지에서 온 그들은 곧 서울로 향하는 비행기에 오를 예정이었다. 대한민국에서는 홀트아동복지회를 통해 입양될 스무 명의 아이들이 그들을 기다리고 있었다. 그 아이들 가운데에는 13세 소녀 김정아도 있었다. 그녀는 서울에서 한 시간가량 떨어진 안양 보육원에서 지내고 있었다.

노르웨이 부부들 가운데 단 한 쌍을 제외하고는 모두 서류가 완비되어 있었다. 예외는 로갈란 출신의 중년 부부였다. 그들은 입양 허가를 받지 못한 상태였다. 그럼에도 불구하고 노르웨이 입양협회는 이들이 여행에 동참하는 것을 허락해 주었다. 여행의 목적은 분명했다. 스무 명의 아이들을 노르웨이로 데려오는 일이었다. 그 부부는 한국에 도착한 뒤에야 협회의 도움을 받아 김정아의 비자를 발급받는 데 성공했다. 노르웨이 영사는 그녀에게 3개월간의 임시 체류 허가를 내 주었고, 협회 측은 아이가 노르웨이에 무사히 도착하기만 하면 허가 연장은 아무런 문제가 없을 것이라고 부부를 안심시켰다.

일주일 후, 노르웨이 부부들은 귀국길에 올랐다. 점보 여객기 안에는 곧 '잉에르-토네Inger-Tone'라는 이름으로 불리게 될 소녀가 함께 타고 있었다. 다른 열아홉 명의 아이들은 모두 아직 어린 아기들이었고, 대부분 여행 내내 잠들어 있었다. 부모들은 아이들을 품에 안고 조심스레 토닥여 주었다. 아이가 잘 자도록 수면제를 조금 먹이는 일은 당시 그리 드문 일이 아니었다. 항공 승무원들이 그렇게 조언하곤 했다.

그러나 잉에르-토네는 자신을 노르웨이로 데려온 그 부부가 이미 법무부로부터 두 차례나 입양 신청 거절 통보를 받았다는 사실을 전혀 알지 못했다.

로갈란의 그 작은 마을에서는, 50세를 넘긴 부부의 집에 갑자기 한국인 소녀가 나타난 일을 두고 수많은 사람들이 의아해했다. 입양 거절 사실을 알고 있던 사회 복지 과장, 사회 복지사, 그리고 아동복지위원회도 모두 그 소녀의 도착에 놀라움을 감추지 못했다.

나중에 밝혀진 바로는, 그 부부는 입양이 최종 거절된 이후에도 입양협회와의 연락을 계속 유지하고 있었다. 그들은 협회의 사무총장인 잉에르 요한네 스트뢰메 핀치Inger Johanne Strømme Finch 부인과도 좋은 관계를 이어 갔는데, 그녀는 입양 알신 업무를 누구보다 열정적이고 신속하게 추진하던 핵심 인물이었다.

핀치 부인은 입양 거절 통보서만 제외하고 모든 노르웨이 서류를 번역해 서울로 보냈다. 그녀는 그곳에 있는 10대 소녀가 이미 입양 가능한 상태임을 알고 있었다. 그 소녀는 지난 1년 동안의 모든 건강 검진을 통과했기 때문이다.

그 소녀의 체중과 신장은 이미 측정되어 있었고, 서울의 홀트아동복지회 본부는 그녀를 춤추기와 뜨개질을 좋아하는 활달한 소녀로 묘사했다. 기록에는 그녀가 위아래로 각각 열네 개의 치아를 가지고 있으며, 음식에는 까다롭지 않다고 적혀 있었다.

또한 서류 말미에는 이렇게 덧붙여져 있었다.

"즉시 입양된다면, 가족의 지속적인 사랑과 돌봄 속에서 앞으로 크게 성장하고 발전할 가능성이 높습니다."

이 한국 소녀의 존재를 알게 된 로갈란 지방 아동복지위원회 책임자는 즉시 노르웨이 사회부에 연락했다. 그는 아동이 공식 승인 절차를 거치지 않은 채 입국한 사실을 매우 심각한 사안으로 받아들였다. 이에 사회부는 해당 사건을 국제입양위원회로 이관하고, 철저한 조사를 요청했다.

한국 입양협회는 자신들의 역할에 대한 해명을 요청받자, 모든 책임을 부인하며 사건에 관여한 적이 없다고 주장했다. 그 후 여러 지방 및 중앙 행정 기관 사이에서 긴 서신 교환이 이어졌으나, 그 어떤 문서에서도 정작 그 10대 소녀 본인이 의견을 밝힐 기회가 주어졌다는 기록은 찾아볼 수 없었다.

핀치 부인은 여전히 그 부부와 연락을 이어 가고 있었다. 그녀는 진행 중이던 사건에는 거의 관심을 두지 않은 채, 부모에게 편지를 보냈다.

사랑하는 가족께

전화 통화에 감사드립니다. 정아가 잘 지내고 있다니 정말 기쁩니다. 오늘 한국으로부터 회신을 받았기에, 그 사본을 동봉합니다.

이것으로 외국인 담당 경찰서의 요구를 충족할 수 있기를 바랍니다.

진심을 담아,

I.J.핀치 드림

편지에는 서울의 홀트아동복지회 본부가 작성한 영문 서한도 동봉되어 있었다. 수신인은 '관계자 귀하'로 되어 있었으며, 김정아의 입양이 정식으로 승인될 때까지 체류 허가를 갱신해 달라는 내용이었다.

그 후 잉에르-토네의 체류 허가는 여러 차례 연장되었다.

1981년 당시, 그 한국인 소녀는 노르웨이에서 이미 3년을 보냈지만 여전히 공식적으로 입양된 상태는 아니었다. 그녀의 일상은 혼란과 외로움으로 가득 차 있었다. 선생님들의 말은 여전히 이해하기 어려웠고, 수업 시간에는 자주 졸음이 쏟아졌다. 그녀가 학교에서 인정받은 점은 오직 성실한 태도와 규율 준수뿐이었다. 집에서는 숙제를 도와주는 사람도 없었고 오로지 집안일을 해야 한다는 끊임없는 요구만이 이어졌다. 양부모의 엄격한 통제는 그녀의 사회적 삶 전체를 옥죄는 쇠사슬 같았다.

잉에르-토네는 근친상간이 무엇인지조차 알지 못했다. 밤이면 양아버지가 그녀의 방으로 찾아왔다. 샤워할 때도 도와주겠다며 끈질기게 들이닥쳤다. 그러나 그녀에게는 그 일을 표현할 언어가 부재했다.

그녀는 자신을 지키기 위한 경계를 세울 수 없었다. 양부모는 그녀에게 말을 듣지 않으면 한국으로 돌려보내겠다고 거듭 위협했다.

중학교를 마친 잉에르-토네는 어느 폴케회이스콜레*에 진학해 국제 과정을 택했다. 그녀는 그곳에서 비로소 다양한 언어와 문화적 배경을 지닌 학생들과 함께 지내며 마음의 평화를 찾을 수 있었다. 그녀가 노르웨이에 도착한 지 6년이 지난 뒤, 주州 행정관은 지방 사회 복지 담당자의 보고서를 근거로 입양을 승인해야 한다고 결론 내렸다.

"아동의 최선의 이익을 보장하기 위해, 비록 여섯 해 전 그녀가 불법적으로 입국했더라도, 현재의 위탁 부모가 그녀를 입양하는 것이 바람직하다고 판단한다."

그러나 잉에르-토네는 여전히 자신이 노르웨이에 불법적으로 입국했다는 사실을 알지 못했다.

1992년, 그녀는 노르웨이에서 요리사로 일하던 한국인 남성과 결혼해 두 아이를 두었다. 그러다 1997년 봄, 잉에르-토네는 양부모가 자신을 한국에서 불법적으로 데려왔다는 사실을 처음 알게 되었다. 몇 주 뒤, 그녀는 양아버지를 근친상간 혐의로 고소했다. 그녀는 그동안 겪은 강간 시도와 신체 접촉, 구강성교 등을 털어놓았다. 오랜 세월 그녀를 진료해 온 주치의는 학대의 징후를 확인하며 그 진술을 뒷받침했다. 심리학자 역시 잉에르-토네의 진술이 신빙성 있다고 판단했다.

그럼에도 불구하고, 사건은 결국 불기소 처분되었다.

양아버지는 1997년에 사망했다. 그 이듬해, 잉에르-토네는 지방 자치 단체로부터 10만 크로네의 배상금을 지급받았다.[8]

그녀에 관한 글을 읽고 난 뒤, 수많은 의문이 파도처럼 내게 밀려왔다. 어떻게 이런 일이 일어날 수 있었을까? 그리고 왜 이 사건은 더 큰 주목을 받지 못했을까? NRK, TV2은, 다그스레뷔엔*이나 데바텐** 같은 시사 프로그램들은 왜 이 스캔들을 다루지 않았던 걸까?

잉에르-토네가 노르웨이에 입국했을 당시에는 아무런 경고도 울리지 않았다. 이제 들려오는 것은 오래된 사건의 희미한 메아리뿐이다.

---

*　일일 뉴스 프로그램―옮긴이

　**　토론 프로그램―옮긴이

의도된 선택

노르웨이, 스웨덴, 덴마크는 국제 입양의 규모 면에서 세계 최상위권에 속했다. 그럼에도 불구하고, 국제 입양사 연구는 대부분 북미에서 시작되었다. 북미에서는 국제 입양을 종종 국내 입양이나 인종 간 입양과 같은 더 넓은 맥락 속에 두거나, 미국의 이민 정책과 관련지어 다루는 경우가 많았다.

스칸디나비아 지역에서는 최근 몇 년간 스웨덴 연구자 토비아스 휘비네테Tobias Hübinette가 이 분야를 선도해 왔다. 그는 1970년대에 한국에서 입양되어 스웨덴으로 온 인물로, 사회 과학·비판 이론·문화 연구 등 여러 학문 분야를 아우르는 폭넓은 학문적 배경을 지녔다. 휘비네테는 국제 입양, 인종주의, 그리고 스웨덴 내 소수자들의 처지를 주요 연구 주제로 삼아 왔다.

한국에서는 국제적으로 접근 가능한 연구가 거의 없었다. 그러나 팬데믹 시기, 내가 재택근무를 하던 동안 KAARN(한국 입양인·입양 연구 네트워크)이 주최한 온라인 세미나 몇 곳에 참여할 기회가 있었다.[9] 그때 나는 그곳에서 점점 성장하는 새로운 연구 공동체를 알게 되었다.

헬렌 노Helen Noh 교수는 연구 결과를 발표한 이들 중 한 사람이었다. 그녀는 한때 홀트아동복지회에서 일했지만, 그곳에서 그 제도의 중심에 아이의 이익은 없다는 현실과 마주했다. 그 후 그녀는 학문적 경력을 바탕으로 입양 제도의 불법 행위와 부당한 관행을 밝혀내는 데 힘써 왔다.

세미나에서 노 교수는 한국의 입양이 사회 복지 체계와 단절된 구조를 지니고 있다고 지적했다. 이는 곧, 유엔 아동 권리협약과 헤이그 협약에 따라 검토되어야 할 여러 요인들이 실제로는 전혀 고려되지 않았다는 뜻이었다.

"이 나라의 입양 기관 가운데 법을 제대로 지키는 곳은 단 한 곳도 없습니다. 그 이유는, 아이의 모든 권리가 생모와의 계약이 체결되는 순간 입양 기관으로 이관되기 때문입니다." 노 교수는 이렇게 말했다. 그러나 아이를 키우기로 결정한 어머니를 지원해 줄 제도적 장치는 존재하지 않았다.

노 교수는 또한 입양 기관들이 재정 거래 내역을 공개하려는 의지가 전혀 없다는 점을 지적했다. 이는 한국 법률상 공개 의무가 부과되지 않기 때문이다.[10]

또 다른 발표자는 한국의 사회학자 신필식 박사였다. 그는 한국의 해외 입양 제도가 발전해 온 역사를 여러 단계로 나누어 설명했다. 그의 발표에서도 홀트아동복지회는 국제 입양의 발전과 제도화 과정에서 중심 역할을 한 핵심 주체로 드러났다.

신 박사는 수십 년에 걸친 통계를 살펴보며, 우리 부부가 입양을 했던 그 시기에는 이미 감소가 시작되었다고 설명했다. 그럼에도 불구하고 1995년부터 2010년 사이, 한국은 여전히 매년 약 2천 명의 아동을 해외로 보냈다.

그 관행이 지속적으로 이루어진 배경에는 미혼모를 위한 복지 제도와 지원 체계가 거의 전무했다는 사실이 자리했다. 신 박사는 또한 한국 사회 전반에, 경제적으로 어렵거나 미혼모와 함께 사는 아이들에게는 해외 입양이 더 바람직하다는 인식이 자리 잡고 있었다고 지적했다.[11]

세미나의 내용은 개인적으로도, 그리고 학문적으로도 내게 깊은 충격을 주었다.

나는 유엔 아동 권리 협약과 헤이그 협약이 얼마나 광범위하게 위반되어 왔는지를 깨달았다. 그리고 입양 기관들이 아무런 감독이나 책임 체계 없는 공백 속에서 운영되어 왔다는 사실을 인식하고 깊은 불안을 느꼈다. 동시에, 이러한 현실은 이 관행들이 형성된 역사적 배경과 복잡하게 얽힌 사회 구조를 더 깊이 이해할 수 있는 길을 열어 주었다. 그때 나는, 한 아이가 한 나라에서 다른 나라로 입양이라는 이름 아래 옮겨지기까지 그 이면에 존재하는 수많은 복합성과 숨겨진 이야기들에 대해 처음으로 깊이 성찰하게 되었다.

연구자들에 따르면, 형편이 어려운 부모들은 자녀를 양육할 수 있는 어떤 지원도 받지 못했다. 그들 중 일부는 입양이 아이를 지키기 위한 최선의 방법이라 믿으며, 마지못해 입양에 동의했다. 이는 정부가 대안적 보호 체계를 마련할 책임을 방기했기 때문이었다.

노르웨이에서의 초국가 입양아 연구는 1980년대 후반까지 거의 이루어지지 않았다. 그나마 이루어진 연구들 역시 주로 아이들의 인지적·운동적·사회적 발달을 탐구하는 데 초점이 맞추어져 있었다.

2012년, 노르웨이 공중보건연구소는 입양 청소년의 정신 건강에 관한 연구 현황을 발표했다. 그 보고서에 따르면 국내외 입양아들은 비입양가정에서 양육된 아이들에 비해 전반적으로 인지 능력과 학업 성취도가 낮은 것으로 나타났다. 예외적으로 한국에서 입양된 아동들만이 평균보다 약간 높은 점수를 보였다. 또한 보고서는 국제 입양아들이 정신 질환의 발병률이 더 높다는 사실을 보여 주었다. 국내 입양아와 국제 입양아 모두 정신 건강 의료 기관 방문 빈도가 높았고, 알코올 및 약물 남용의 비율이 높았다. 자살 및 자살 시도율 또한 더 높았다. 그 결과, 이와 관련된 사망률 역시 상승하는 경향을 보였다.

몇몇 연구는 입양아들이 전반적으로 신체 성장, 인지 발달, 자존감 등 여러 측면에서 긍정적인 발달을 보인다고 강조했다.

그럼에도 불구하고 입양아들은 비입양아에 비해 특정 질환에 걸릴 위험이 높다는 사실도 확인되었다. 이 보고서는 입양 제도 자체를 문제 삼지는 않았으며, 친부모가 필요한 돌봄을 제공할 수 없을 때 입양이 유익한 해결책이 될 수 있다고 결론지었다.

보고서는 입양아들이 겪는 여러 어려움의 원인이 종종 입양 이전의 경험으로 거슬러 올라갈 수 있다고 밝혔다. 유전적 취약성, 임신 중 약물 남용, 학대나 방임 등이 그 요인으로 지목되었다. 보고서는 '입양 과정 그 자체가 입양 이후 나타나는 문제의 주된 원인이라고 단정하기는 어렵다'고 명시했다.[12]

"결국 모든 문제의 책임이 입양인 자신이나 친생가족에게 돌아가는 셈이잖아요. 반면 입양가족이나 그 주변은 아무런 책임도 지지 않아도 되고요." 나는 너의 격앙된 목소리에 순간 놀랐다. "그건 우리 입양인을 병리화하는 거예요. 문제는 우리 안에 있는 게 아니라 우리가 옮겨진 이 사회에 있는 거라고요."

우리는 성인이 된 국제 입양인들에게는 그동안 거의 관심을 기울이지 않았다. 그래서 서구로 입양되어 살아온 경험이 그들에게 어떤 모습으로 남았는지 알 수 없다. 그들에게 인종 차별, 소외감, 혹은 미묘한 차별은 과연 중요한 주제였을까? 예를 들어 직장에서는? 부모가 된 이후에는? 외국에서 입양된 이들이 학부모가 되어 학부모 모임에 참석할 때, 그 경험은 어땠을까? 사회 내에서 이 부분은 여전히 조명되지 않은 영역이었다. 언론에서도, 연구에서도 사람들은 여전히 입양인을 '입양아'라 부르며 아이라는 위치에 머물게 했다. 너는 그것을 '끝없는 유아화'라고 불렀다. 입양인은 마치 결코 어른이 되지 않는 존재인 양 취급되었다. 그래서 노르웨이 사회 안에서 살아가는 그들의 현실과 경험 역시 진지하게 다루어질 필요가 없다는 듯 여겨졌다.

"입양을 연구하는 사람들은 전부 백인, 그리고 비입양인이잖아요. 그런데 그들은 아이들이나 입양 부모들을 조사하지, 정작 실제로 그 경험을 아는 우리와는 이야기하지 않아요."

너는 당시 연구가 전제하는, 거의 불문율처럼 굳어진 인식을 지적했다. 입양 부모는 다른 부모들과는 다르다. 대체로 높은 학력과 일정 수준 이상의 경제력을 가지고 안정된 결혼 생활을 하는 사람들이다. 그리고 바로 그런 조건을 갖춘 이들만이 입양 허가를 받을 수 있다는 점이었다.

"그래서 그런 사람들이 자동적으로 좋은 양육자가 된다는 건가요?" 너는 되물었다. "경제적으로 여유가 있으면, 입양인이 느끼는 소외나 배제를 더 잘 이해할 수 있다는 뜻인가요?"

그건 분명 수사적인 질문이었지만 네 말이 옳았다.

놀랍게도 많은 성인 입양인이 내게 들려준 이야기는 하나같이 비슷했다. 그들의 입양 부모는 대체로 높은 학력과 안정된 경제력, 그리고 소위 '부자 동네'에 사는 사람들이었다. 그럼에도 불구하고 그들은 아이, 혹은 청소년이 겪는 복잡한 정체성 문제나 소외의 경험에 함께할 능력을 갖추지 못했다. 오히려 그들의 가정에는 강력한 동화同化의 문화가 자리 잡고 있었다. 부모들은 끊임없이 이렇게 말하곤 했다. "넌 우리의 아이야. 그러니 너는 노르웨이 사람이고, 결국 '백인'이야." 입양인이 겪는 경험은 어디서도 인정받지 못했다.

2018년에 제정된 입양법 개정 작업 과정에서, 입양 가족들이 충분한 지식을 갖추지 못했으며 더 많은 지원이 필요하다는 사실이 드러났다. 노르웨이 공공보건연구소FHI가 발간한 보고서 〈예방과 사후 대처〉는 바로 이러한 문제들을 다루었다.[13]

입양 부모의 네 명 중 세 명은 자녀가 어느 시점에서든 문제를 겪은 적이 있다고 답했으며, 그중 3분의 1은 아이가 심각하고 복합적인 어려움을 겪었다고 보고했다. 이러한 문제의 원인은 대체로 출생 과정에서의 손상이나 초기의 트라우마로 설명되었고, 입양 과정 그 자체와는 관련이 없는 것으로 여겨졌다.

"그런데, 도대체 누구한테 물어본 거예요?"

너는 의아하다는 듯 물었다.

"입양 부모들에게."

"물론 그렇겠죠."

너는 한숨을 내쉬며 허리를 쭉 펴더니 잠시 목을 가다듬고 쏘아붙였다.

"그러니까 그 문제라고 하는 것들이 결국 입양된 아이 혹은 그들의 친부모 쪽의 결함으로 설명된다는 거네요? 혹시 입양 가

족 자체가 제대로 기능하지 못했을 가능성은 생각해 보지 않았
을까요? 입양인들이 그렇게 많이 힘들어하는 이유가 바로 그 때
문일 수도 있잖아요?"

너는 정곡을 찔렀지만 이 사실은 너무 늦게 드러났고, 너무
부족한 정보였다. 대부분의 국제 입양인들은 이미 성인이 되어
버렸으니까.

"그렇다면 영유아 보건소에서의 조기 개입은 애초에 완전
히 엇나간 거죠."

너는 단호하게 말했다.

연구자들은 국제 입양과 국내 입양(의붓 자녀 입양은 제외)을
하나로 묶어 분석했다. 그런데 국제 입양 건수가 1998년 정점을
찍은 이후 꾸준히 감소해 왔다는 사실을 감안하면, 보고서에서
제안한 대책들은 실질적으로 국내 입양에 더 초점이 맞추어질
수밖에 없었다. 입양된 아이들의 다수가 노르웨이 아동인 지금
에 와서야 비로소 입양 부모의 선정 과정, 사전 준비, 그리고 사
후 지원 및 관리에 대한 압력이 가해졌다.

그에 비해 이미 성인이 된 대규모 국제 입양인 집단과 그들
을 위한 지원 필요성은 여전히 사각지대에 머물렀다.

2021년 가을 무렵, 도시·지역연구소NIBR의 새로운 연구 보
고서가 발표되었다. 이 보고서 또한 노르웨이 아동가족부의 의
뢰로 진행된 것으로, 해외 입양인들이 겪는 인종 차별, 차별 대

우, 그리고 배제의 경험을 조명하려는 목적이었다. 〈노르웨이의 해외 입양인들이 경험한 인종 차별, 사회적 차별, 그리고 소속감〉이라는 제목의 이 보고서는 정부의 인종 차별 및 차별 철폐 행동 계획의 일부로 포함되었다. 노르웨이가 다른 민족적 배경을 지닌 아이들을 입양하기 시작한 지 약 70년 만에, 해외 입양인은 처음으로 정부의 공식 연구 대상 집단으로 포함되었다. 그리고 마침내, 국제 입양인들이 조사의 직접적인 주체가 되었다.

아르베 베헤임 칼센이 강물에 내몰려 목숨을 잃은 비극으로부터 이미 20년 넘는 세월이 흘렀다. 그 사건은 많은 국제 입양인이 학교와 지역 사회, 심지어 친구와 가족 사이에서도 인종 차별과 소외라는 현실적인 문제를 마주한다는 사실을 보여 주었다. 그러나 아이러니하게도, 입양인들의 이러한 경험은 아주 최근에야 연구 현장에서 본격적으로 주목받기 시작했다. 그리고 우리는 많은 입양인이 사회의 가장자리, 혹은 그 경계선 위에서 살아가고 있었다는 사실을 뒤늦게 깨달았다.

보고서에 따르면, 해외에서 입양된 이들 가운데 약 절반이 외모나 출신 배경 때문에 차별을 경험한 적이 있다고 답했다. 그 차별은 노골적으로 드러나기도 했다. 그러나 때로는 훨씬 더 은밀하고 미묘한 방식으로 나타났고 낯선 사람들만이 아니라 가까운 사람들로부터도 비롯되었다. 입양인들은 학교와 직장은 물론, 거리와 카페, 상점, 대중교통 등 공공의 일상 공간 어디에서든 차별을 경험했다.

조사에 참여한 사람들 가운데 약 40퍼센트는 앞서 언급된 영역 중 한 곳, 많게는 네 곳까지 차별을 경험했다고 답했다. 또한 15퍼센트는 최근 2년 동안 다섯 곳 이상에서 그런 경험을 했다고 응답했다. 해외 입양인들은 삶의 거의 모든 단계에서 이러한 차별을 겪었고, 특히 청소년 시기에 두드러졌다. 절반에 해당하는 이들이 학창 시절에 차별을 느낀 적이 있다고 말했다.

해외에서 입양되어 노르웨이에서 자라난 이들은 노르웨이어를 완벽히 구사했음에도, 이주민이나 이주민 2세와 비슷한 수준의 차별을 경험했다. 나는 그 대목을 읽으며 입양인들이 겉으로는 이주민들과 같은 현실을 공유하고 있지만 결정적인 차이점이 존재한다고 생각했다. 이주민 자녀들과 달리 입양인들에게는 그 경험을 이해하고 함께 견딜 부모가 없었다. 입양 가정 안에서, 입양인과 부모는 인종 차별과 소외를 대하는 경험의 틀 자체가 달랐다. 입양인들에게는 그 고통이 무엇인지 알고 그 경험을 나눌 부모가 없었던 것이다.

오히려, 일부 해외 입양인들은 자신의 가족이나 가까운 관계 안에서조차 인종 차별과 소외를 경험한 것으로 드러났다. 세 사람 중 한 명은 가까운 가족, 친척, 혹은 친구로부터 차별을 경험한 적이 있다고 말했다. 그것은 외모나 출신을 암시하는 미묘한 말투일 때도 있었지만, 때로는 노골적인 인종 차별 발언일 때도 있었다.

그 보고서를 읽었을 때, 사실 그리 놀랍지는 않았다. 내가 직접 여러 입양인들과 나눈 대화들을 떠올려 보면 말이다. 그해 가을 노르웨이 공공보건연구소에서 발표한 보고서는 입양 부모들이 대체로 경제적 자원과 사회적 역량이 풍부한 집단임을 밝혔지만, 새 보고서와 나란히 놓고 보니 그 긍정적인 평가 뒤에 감추어져 있던 또 다른 어두운 면이 드러났다.

"보세요! 지금까지는 입양에 대한 경험이 늘 부모들만의 입장에서 일방적으로 이야기되었어요." 평소엔 좀처럼 목소리를 높이지 않던 네가, 이번에는 거의 외치듯 말을 이었다.

"하지만……" 내가 조심스레 말을 꺼내려 했다.

"부모님들은 그걸 몸으로 겪어 본 적이 없잖아요. 그런 의미에서 우리는 결국 우리 자신과, 우리만의 경험에 의존할 수밖에 없어요."

나는 아무 말도 하지 않았다.

보고서는 사회 전반에서 입양인에 대한 이해와 지식을 높일 필요가 있다고 결론지었다. 특히 해외 입양인은 국가와 지방 자치 단체, 그리고 각종 시민 단체가 추진하는 반(反) 인종 차별 활동에 적극적으로 포함되어야 한다고 강조했다. 아울러 공공 기관의 전문가들도 입양과 입양인이 지닌 고유한 경험에 대한 전문성을 개발해야 한다고 권고했다.

이를 위해 입양인을 위한 전문 역량 센터를 설립하는 방안을 제시하기도 했다. 입양인과 그 가족을 위한 정보, 지원, 상담 서비스를 한데 모은 공공 웹사이트를 구축하는 것도 바람직하다고 보았다. 또한 지속적인 지원을 보장하기 위해, 입양인과 입양 부모가 전문가로부터 사후 관리를 받을 법적 권리를 가져야 한다고 제안했다. 보고서는 나아가 입양인들이 서로의 경험을 나누고 조언을 얻을 수 있는 교류의 장을 마련하고 발전시키는 일 역시 중요하다고 지적했다.

입양인과 출생국 사이의 유대감도 마침내 중요한 의미를 지닌 요소로 인정받았다. 보고서는 해외에서 입양된 이들과 그 가족을 대상으로, 출생국의 문화와 언어에 대한 교육을 제공할 것을 강력히 권고했다. 이는 입양인의 뿌리를 더 깊게 이해하도록 돕기 위한 취지였다. 또한 양부모들이 인종 차별과 정체성 같은 주제로 자녀와 보다 열린 대화를 나눌 수 있게 관련 분야의 상담과 교육 프로그램 제공을 제안했다.

보고서는 국제 입양인의 삶의 세계에 대한 인식이 현저히 부족하다는 점을 인정하며 마무리되었다. 또한 입양인을 더 잘 이해하고 그들에게 필요한 시원을 제공하기 위해서는 연구와 시식의 확대가 필요함을 강조했다.[14]

보고서가 발표된 이후, 점점 더 많은 해외 입양인이 신문 기고문과 칼럼을 통해 목소리를 내기 시작했다. 그들은 새 보고서가 제시한 도표와 통계를 자신의 이야기로 채워 넣었다. 마치 막혀 있던 마개가 빠지듯, 그동안 드러나지 않았던 다양한 이야기들이 쏟아져 나왔다. 입양인들에게는 새삼스러운 일이 아니었지만 공적 담론의 장에서는 새로운 흐름이었다. 지금까지의 논의는 몇 가지 어려움에도 불구하고 '노르웨이로 입양된다는 것은 복권에 당첨되는 일과 같다'는 결론으로 귀결되곤 했기 때문이다.

이제 민족적으로 노르웨이 가정에 입양되었다고 해서 자동으로 보호받는 것은 아니라는 사실이 드러났다. 많은 입양인이 자신이 겪는 어려움을 다루기 위한 지원을 요청했고, 트라우마와 상실을 스스로 감당해야 했던 삶을 살아왔다고 말했다. 보고서의 조사 결과는 입양인을 대상으로 한 공적 사후 지원 체계가 사실상 전무하다는 점을 지적했다. 일부는 입양인들이 다른 나라의 아동 복지 시스템이 돌보았어야 할 아이들이었다는 사실을 상기시키기도 했다.

국제 입양 제도 그 자체를 조사해야 한다는 요구도 점점 더 거세졌다. 비평가들은 두 보고서 모두 국제 입양의 구조적 문제를 제대로 다루지는 못했다고 지적했다. 여전히 지구 반대편에서 아이들을 데려와, 그들을 노르웨이의 백인 중산층 가정 속에 동화시키는 일이 허용되고 있다는 사실이 문제라는 것이었다.

수년간 이러한 문제를 제기해 온 많은 입양인은 이제 입양을 역사적이고 세계적인 관점에서 바라보아야 할 때라고 말했다. 그래야만 비로소, 국제 입양인들이 구조적 실패 속에서 고통받아 왔음을 직시하게 될 것이다. 그들의 삶은 집단적 폭력이자,

기본적 권리를 빼앗긴 역사였다.[15]

너는 바로 지금이 조사에 나설 때라고 말했다.

"하지만 반드시 독립적인 조사가 되어야 해요. 또다시 부모들이 주도하는 식이어서는 안 돼요."

"물론이지, 그건 나도 충분히 이해해."

"어쨌든, 이제는 국가와 부모가 만들어 온 이야기들이 다시 쓰이기 시작한 것 같아요."

나는 그 논의를 지켜보면서, 입양에 대한 실제 경험을 이야기하는 이들이 거의 입양인뿐이라는 사실을 깨달았다. 다른 행위자들은 모두 숨어 버린 듯했다. 어쩌면 이 논란이 잠잠해지기만을 바랐는지도 모른다. 나는 여러 성인 입양인들과 나눈 대화를 통해, 노르웨이의 국제 입양 관행이 남긴 결과에 대해 얼마나 다양한 이야기들이 존재하는지를 알게 되있다. 그들은 내게 기꺼이 자신의 통찰과 경험을 나누어 주었다. 이제는 나도 침묵을 거두어야 할 때라고 느꼈다.

나는 25년 만에 입양에 관한 글을 다시 신문에 기고했다. 2021년 12월, 나는 입양인들의 목소리가 세상에 들리기를 바라는 마음으로 그들을 지지하는 칼럼을 노르웨이 현지 언론 중 하나인 〈VG〉에 실었다. 그 직후에는 〈모르겐블라데Morgenbladet〉에 더 긴 글을 기고해 입양의 어두운 면을 조금씩 깨닫게 된 나 자신의 각성을 이야기했다. 물론, 내 오랜 믿음의 틀이 흔들릴 때마다 마음이 아팠다. 그럼에도 나는 입양모로서 입양이 지닌 복잡함과 딜레마를 외면하지 말아야 한다는 책임감을 느꼈다. 어렵고 고통스러운 일일지라도 말이다. 국제 입양에 대해 열린 대화를 나누는 일은 그에 수반되는 집단적 책임을 함께 감당하기 위해서도 필수였다. 나는 한때 우리가 이곳으로 입양했던 이들이 지금도 우리를 필요로 하고 있다는 사실을 더 많은 입양 부모가 깨닫기를 바라며 입양인들의 이야기에 귀를 기울였다. 그리고 나는 다른 입양 부모들과 사회 전체에, 함께 책임을 나누고 이 대화에 참여해 달라고 호소했다.[16]

반응은 압도적이었다. 전화와 이메일, 그리고 소셜미디어를 통해 수많은 메시지가 쏟아졌다. 대화를 가능하게 해 주었다며 고마움을 전한 입양인들의 반응에 나는 기쁨과 함께 감동을 느꼈다. 그러나 목소리를 낸 몇 안 되는 입양 부모들 가운데 일부는, 내가 입양 부모들과 미래의 입양아들을 모두 저버렸다고 비난했다. 그 사실이 부끄럽고 마음 아팠다.

하지만 입양 부모들과 사회 전체, 그러니까 우리가 그들을 이곳으로 데려온 일의 결과를 입양인들만의 몫으로 남겨 둘 수는 없지 않은가?

그것은 배신이나 다름없는 일이니까.

6부

사랑하는 어머니

파란 여행 가방이 탁자 위에 놓여 있다. 그 옆에는 네가 팔에 차고 있던 플라스틱 띠가 있다.

K98-135, 보튼마르크 노르웨이.

너는 사진학과 졸업 전시를 준비 중이다. 그 전시는, 다른 사람들의 입양 이야기를 탐구함으로써 자신의 입양사를 들여다보는 너의 여정이다. 나는 그것을 보며 자신의 뿌리를 향한 조용한 물음이 담긴 이야기들에 깊이 감동한다. 그 안에는 한국에서 입양된 이들의 독특한 정체성이 오롯이 드러난다. 네가 보여 준 모든 인물은 각자의 K-번호로 식별되고, 너의 것과 비슷한 서류철을 가지고 있다. 그리고 그중 많은 사람이 파란 여행 가방을 가지고 있다.

몇몇 사진 속, 너의 시선은 내면을 향한 채 '박현욱'이라는 이름의 너, 혹은 그럴 수도 있었던 너를 들여다본다. 너는 자신의 삶이 국제 입양이라는 더 큰 서사와 맞닿아 있음을, 그리고 그 안에서 하나의 역사적 흐름으로 존재함을 보고 있다.

국제 입양을 주제로 한 이번 전시는, 노르웨이의 산맥과 한국의 거리 풍경이 겹쳐진 이미지들로 이루어졌다. 팬데믹으로 인해 네가 한국을 직접 찾을 수 없게 되자, 2001년 우리가 셀마를 데려올 때 네 아버지와 내가 찍어 두었던 아날로그 사진들이 다시 빛을 보았다. 너는 그 옛 필름 위에 지금의 사진들을 삼중 노출로 덧입혀 새로운 이미지를 만들어 나간다.

서울의 거리 풍경과 시장, 노르웨이의 자연과 한국의 민속, 로포텐의 산과 바다가 하나의 이미지에 녹아들었다. 나는 천천히 사진들을 넘기며, 한 장 한 장 눈에 담는다.

파란 여행 가방 속에 한 사람의 삶이 담겨 있다. 거기에는 작은 젖병과 장난감, 잠옷, 그리고 누빔 외투와 같은 물건들이 반복해서 등장한다. 마지막 사진 역시 또 하나의 삼중 노출 사진이다. 맨 위의 이미지는 내가 너를 품에 안고 있는 모습으로, 네가 도착했을 때 우리 둘이 가르데르모엔 공항에서 함께 찍은 사진이다. 그 아래로 겹친 또 한 장에서는 한 젊은 여성의 품에 안겨 있는 너의 모습을 볼 수 있다. 배경은 공항이다. 아마 출국 전의 서울일 수도 있고, 오슬로로 향하던 중 경유지 암스테르담이었을지도 모른다. 사진의 가장 아래층에는 한국 위탁모의 품에 안긴 네 모습이 담겨 있다. 아마 위탁모가 너를 홀트아동복지회의 사무실로 데려가, 우리에게 너를 데려다준 젊은 여성에게 맡기던 바로 그 순간에 찍힌 사진일 것이다.

사진의 모든 층위마다 나타나는 너는, 1998년 12월 오슬로에 도착했을 때 입었던 노란 외투를 입고 있다. 그 모든 사진은 단 하루가 조금 넘는 시간 동안 찍혔고, 그 짧은 시간 사이 너는 한국 아이에서 노르웨이 아이가 되었다.

한 아이와 세 여성. 그러나 첫 번째 여성은 보이지 않는다.

너는 입양 서류에 적힌 생물학적 부모에 관한 그 짧은 기록들을 다시 꺼내 든다.

어머니: 키 165cm, 보통 체형, 달걀형 얼굴, 쌍꺼풀, 활동적이고 밝음.

아버지: 키 170cm, 마른 체형, 달걀형 얼굴, 원만하고 내성적임.

"이런 모습을 지닌 사람이라면, 사실 누구라도 내 친부모가 될 수 있잖아요."

너는 그렇게 말하면서도, 스무 해가 넘은 지금의 어머니가 어떤 모습일지를 그려 보려 한다. 올해 초 내가 만났던 사람들 가운데에는 네 부모일 수도 있었을 만큼 나이 든 이들도 여럿 있다. 너는 그들 중 몇몇과 만나 보기로 약속한다.

네가 보여 주는 사진 속 세 명의 한국계 여성들은 모두 노란색이나 파란색 옷을 입고 있다. 그 사진들 사이에는 네가 여행길에 가지고 왔던 물건들이 놓여 있다. 파란 끈이 달린 턱받이, 노란 옷의 소매, 젖병의 노란 뚜껑, 그리고 노란색과 파란색이 섞인 작은 양말 한 켤레. 너는 어린 시절의 너와 이 여성들을 이어 주는 상상의 끈을 그린다. 그 끈의 끝에는, 네가 진짜 어머니라 부를 수 있는 그녀가 있다.

2월의 어느 저녁, 내 휴대 전화로 알림음이 울린다. 네 사진 프로젝트에 참여했던 '어머니들' 중 한 명, 내가 1년 전쯤 직접 인터뷰했던 그 여성이었다. 그녀에게서 네가 마침내 친부모를 찾았다는 소식을 들어 기쁘다는 문자가 왔다. '앞으로도 잘 되길 바랄게요. 안데르스도 그리고 당신들도요.'

너는 왜 네 아버지와 내게 그 사실을 먼저 말하지 않았을까? 혹시 우리가 상처를 받을까 봐 비밀로 했던 걸까? 아니면 우리가 어떻게 반응할지 두려웠던 걸까? 우리가 약속했던 그 지지를 믿지 못했을까? 왜, 안데르스, 왜 나를 바깥으로 밀어냈니?

네 아버지와 나는 늘 이야기해 왔다. 너와 한국의 관계, 혹은 친부모와의 관계에 대해 네가 어떤 선택을 하든 우리는 언제나 너를 지지하겠다고. 사람들이 나에게 "그 아이가 혹시 당신들을 떠나게 될까 봐 두렵지 않나요?" 하고 물으면, 나는 이렇게 대답해 왔다. "나는 그 아이를 소유하지 않아요. 그는 자유로운 존재예요. 어떤 길을 택하든 나는 그를 지지할 거예요." 나는 네가 한국의 생물학적 가족과 인연을 맺는다고 해서 우리 관계가 약해지지는 않을 거라고, 그렇게 생각해 왔고 또 믿어 왔다. '우리 가족은 그 모든 것을 품을 수 있다'고, 나는 항상 말해 왔다.

이제 나는 너에게 이 말들을 할 수 없다. 나는 마음을 가라앉히고 네 아버지와 이야기를 나눌 시간이 필요하다. 그는 내 울음을, 그리고 내가 너에게 충분하지 못할지도 모른다는 두려움을 들어 준다. 그는 현명한 사람이다. 네가 너의 소식을, 네 마음을 온전히 이해해 줄 수 있는 사람들과 먼저 나누고 싶어 한다는 것을 알고 있다. 그 페이스북 모임에는 너의 경험을 있는 그대로 받아들여 줄 사람들이 있으니까.

"하지만 그게 우리를 배제하고 싶다는 뜻은 아니라고 믿어." 그가 말한다. "이건 우리 아이가 직접 겪어야 하는 과정이야. 우리가 할 일은 안데르스가 원하는 만큼 곁에 있어 주는 거지. 지금 우리가 할 수 있는 가장 좋은 일은, 열린 마음으로 그 아이를 맞이하는 거야."

"이런 식으로 알리려던 게 아니었어요." 그 일이 있은 지 이미 일주일이 지난 후에, 너는 이렇게 말했다. '뭐라고!' 나는 마음속으로만 외친다. 그리고 네가 이야기를 계속하도록 둔다. 세계의아이들의 입양 담당자가 네게 전화를 걸어, 네 친부모를 찾았다는 짧은 소식을 전해 주었다고 한다.

"너무 놀랐어요. 더는 답을 받을 수 없을 거라고 생각하며 이미 마음을 내려놓았거든요."

너는 이를 어떻게 받아들여야 할지 몰랐고, 내가 여행 중이었기에 돌아올 때까지 기다리기로 했다고 말한다. 그건 전화로 전하기엔 너무 크고 중요한 일이었다. 너는 직접 마주 보고 말하고 싶었던 것이다.

너는 저녁 식사를 하러 집에 온다. 나는 불고기를 만들고 김치를 사 두었다. 너와 네 아버지, 그리고 내가 식탁에 다정히 둘러앉고, 너는 그때까지 받은 자료들을 우리에게 보여 준다.

네가 받은 이메일에는 이렇게 적혀 있었다. 네 요청이 노르웨이 아동권리보장센터 National Center for the Rights of the Child, NCRC로 전달되었다는 것, 그리고 센터에서 네가 친부모와 연락을 원한다는 사실을 마지막으로 알려진 그들의 주소로 발송했다는 내용이었다. 그들은 각자 다른 사람과 결혼해 가정을 이루었고 자녀도 있었다. 네 친부의 주소로 발송된 편지는 그의 세 자녀 중 한 사람이 받은 것으로 되어 있었다. 담당자는 이메일에서 이렇게 덧붙였다. 네 친부에게서는 아직 어떤 회신도 오지 않았지만, 원한다면 다시 편지를 보내 주겠다고. 연락 시도는 최대 세 번까지 가능하며 그 이후에는 절차가 종료된다고 했다. 그리고 마지막에는 이렇게 적혀 있었다. "잘 아시겠지만, 친부 또는 친모가 새 가정을 이룬 뒤에는 입양 보낸 자녀의 존재를 새 가족에게 숨기는 일이 드물지 않습니다. 따라서 친부 주소로 발송된 편지를 받은 그 자녀가 당신의 존재를 알고 있는지는 확실하지 않습니다."

"이쯤에서 그만둬야 할 것 같아요. 누군가의 삶을 망치고 싶지 않으니까요."

너는 그렇게 말한다. 나는 지금쯤 대구의 한 다섯 식구가 그 사실을 두고 겪고 있을지도 모를 소란스러운 드라마를 상상해 본다. 노르웨이에 사는 낯선 아들의 존재를 알게 된 세 명의 10대 자녀들, 오랫동안 숨겨 온 사실에 충격을 받고 무너진 배우자, 또는 그 사실을 숨겨 온 일보다 이제는 그로 인한 수치심에 더 괴로워하는 당사자.

"그냥 이쯤에서 멈추고 싶어요."

너는 다시 한번 그렇게 말한다.

이메일에는 너의 친모가 연락을 받은 다음 날 직접 회신을 보냈다고 적혀 있다. 그녀는 현재 결혼하여 남편의 가족 관계 등록부에 올라 있으며, 한국 나이로 열네 살과 스무 살인 두 딸이 있다고 한다. 즉, 우리 나이로는 각각 열세 살과 열아홉 살이다.

"친모는 입양인과의 직접적인 연락에 신중을 기하고 싶다고 했습니다. 하지만 홀트아동복지회를 통해서라면 편지를 주고받을 의사가 있다고 밝혔습니다."

너는 이제 네 자신이 깊이 감추어진 비밀임을 깨달았다. 그러자 앞으로 어떻게 해야 할지 몰라 혼란스럽기만 하다.

"그냥 그만둘까 봐요."

"어쩌면 네 친모가 네 편지를 기다리고 있을지도 몰라."

"괜히 일을 키우고 싶지 않아요."

너는 다시 말한다. 또다시 어른들과, 그리고 스스로의 경험 사이에서 완충 역할을 하려 하는 것이다.

그날 밤, 너는 편지를 쓴다.

사랑하는 어머니께

이 편지를 시작하며 먼저 제 안부를 전합니다. 저는 잘 지내고
있습니다. 저는 노르웨이로 입양되어 정말 다정하고 따뜻한 가족의
사랑 속에서 자랐습니다. 제 노르웨이 이름은 안데르스 현 몰비크
보튼마르크입니다. 저에게는 한국에서 온 여동생도 하나 있고,
누나는 결혼해 두 아이를 두고 있습니다. 저는 수도 오슬로 근처
작은 도시 아스케르에 살고 있습니다. 현재는 사진학 석사 과정을
밟고 있으며, 사진을 찍고 시각적인 표현을 만들어 내는 일을 무척
좋아합니다. 공부와 병행해 중학교에서 조교로 일하고, 또 태권도도
수련하고 있습니다. 얼마 전에는 검은 띠를 땄습니다. 자연 속에
있는 것도 정말 좋아해서, 숲과 산을 찾아 걷기도 하고, 바닷가에서
시간을 보내기도 합니다.

한국의 젊은이들은 노르웨이의 또래들보다 여가 시간이 많지 않다고
들었어요. 어머니의 아이들은 쉴 틈도 있고, 즐겁게 지낼 시간도
있나요? 저는 한국에 관한 유튜브 영상을 자주 보고, 한국 드라마와
영화를 보는 것도 좋아합니다.

언젠가 꼭 한국을 방문하고 싶어요. 원래는 올해 가을에 가려고
했지만, 코로나 팬데믹과 우크라이나 전쟁 때문에 잠시 미루기로
했거든요. 그동안은 영상을 통해 한국의 모습과 언어를 조금이라도

더 배우려고 합니다. 한국어를 배우고 싶지만, 그리 쉽지는 않네요!
어머니와 가족 모두 건강하시길 바랍니다. 어머니의 소식을 들을
날을 손꼽아 기다리고 있습니다.

따뜻한 마음을 담아,
안데르스(현욱) 드림

곧 너는 그녀에게서 받은 답장과 함께 동봉된 사진을 내게
보여 준다. 어깨 위로 흘러내린 길고 짙은 머리카락, 눈썹을 가린
앞머리, 갸름한 얼굴에서 또렷하게 빛나는 커다란 갈색 눈은 쌍
꺼풀로 한층 도드라져 보인다. 게다가 가늘고 반듯한 코, 도톰한
입술은 꼭 너를 닮았다. "세상에, 정말 아름다우시다." 나도 모르
게 감탄을 내뱉자 너는 자랑스러운 듯 어깨를 쭉 편다. 그렇다,
그녀는 네 어머니다.

"나를 찾아 줘서 고마워." 그녀는 그렇게 쓴다. 그녀는 줄곧
너를 그리워했고, 여러 차례 너를 찾아보려 했지만 끝내 찾지 못
했다고 한다. 이제는 너의 나라 소식을 접하기 위해 노르웨이 뉴
스를 챙겨 보기 시작했고, 언젠가 팬데믹이 끝나면 꼭 만나길 바
란다는 말도 한다.

"아, 마지막으로 하나 더
그녀는 이 첫 편지에서 이렇게 쓴다.
"너는 참 잘생겼더구나! 다시 편지 주길 바란다. 어머니가."

봄이 깊어 갈수록 노르웨이와 한국 사이를 오가는 편지는 점점 늘어난다. 너는 먼저 세계의아이들을 통해 영어로 편지를 보낸다. 그 편지는 홀트아동복지회로 전달되어 한국어로 번역된다. 홀트 측에서는 그것이 네 어머니가 원하는 방식이라고 한다.

두 사람은 편지로 서로의 일상을 나눈다. 한국에서는 팬데믹 때문에 정말 엄격한 방역 조치가 시행된다고 한다. 두 사람은 서로의 언어로 짧은 인사말을 써보기도 한다. "우리가 만나게 되면, 좋은 식당에 가서 함께 맛있는 음식을 먹자." 그녀는 그렇게 쓴다. "그때까지는 너의 사진을 보며 지낼게. 네 덕에 내가 행복할 수 있어 고마워, 사랑하는 아들."

너는 그동안 어머니 또래의 다른 여성들을 보며 어머니의 모습을 상상해 보려 했다고 적는다. 하지만 이제는 마침내 어머니가 어떤 분인지 알게 되어, 닮은 존재가 생겼다는 사실에 마음이 놓인다고 한다. 여름휴가를 앞두고 너는 편지에 이렇게 쓴다. "건강 챙기시고 잘 지내세요, 사랑하는 어머니."

그 후로 네가 이제 엄마라고 부르는 그 사람에게서 아무런 소식도 들리지 않는다. 나는 너를 만날 때면 종종 그분에게서 연락이 왔냐고 물어보고, 너는 '아니요, 아마 많이 바쁘신가 봐요' 혹은 '가족이랑 휴가 중이실지도 몰라요'라고 대답한다. 그러다 나는 차츰 그 질문을 하지 않게 된다. 그게 너를 괴롭힌다는 것을 알았기 때문이다. 네가 그녀를 대신해 또 변명하게 만드는 일은 피하고 싶었다.

문득 그녀가 이 상황을 남편에게 들켜 네게 연락을 못하는 것일지도 모른다는 생각이 스친다. 어쩌면 지금 그 가족 안에서는 위기가 벌어지고 있을지도 모른다. 나는 자꾸만 그녀를 떠올리게 된다. 네가 내게 건네주었던 그녀의 사진을 볼 때면, 가슴속 깊은 곳에서 슬픔 섞인 연민이 밀려온다. 임신과 출산, 그리고 품에 안았던 아이의 존재를 숨겨야만 했던 그 심정은 어땠을까? 그녀는 지금도 혹시, 한때 자기 배 위에 올라왔던 아이의 무게를 몸으로 기억하고 있을까? 누구에게도 말할 수 없는 그 경험이 삶을 얼마나 뒤흔들었을까? 그리고 과거가 다시 그녀를 찾아와, 여전히 들킬까 두려워하며 살아가야 한다면? 나는 그녀처럼 살아야 했던 수많은 한국의 여성들을 떠올린다. 그리고 그 일은 지금도 계속되고 있다.

가을이 다가오고 있다. 너는 석사 과정을 마친 기념으로 사진전을 열기로 한다. 그동안 진행해 온 여러 프로젝트 가운데 일부가 그 전시에 포함될 예정이었다. 전시 장소는 오슬로의 한 한식 레스토랑이고, 우리는 지난 1년 동안 알게 된 모든 사람을 초대한다. 내가 인터뷰했던 사람들, 그리고 네 한국 입양인 친구들. 네 누나와 그 가족들, 로포텐에서 온 외할머니, 이모와 삼촌, 사촌들, 가족의 친구들도 자리에 함께 한다. 그리고 아주 젊은 시절, 너를 한국에서 우리에게 데려왔던 그 여성도 있다. 그녀를 만난 것은 그때 이후 처음이다.

사진들은 매우 개인적이다. 너는 그 속에 창과 틈새를 만들어, 우리로 하여금 네 성장과 삶의 세계를 들여다보게 한다. 사진들 옆에는 네가 전시를 위해 가져온 파란색 여행 가방, 젖병, 그리고 분유가 담겨 있던 깡통이 놓여 있다. 너는 잠옷과 누빔 옷도 네가 처음 꺼냈을 때처럼 가지런히 놓아둔다. 그 옆에는 네 서류들이 자리하고 있다. 서울에서 출발했을 때의 비행기 표, 한국 여권, 그리고 입양 허가서. 관객들은 그 물건들을 직접 만져 보고 서류들을 넘겨본다. 그들은 그렇게 한 개인의 삶 속에서 입양이 무엇을 의미하는지, 또 하나의 사회 현상으로서 입양이 어떤 얼굴을 지니는지를 마주한다.

그날 밤, 그 자리에 온 모든 이가 너의 작품이 지닌 강인함 속 깃든 연약함에 눈시울을 붉혔다.

너는 여전히, 여름이 시작되기 전 그녀에게서 받았던 마지막 편지 이후로 아무 소식도 듣지 못하고 있다. 나는 오늘 이 밤을 그녀가 알 수 있으면 좋겠다고 생각한다. 사람들로 가득 찬 전시장, 한국 음식으로 차린 축하 자리, 그리고 특별히 인쇄된 카탈로그. 표지에는 전시회의 제목이 적혀 있다. *엄마에게.*

밀려드는 진실의 파도

엄마에게서 편지가 왔던 그해 봄, 노르웨이에서는 입양인의 처우를 둘러싼 논쟁에 다시 불이 붙었다. 노르웨이의 입양 제도를 전면적으로 조사해야 한다는 요구는 점점 더 거세졌다. 사람들은 네덜란드의 조사 보고서와, 해외 입양인들이 겪는 인종 차별과 차별 대우를 지적한 노르웨이 NIBR의 최근 보고서를 통해 오랫동안 외면되어 왔던 진실과 마주하게 되었다.

8월이 되자 스웨덴에서는 계속된 논의 끝에 정부가 조사 범위를 확대하기로 결정했다. 그 대상에는 한국을 포함한 6개국에서 이루어진 모든 입양 사례가 포함되었다.[1]

네덜란드와 스웨덴에서의 입양 실태가 드러난 후, 노르웨이에서도 여러 입양인 단체들이 정부에 자국의 입양 제도를 재조사할 것을 거듭 촉구했다. 그러나 그들의 목소리는 좀처럼 진지하게 받아들여지지 않았다. 그들은 성인이 된 자신들을 여전히

'입양아들'이라 부르는 행정 시스템에 깊은 분노를 느꼈다. 하지만 이번 논쟁을 통해 해외 입양인들이 모두 같은 의견을 가지고 있는 것은 아니라는 사실도 드러났다. 일부는 독립적인 조사를 요구하며 모든 해외 입양을 중단해야 한다고 주장하는 반면, 다른 이들은 이제는 과거를 놓아야 한다고 말했다.

논쟁은 입양인 당사자들이 직접 쓴 독자 투고와 칼럼 들을 중심으로 이어졌다. 하지만 인접국에서 잇따라 드러난 입양 스캔들에도 불구하고, 노르웨이 언론은 별다른 관심을 보이지 않았다. 자국 인구 대비 해외 입양아 수가 가장 많은 나라가 바로 노르웨이임에도 말이다. 아동가족부 역시 아무런 움직임을 보이지 않았다. 너는 정부가 이 문제에 손을 대는 일을 극도로 두려워한다고 말했다.

2022년 8월, 네가 사진전을 열었던 바로 그날, 노르웨이 일간지 〈아프텐포스텐Aftenposten〉에는 한국에서 열린 한 기자 회견에 관한 기사가 실렸다. 덴마크로 입양된 한국 입양인 몇 명이 한국 정부에 입양 과정을 전면 조사할 것을 촉구했다는 내용이었다. 그들은 한국의 입양 기관들이 수년 동안 아이들의 실제 출신과 배경을 조직적으로 조작하고 은폐해 왔다고 주장했다.

서구에서 입양 수요가 갈수록 높아지자, 입양 기관들이 가난한 주거 지역을 돌며 아이들을 찾아다녔다고 덴마크 입양인 단체는 주장했다. 입양 기관은 부모들에게 금전을 제시해 아이를 입양 보내도록 설득했으며, 일부는 미혼모들을 상대로 아이

를 포기하도록 압박하는 산모 시설까지 운영했다.[2]

그 입양 기관들은 군사 정권 인사들과 긴밀한 관계를 맺고 있었다. 그들은 사회에 짐이 된다고 여겨지는 이들을 제거하기 위한 수단으로 입양을 이용했다고 비판받았다. 짐으로 여겨진 대상에는 미혼모의 자녀들도 포함되었다. 또한 당시 제도는 입양 기관이 서류를 조작하고 아무런 심사 없이 아이들을 내보내는 일을 가능하게 했다. 입양 절차 중 아이가 아플 경우 기관은 그 사실을 숨기려 했고, 일부 아이들은 유럽으로 향하는 비행기 안에서 목숨을 잃기도 했다.

해외로 보내진 많은 한국 아동은 고아 혹은 길에서 발견된 유기 아동으로 등록되어 있었다. 그러나 그들 중 상당수는 가족을 쉽게 찾을 수 있는 경우였다. 보고서는 이러한 조작 덕분에 아이들이 서구 여러 나라로 신속하고 효율적으로 보내질 수 있었다고 밝혔다.

대변인은 이렇게 마무리했다. "우리 중 그 누구도 고아가 아니었습니다."

이 말을 한 사람은 덴마크의 변호사 페테르 묄레르^{Peter Møller}로, 그 역시 한국에서 입양된 사람이었다. 그는 자신의 입양 서류에서 여러 오류와 누락을 발견했고, 비슷한 상황에 놓인 덴마크 입양인들을 점점 더 많이 만나게 되었다. 그들은 자신에 관한 이야기의 새로운 층위가 드러날 때마다 스스로의 정체성이 흔들리는 것을 느꼈다. 이러한 흐름 속에서 2022년 3월, 덴마크의 한국 입양인들이 함께 모여 '덴마크한국입양인권리모임Danish Korean Rights Group, DKRG'을 결성했다.[3]

이 단체의 회원들은 충격적인 조사 결과를 바탕으로 서울에 상주 사무소를 두고, 한국의 진실·화해위원회The Truth and Reconciliation Commission, TRC에 이 사안을 제기하기 위한 활동을 시작했다. 2005년에 설립된 진실·화해위원회는 민간인을 대상으로 한 인권 침해와 각종 폭력 사건을 조사하기 위해 만들어진 국가 기구였다. 특히 1910년 일제 강점기부터 1993년 김영삼 대통령 선출로 남한의 권위주의 정권이 막을 내릴 때까지의 한국 현대사를 조사 범위로 삼았다. 위원회는 일제 강점기, 한국 전쟁, 그리고 군사 정권 아래에서 각 정부 기관이 자행한 수많은 인권 침해와 잔혹 행위를 조사해 왔다.

8월 말, 뮐레르는 DKRG를 대표해 한국의 진실·화해위원회에 공식 청원을 제출했다. 그 내용은 한국의 국제 입양 관행 속에서 발생했을 가능성이 있는 인권 침해와 불법 행위를 전면 조사해 달라는 요구였다. 이 청원은 한국 언론을 비롯해 여러 나라에서 큰 주목을 받았다. 그리고 그것은 곧 뮐레르와 그의 단체로 향하게 될, 가슴 아픈 이야기들이 모인 거대한 파도의 시작이 되었다. 미국, 네덜란드, 벨기에, 프랑스 등지의 한국 입양인들이 잇따라 연락을 해 왔고 DKRG는 이 나라들의 사례 또한 조사 대상에 포함하기로 결정했다.

이 시점에서 뮐레르는 한 언론과의 인터뷰를 통해, 덴마크를 비롯한 전 세계의 입양인들은 홀트아동복지회를 포함한 입양 기관들이 진실이 드러날 것을 우려해 입양 서류 원본을 폐기할까 두려워하고 있다고 밝혔다. 이에 따라 DKRG는 입양인들의 원본 서류를 보호하기 위해 필요한 조치를 취해 달라고 한국 정부에 촉구했다.[4]

이 이야기를 읽었을 때 믿을 수가 없었다. 너무나 터무니없는 이야기라는 생각이 스쳤다. 아무리 그래도 그 제도가 이렇게까지 썩어 있을 리는 없었다. 우리가 너를 입양했을 때, 입양 단체는 모든 절차가 정상적이라고 했다. 세계의아이들에서는 한국에서의 입양이 가장 깔끔하고 모범적인 경우라고 장담했다. "거기서는 모든 게 아주 매끄럽게 진행됩니다"라고 하면서. 하지만 어쩌면, 바로 그것이 문제였을지도 모른다. 매끄럽게 돌아가는 하나의 거대한 기계 장치. 전쟁 이후 한국 사회의 문제를 해결한다는 명목 아래 서구의 외화 기부금으로 움직이며, 입양 수요가 늘어남에 따라 멈추지 않고 계속 굴러간 시스템. 나는 믿을 수 없었다. 아니, 믿고 싶지 않았다.

"하지만 그게 사실일 수도 있잖아요." 너는 그렇게 말했다.

2022년 8월 말 NRK에서 방영된 노르웨이 다큐멘터리 〈귀향의 길 Veien hjem〉을 계기로, 노르웨이 아동가족부 장관은 불법 입양이 노르웨이를 포함한 여러 나라로 이루어졌다는 주장과 마주하게 되었다.

다큐멘터리는 생후 7주 만에 스리랑카에서 노르웨이로 입양된 프리양기카 사만티Príyangika Samanthie의 이야기를 조명했다. 거기에는 그녀가 생물학적 가족을 찾아 나서는 여정과, 마침내 생모와 다시 만나게 되는 과정이 담겨 있었다. 프리양기카의 어머니는 아이가 노르웨이로 입양되었다는 사실을 전혀 알지 못했다고 말했다. 그녀는 아이가 잠시 위탁 가정에 맡겨져 있는 줄로만 알았으며, 경제적으로 안정되면 아이를 데려와 직접 돌볼 수 있을 것이라 굳게 믿고 있었다. 또한 이 다큐멘터리에는 1980년대 동안 최대 1만 1천 명에 이르는 영아들이 불법으로 유럽에 팔려 나갔음을 스리랑카 당국이 인정하는 내용도 담겼다.[5]

프리양기카는 노르웨이 국영 방송 NRK와의 인터뷰에서, 노르웨이 당국이 자국의 국제적 의무를 진지하게 받아들이고, 네덜란드 등 다른 나라들처럼 자국의 입양 관행에 대해서도 조사를 실시해야 한다고 촉구했다. 이에 대해 NRK는 노르웨이 아동가족부 장관 셰르스티 토페Kjersti Toppe가 이메일을 통해 다음과 같이 답했다고 전했다. "우리는 이 문제를 매우 심각하게 받아들이고 있습니다. 노르웨이에서도 이러한 조사가 필요할 수 있다고 생각하며, 이에 대한 판단은 추후 다시 검토하겠습니다."[6]

그러나 조사를 환영하지 않는 입양인들도 적지 않았다. 〈VG〉에 따르면, 여러 입양인들이 자신들의 입양 사례가 조사 대상이 되는 것을 원치 않는다며 직접 연락해 왔다. 그들은 노르웨이에서 만족스러운 삶을 살고 있으며, 비록 수십 년 전 입양 과정에 법적 오류나 절차상의 문제가 있었을 가능성이 있더라도 자신의 과거를 다시 들추어내고 싶지 않다고 말했다.[7]

신문은 이 문제가 이미 되돌릴 수 없는 일에 대한 슬픔과 상실감을 동반한, 감정적으로 매우 무거운 주제가 될 수 있다고 지적했다.

"하지만 지금 이야기하려는 건 그게 아니잖아요. 문제는 전체 시스템 자체가 조사되어야 한다는 거예요. 그리고 각자가 자신의 진실을 알고자 하는 일은 어디까지나 자발적이어야 해요. 물론 그 시스템을 제대로 밝히려면, 개별 사례를 검토할 필요도 있겠죠."

나는 그럴듯한 말이라고 생각하며, 너의 말에 계속 귀를 기울였다.

"제 경우에 불법적인 일이 있었을 거라고는 생각 안 해요. 그래도 그 시스템이 신뢰할 수 있는 구조인지는 알고 싶어요. 만약 그것이 합법적인 제도가 아니었다면, 그 사실은 반드시 드러나야 해요. 모두를 위해서, 입양 부모들을 위해서도요. 그렇지 않다면 입양인과 그 가족 모두가 영원한 사각지대에 갇힌 채, 우리의 이야기가 노르웨이 역사의 일부라는 사실을 사회가 보지 못한 채 남게 될 거예요."

나는 무슨 말을 해야 할지 몰라 고개만 끄덕이며, 침묵으로 대답을 대신했다. 어쩌면 네 말이 맞을지도 몰랐다. 우리가 지금까지 입양이란 아동을 돕는 일이라는 집단적 서사를 믿어 왔다. 그러나 그 이야기의 그림자 아래에는, 우리가 보지 못한 다른 진실이 자리하고 있었을지도 모른다. 즉 입양 가족으로서의 우리 자신에 대한 불편한 진실이. 우리는 개인으로서도, 그리고 하나의 나라로서도 너무 단순화된 자기 인식에 묶여 있었던 것은 아닐까.

불편한 진실이 우리의 익숙한 인식에 도전할 때, 우리는 그것을 본능적으로 외면하곤 한다. 또한 우리는 눈앞에 드러난, 고통스러운 현실을 밀어내고 가능한 한 빨리 지나쳐 버리려 한다. 그렇게 해야 우리가 '정상 상태'라고 믿는 균형을 다시 세울 수 있다고 생각하기 때문이다. 그래서 나는, 우리가 여전히 눈가리개를 벗지 못한 채 살아간다 해도 그리 놀라운 일은 아닐 것이라고 생각했다.

계속 이어져 온 국제 입양의 역사는 2022년 9월 말, 유엔 전문가위원회의 성명 발표를 계기로 새로운 국면을 맞았다. 성명은 국제 입양이 인권과 아동 권리 협약에 위배될 소지가 있다고 지적했다.

전문가위원회는 법을 위반한 국제 입양은 아동의 납치, 인신매매 및 매매 금지 조항, 그리고 강제적 실종을 금지하는 국제 규정과도 충돌한다고 지적했다. 위원회는 또한 각국이 이러한 불법 행위를 중단하고 근절하기 위한 실질적인 조치를 취해야 한다고 촉구했다.

위원회는 공동 성명을 통해 "국경을 넘는 불법 입양은 여러 인권을 침해하며, 그중에는 아동이 자신의 정체성을 유지할 권리도 포함된다"라고 밝혔다. 그리고 이러한 행위가 당사자들의 삶에 미치는 파괴적인 영향을 강조했다.

국제법 기준에 따르면, 불법 입양은 경우에 따라 집단 학살 혹은 인류에 대한 반인도적 범죄를 포함한 중범죄로 간주될 수 있다.

그들의 성명 발표 시점은 결코 우연이 아니었다. 그것은 여러 나라가 여전히 불법적인 초국가적 입양을 방조하거나 자행하고 있는 현실에 대한 응답이자 책임을 묻는 행동이었다. 점점 더 많은 입양인이 자신의 입양 과정에서 드러난 모순이나 오류를 인식하고, 나아가 자신의 출생 배경과 입양 사유에 관한 이야기들이 조작되었다는 사실을 깨닫고 있다.

유엔 전문가들은 각국이 자국의 책임을 이행하도록 압박을 가하고 있다. 그 핵심은 아동의 최선의 이익을 기본 원칙으로 삼아, 입양 절차를 올바르게 관리하기 위한 법률과 정책, 그리고 필요한 제도적 조치들을 마련하고 시행해야 한다는 것이다.

또한 그들은 국제 입양을 통해 부당한 경제적 이익이 발생하지 않도록 각국이 필요한 조치를 취하는 것이 매우 중요하며, 기부금과 후원금은 입양 절차와 명확히 분리되어야 한다고 강조했다. 아울러, 입양 절차의 모든 단계에서 발생하는 부패 행위는 형사 처벌의 대상이 되어야 한다고도 덧붙였다.

이제 각국은 불법 입양을 지속적인 범죄 행위로 간주하고, 그 배후에 있는 이들을 엄중히 처벌해야 한다는 권고를 받고 있다.

전문가들은 '아동의 강제적이거나 불법적인 격리는 아동에 대한 폭력 중에서도 특히 중대한 사안으로 간주된다'라고 했다.

위원회는 각국에 초국가적 불법 입양 의혹을 조사하기 위한 독립적인 위원회 설립을 권고했다. 또한 모든 관련 당사자의 책임을 명확히 규명하고, 입양인들이 자신의 생물학적 뿌리를 찾을 수 있도록 지원을 보장해야 한다고 밝혔다.

성명은 '불법 입양의 피해자들은 진실을 알 권리가 있다'고 명시했다.[8]

덴마크 단체 DKRG는 여전히 한국 진실·화해위원회가 불법 입양에 대한 공식 조사를 실시하도록 촉구하는 활동을 이어가고 있다. 이와 동시에, 수많은 행위자와 문서 그리고 비공식 기록들이 얽힌 복잡하고 방대한 구조를 체계적으로 파악하기 위해 많은 노력을 기울이고 있다. 그들은 여러 나라의 입양인들이 제출한 사례들을 검토하기 위해 법률·인권·의학 전문가 들의 자문을 구하고 이를 바탕으로 사건을 면밀히 분석한다. 그 결과, 학대와 유괴, 대규모 기부금 및 국경을 넘는 경제적 거래의 패턴들이 서서히 드러나고 있다. 이 단체는 초국가적 입양의 진실이 밝혀져야 하며, 입양 기관들이 한국 아동의 납치·탈취 행위에 책임을 져야 한다고 요구하고 있다. 또한 입양 기관들이 아동의 해외 송

출에 어떤 역할을 했는지 명확히 규명하고, 입양 기관의 보호 하에서 사망한 아동의 수도 공개되어야 한다고 주장했다. 아울러 입양 기관들이 조직적으로 위조 서류를 사용한 실태와 홀트아동복지회가 주도한 아동 성폭력 사건과 소아 성애자에게 아이를 입양 보낸 사례들에 대한 철저한 수사가 이루어져야 한다고 요구했다. 마지막으로는 현재도 계속되고 있는 입양인의 권리 침해를 중단해야 한다고 덧붙였다.[9]

덴마크에서 시작된 이 작은 움직임은 매우 짧은 기간에 전 세계 입양인들을 잇는 하나의 네트워크로 성장했다. 2022년 11월, 한국 입양인들로 구성된 한 그룹은 노르웨이에서도 이른바 입양 산업이라 불리는 구조에 대한 철저한 청산이 필요하다고 주장했다. 이후 뮐레르와의 회의를 거쳐, '노르웨이한국인권그룹Norwegian Korean Rights Group, NKRG'이 결성되었다.[10] 현재 여러 한국 입양인이 자신들의 사례를 제출하며 진실·화해위원회에 공식 조사를 요구하는 청원을 뒷받침하고 있다.

12월에는 DKRG 대표단의 여러 구성원들이 서울을 방문해 추가 자료를 제출했다. 그 대표단에는 내가 여러 차례 대화를 나누었던 E도 포함되어 있었고, 그들이 제출한 서류들 중에는 내가 직접 만나 대화를 나누었던 여러 입양인들의 사례도 함께 들어 있었다.

그들 중 한 명은 이번 일을 진실 규명과 명예 회복, 그리고 답을 찾고자 하는 국제 입양인들의 권리 향상 과정에 직접 참여할 기회로 받아들이고 있다고 말했다. 또한, 최근 몇 년간의 폭로를 통해 서류가 조작되었음이 드러난 수많은 입양인과 연대하기 위해서 이 일을 하고 있다고 덧붙였다.

자신의 서류가 조작되었는지 여부를 밝혀낸다 하더라도, 그녀가 느끼는 그리움과 슬픔, 그리고 상실감을 치유할 수는 없다. 그러나 그녀는 언젠가 그 답을 듣게 되리라는 희망을 품고 있다.

"전 진실을 알기를 바랍니다. 그리고 저에겐 그 진실을 알 권리가 있어요!"

시간이 지나면서 나는, 예전에 이야기를 나누었을 때는 과거를 파헤치고 싶어 하지 않던 이들 중 몇몇이 이제는 마음을 바꾸어 자신의 사례를 제출했다는 사실을 알게 되었다. 그들 중 한 사람은 이렇게 말했다. "나는 지금의 자신과 내가 입양된 가족과의 관계에 만족하고 있어요. 하지만 기본권 침해를 용인하는 썩은 시스템이 그대로 존재한다는 사실은, 아무리 생각해도 옳지 않아요."

네가 서울에서 이곳으로 온 지 정확히 24년째가 되던 해, 한국의 진실·화해위원회가 조사를 개시하기로 결정했다. 두 건의 기본 보고서와 3백 건이 넘는 개별 사례가 위원회의 조사 출발점이었다. 그중 스물한 건은 노르웨이로 입양된 한국인 입양인들의 사례였다. 이 조사는 1960년대부터 1990년대에 걸쳐 한국에서 이루어진 국제 입양 과정 중 드러나지 않은 인권 침해를 밝혀내기 위해 이루어졌다.

정부가 임명한 위원회는 한국 정부와 입양 기관이 저질렀을 가능성이 있는 불법 행위들의 조사 과정을 낱낱이 공개했다. 조사 대상에는 인신매매, 민족 정화, 아동 유괴, 사기 및 문서 위조, 정체성 박탈, 성폭력, 폭력과 방임, 인종 차별, 그리고 자신의 뿌리를 알 가장 근본적인 권리의 침해까지 포함되어 있었다.[11]

사례를 제출한 노르웨이 입양인들 가운데에는, 13세의 나이에 불법으로 입양된 잉에르-토네도 포함되어 있다.[12]

2022년 봄, 호Hå 시청과 잉에르-토네는 마침내 240만 크로네의 배상과 위자료 지급에 합의했다. 이번 합의는 가정을 향한 시의 감독 의무가 제대로 이행되지 않았던 점과 아동 보상 책임에 관한 것이었다. 그러나 잉에르-토네를 한국에서 불법으로 데리고 온 사건 자체는 합의 대상에 포함되지 않았다. 그녀의 사례는 이후 한국 진실·화해위원회의 조사 대상에 올랐다. 2023년 1월에 위원회가 본격적으로 조사를 시작하면서 잉에르-토네는 위원회가 가장 먼저 인터뷰한 첫 번째 한국 입양인이 되었다.[13]

앞서 〈스타방거 아프텐블라드〉에 소개된 적이 있는 우마 또한, 한국 진실·화해위원회 조사의 근거가 되는 사례들 가운데 하나였다. 그녀는 자신의 입양 서류가 위조되었을 가능성을 의심하며 진실이 밝혀지기를 바랐다. 하지만 그녀에게 가장 중요한 것은 과거 입양을 오직 긍정적으로만 그렸던 이야기가 이제

315

는 다시 쓰여야 한다는 점이었다. 또한 해외 입양인들이 자신들에게 일어난 일에 대해 명확한 답을 얻게 되는 것 역시 중요했다. "그래야 우리에게 자행된 인권 침해의 책임이 누구에게 있는지도 물을 수 있게 됩니다." 우마는 〈클라쎄캄펜Klassekampen〉과의 인터뷰에서 이렇게 말했다. 이어 그녀는 이제 노르웨이 또한 자국 내에서 독립적인 조사를 실시할 필요가 있음을 인정해야 하며, 그 조사 결과가 나올 때까지 모든 해외 입양 절차를 잠정 중단해야 한다고 덧붙였다. 이 발언은 아동가족부 장관이 마침내 조사 요구를 받아들이긴 했지만, 단지 아동가족부가 자체적인 내부 검토로 자국의 실무 관행만을 들여다보겠다고 한 데에 대한 반응이었다.[14]

아동가족부 토페 장관은 입양 관련 중앙기관이 스스로 자국의 시스템을 점검하는 것만으로도 충분하다는 입장을 밝혔다. 그녀는 다른 나라들에서 불법 행위가 드러난 사례가 있더라도, 노르웨이의 해외 입양 과정에서 불법이 있었을 것이라 의심할 근거는 없다는 이유를 들었다.

"다른 유럽 국가들의 조사에서는 법 위반 사례가 드러난 것으로 알고 있습니다. 우리는 여기에서는 그런 일이 일어나지 않았음을 확실히 하고자 합니다. 그렇기 때문에 아동가족부 차원에서 해외 입양 제도 전반에 대한 검토를 실시하려는 것입니다."[15]

이것은 노르웨이 당국이 자국의 입양 제도에 대해 독립적인 조사를 실시해야 한다는 유엔의 권고를 사실상 무시하는 것이나 다름없었다.

　너는 장관의 발언을 읽고는 코웃음을 쳤다.

　"어떻게 이렇게까지 오만할 수 있을까요?"

　나는 불안한 마음으로 고개를 끄덕일 수밖에 없었다. 그들의 태도는 안일하기 짝이 없었다. 그리고 나는, 이 문제를 청산할 시간이 결국 우리에게도 닥쳐올 것임을 직감했다.

내 아들, 바로 너처럼

"정말 너 혼자 가고 싶다면 그렇게 하도록 해. 난 충분히 이해할 수 있어. 넌 이제 성인이고, 우리는 네가 거쳐 갈 과정을 존중한단다. 그건 너도 알지?"

나는 그렇게 말하면서도, 네가 원한다면 우리도 그 여정에 함께하고 싶다는 뜻을 덧붙였다. 결국 성탄절 연휴 동안 너는 우리와 함께 가기로 마음을 정했고, 2022년이 저물 무렵 너와 나는 함께 앉아 3월 말에 한국으로 떠나는 항공권을 예약했다.

가을 내내, 엄마로부터는 아무런 소식도 들리지 않았다. 너는 여러 차례 재촉 메일을 보냈다. 처음에는 세계의아이들에, 그 다음에는 홀트아동복지회로. 10월이 되자 마침내 세계의아이들에서 답장이 왔다. 그들은 늦은 회신을 사과하며 네가 보낸 모든 서신을 이미 한국의 홀트아동복지회로 전달했다고 했다. 그 뒤로는 아무런 소식이 없었다. 내가 혹시 소식이 있냐고 묻자, 너는 한숨을 내쉬며 슬픈 얼굴로 대답했다. "아니요, 아직……" 성탄절이 다가올 무렵, 더 이상 기다리지 못했던 너는 결국 세계의아이들에 다시 이메일을 보내 재촉했다.

올해 2월, 나는 세계의아이들을 거쳐 홀트아동복지회로 전달된 서신을 통해 생모와 연락이 닿았습니다. 생모와 생부는 노르웨이 아동권리보장센터를 통해 모두 확인되었습니다. 다만 생부의 경우 그의 자녀에게 연락이 전해지면서 놀란 듯했기에, 나는 그와 관련해 더 이상의 후속 조치를 취하지 말아 달라고 요청했습니다. 반면 생모는 답장을 보내왔고, 우리는 세계의아이들과 홀트아동복지회를 매개로 이메일을 통해 연락을 주고받았습니다. 생모는 그 편지들에서 앞으로도 계속 나와 연락을 이어 가고 싶다는 뜻을 분명히 밝혔습니다.

나는 마지막 편지를 6월 7일에 보냈고, 그 이후로 아무런 소식도 듣지 못했습니다. 8월에 진행 상황을 문의했을 때 일주일 안에 답변을 받게 될 거라는 회신을 받았습니다. 하지만 아무 일도 일어나지 않아 다시 재촉 메일을 보냈고, 마침내 10월 21일, 한국으로 마지막 편지가 발송된 지 4개월 만에 세계의아이들로부터 답장을 받을 수 있었습니다. 그 답신에는 홀트아동복지회 산하의 사후 입양 서비스PAS, Post Adoption Service로부터는 아직 답변을 받지 못했지만, 다시 한번 독촉하겠다는 내용이 담겨 있었습니다.

이 모든 과정이 중단된 점, 그리고 내가 세계의아이들과 홀트아동복지회를 통하지 않고는 생모와 직접 연락할 수 없었던 점이 매우 안타깝습니다. 생모가 보내온 사진 파일명에 그녀의 이름으로 보이는 글자가 적혀 있었고, 파일명은 그녀가 직접 지정한 것이었습니다. 이로 미루어 보아 생모는 자신의 신원을 나에게 굳이 숨길 이유가 없었던 것으로 짐작됩니다.

나는 이번 사안에서 나의 일부 권리가 제대로 보장되지 않았다고 생각합니다.

따라서 이 문제가 이제 우선으로 검토·처리되기를 요청드립니다. 또한 앞서 언급한 이메일 교환 이후, 홀트아동복지회가 생모의 연락처를 보유하고 있을 것으로 보이므로 그 정보를 나에게 전달해 주시기를 바랍니다.

곧 '세계의 아이들'로부터 전화가 걸려 왔다. 그들은 홀트아동복지회 쪽이 요즘 매우 바쁘지만, 다시 한번 답신을 독촉하겠다고 했다.

그리고 또다시 아무런 소식이 없었다.

한국의 진실·화해위원회가 조사에 착수했다는 소식이 채 가라앉기도 전에, 2023년 1월 16일 TV2는 〈이면 속의 진실^{Bak fasaden}〉이라는 프로그램을 방송했다. 그 회차의 제목은 '입양의 그늘'이었으며, 도입부는 다음과 같은 내레이션으로 시작되었다. '국제 조사를 통해 인신매매와 부패가 난무하는 입양 시장의 실체가 드러났습니다.' 첫 장면에는 한 남성이 등장해, 이제야 자신이 출생국에서 불법적으로 유괴되었다는 사실을 알게 되었다고 말했다. 진행자는 '조사 결과 S가 인신매매의 피해자였으며, 에콰도르의 범죄 조직에 의해 노르웨이로 입양된 것으로 드러났다'고 말하며 이어서 질문을 던졌다. "과연 이런 사례가 세상에 얼마나 더 있을까요? 그리고 노르웨이 당국은 무엇을 알고 있었던 걸까요?"

순식간에 눈시울이 젖어 왔다. 다음 장면에서 네가 달려오는 모습이 나왔기 때문이다. 나는 네가 프로그램 제작진에게 짧은 영상 하나를 빌려주었다는 것을 알고 있었다. 하지만 그 영상이 프로그램 도입부의 한 장면으로 쓰일 줄은 몰랐다. "지난해, 그 어느 때보다 많은 아이가 해외에서 노르웨이로 입양되었습니다." 화면에 낄린 내레이션의 음성이 네 웃음소리와 겹쳐 들려왔다. 네가 우리 집에 온 첫 번째 여름이었다. 우리는 쉴 새 없이 네 모습을 찍었다. 아무리 찍어도 모자랄 정도로. 그때 카메라를 들고 있던 사람은 남편이었을 것이다. 왜냐하면, 네가 달려가는 방향에 바로 내가 있었으니까. 나는 얇은 여름 옷차림으로 거실 바닥에 앉아 달려오는 너를 안으려 두 팔을 활짝 벌리고 있었다. 하지만 너는 나를 피해 옆으로 달아나며 깔깔 웃었다. 거실 모퉁이를 돌아 다시 내 쪽으로, 그리고 또 반대쪽으로. 그렇게 앞뒤로 뛰어다니며 깔깔 웃던 네 웃음소리가 온 집 안을 가득 채웠다. 그 장면이 지금도 생생하다. 그때 우리는 모두 웃었다. 남편도, 나도,

그리고 소파에 누워 우리를 바라보던 산드라도. 우리는 결국 눈물이 날 만큼 배를 잡고 웃었다.

볼이 발갛게 상기된 얼굴로, 기저귀와 티셔츠만 입은 너는 땀에 흠뻑 젖은 채 내게 달려왔다. 그러다 마침내 네가 내 품에 안겼다. 나는 가쁘게 숨을 몰아쉬는 너의 작고 따스한 몸을 꼭 끌어안았다. 그리고 두 팔로 겨우 9킬로그램인 너를 번쩍 들어 올렸다. 그 순간, 우리의 웃음소리와 프로그램 진행자의 목소리와 겹쳐 들려왔다. "나는 늘 입양이 좋은 일이라고 여겨 왔습니다. 가난하고 부모 없는 아이가 노르웨이의 한 가정에서 사랑과 풍요 속에 자라게 되는 일이라고 믿었기 때문입니다." 그 목소리가 흘러나오는 동안, 너는 내 팔 안에서 꿈틀거리며 작은 몸을 비틀었다. 내가 다시 너를 조심스레 바닥에 내려놓자, 너는 남편이 들고 있는 카메라를 향해 달려가 환하게 웃는 얼굴을 렌즈 바로 앞까지 들이밀었다. 화면 속에 어린 시절의 네가 있었다. 활짝 웃는 입 사이로 보이는 작고 고운 젖니, 그리고 그 아래로 이어지는 말랑한 볼살. 나는 그 장면을 바라보며 두 팔에 안겼던 네 무게감을 다시 느꼈다. 행복으로 남은 그 시간을 떠올리는 동안, 살짝 스치는 향수에 잠겼다. 동시에 지금의 네 모습을 바라보며 밀려드는 조용한 기쁨에 몸을 맡겼다.

TV 화면 속 너를 바라보며, 나는 엄마를 떠올렸다. 그리고 그녀가 잃어버린 모든 것들도 함께. "안녕!" 화면 속의 너는 웃으며 소리쳤다. 네 아버지가 무엇을 하고 있는지 궁금한 듯, 카메라 뒤를 힐끔 바라보기도 했다. 그러다 갑자기 영상이 멈췄다. 네 웃음소리도 함께 사라지고, 곧 놀란 듯한 너의 얼굴이 화면 가득 채워졌다. 바로 그때, 진행자의 목소리가 들려왔다.

"하지만 해외 입양에, 어두운 면도 존재할 수 있을까요?"

프로그램은 노르웨이의 입양 제도에 의문을 제기했다. 노르웨이 당국이 아이들을 인신매매로부터 충분히 보호했는지에 관한 것이었다. 이 질문의 배경에는 프로그램이 공개한 몇몇 사례가 있었다. 어린 시절 노르웨이로 입양되었으나, 이제는 자신이 불법적인 입양 절차를 통해 보내졌음을 확실히 알게 된 성인들의 이야기였다. 진행자는 말을 이었다.

"지금 이 순간에도, 세상 어딘가에서 자신이 결코 잃지 말았어야 할 아이를 그리워하는 어머니와 아버지 들이 얼마나 많을까요?"[16]

나는 우리가 과거로 이끌려 가고 있음을 느꼈다. 지금껏 우리와 무관하다고 믿었던 그 과거에게. 그리고 그 과거는 앞으로도 늘 우리와 맞닿아 있을 것이다. 나는 더 잘 알았어야 했다. 그것은 내 책임이었다. 나는 네 생모가 입양에 동의했음을 확신할 수 있을까? 아니, 그렇지 않다. 나는 그녀의 동의가 존재한다는 어떤 문서도 가지고 있지 않다.

프로그램이 방영된 며칠 뒤, 나는 직장 동료들 중 누군가가 우리 입양 과정을 묻지 않을까 기다리고 있었다. '당신의 아이들도 훔쳐진 건가요?' '안데르스의 생모가 입양에 동의했다는 걸 확신하나요?' 그런 질문들이 쏟아질지도 모른다고 생각하며, 나는 마음을 단단히 다잡았다. 사람들이 우리를, 노르웨이의 입양 가정들을, 인신매매에 가담한 이들로 보기 시작하지는 않을까?

하지만 그렇게 묻는 사람은 아무도 없었다. 나는 사람들이 우리를 어떻게 생각하는지 알 길이 없었다.

그로부터 며칠 뒤, TV2는 불법 입양에 관한 추가 보도를 이어갔다. 외부 조사를 요구해 온 입양인들은 다시 한번 토페 장관과 마주했다. 또한 보수당, 진보당, 사회좌파당도 정부에 대해 모든 해외 입양 사례를 조사할 독립적 외부 위원회를 설치하라고 요구하며 장관에게 정치적 압박을 가하기 시작했다. 결국 '입양의 그늘'의 방영 이후 이어진 논란은 장관이 입장을 바꾸는 계기가 되었다. 입양 제도는 이제 내부 검토의 범위를 벗어나, 외부 기관의 독립적 조사를 받게 되었다.[17]

하지만 여전히 내 주변인들이나 직장 동료들 중에서 이 일에 대해 말하는 사람은 없다. 아무도 관심이 없는 걸까? 아니면 그냥 모르고 지나친 걸까? 혹은 그 침묵이, 너와 다른 해외 입양인들은 더 이상 관심을 받을 만한 존재가 아니라는 뜻일까? 그리고 또 하나의 의문. 왜 다른 언론들은 이 사건을 대대적으로 다루지 않는 걸까? 이건 명백한 스캔들 아니었던가?

"아니요, 그 사람들은 신경 쓰지 않아요." 너는 담담하게 말을 이었다. "우리는 이미 이 사회에 맞추어 살아왔잖아요. 그러니까 이제 '우리의 문제'는, 입양인들만의 문제로 남게 되는 거예요."

한국으로 떠나는 날이 이제 두 달도 채 남지 않았는데 아직까지 엄마에게서도, 홀트아동복지회나 세계의아이들에서도 아무런 소식이 없었다. 그 때문에 너는 서서히 절망하기 시작했다.

너는 지난번 독촉 메일을 보낸 지 한 달 남짓 만에 다시 이 메일을 썼다. 거의 1년 전 처음 연락이 닿은 이후 지금까지의 과정을 정리한 뒤, 이번에는 직접적으로 물었다. 생모가 약속대로 너의 연락처 정보를 전달받았는지, 그리고 홀트아동복지회가 정말로 너의 마지막 편지를 그녀에게 보냈는지 구체적인 확인을 받을 수 있느냐고.

어쩌면 나의 생모는 2022년 6월 7일에 보낸 제 편지를 받았을지도 모릅니다. 그리고 그 후로 연락을 끊기로 스스로 결정했을 수도 있습니다. 하지만 그녀가 정말로 그 편지를 받았는지 알기 전에는 그 이유를 알 수 없습니다. 만약 편지가 그녀에게 전달되지 않았다면, 어쩌면 그녀는 제가 먼저 연락을 끊었다고 생각할지도 모릅니다. 그렇다면 정말로, 너무나 안타까운 일이라고 생각합니다.

너는 3월에 한국으로 갈 예정이라고 말하며, 홀트아동복지회 측에 후속 조치를 요청했다. 아니, 간절히 호소했다.

내 아들, 바로 나처럼

　　그로부터 일주일 뒤, 한국의 홀트아동복지회에서 이메일이 도착했다. 이번에는 놀랍게도 엄마의 편지 번역본이 첨부되어 있었다. 그 편지는 네가 독촉 메일을 보낸 바로 그날, 무려 반년이 넘는 침묵 끝에 홀트에 도착한 것으로 되어 있었다.

　　그녀는 짧은 편지에 너를 만나고 싶다고 썼다. 하지만 자신이 대구에 살고 있어, 서울에서 만나려면 미리 일정을 조율해야 한다고 했다. 한국 홀트의 상담원은 그 만남은 반드시 홀트를 통해 그들의 사무실에서 이루어져야 한다고 했다. 그리고 그것이 바로 너의 생모가 원하는 방식이라고 강조했다.

　　그녀는 바다를 좋아한다고 했다. "내 아들, 바로 너처럼."

특히 저녁이면 바닷바람을 느끼고, 파도 소리를 듣는 걸 좋아한단다. 언젠가 우리가 함께 바닷가에 앉아 있을 수 있다면 얼마나 좋을까. 내가 네 사진을 가지고 있어 정말 기뻐. 네가 생각날 때마다 자주 꺼내 본단다.

사랑을 담아, 엄마가.

너는 즉시 답장을 썼다. 아직도 생모의 연락처 정보를 받지 못했기 때문에, 다시 한번 홀트에 번역을 부탁할 수밖에 없었다. 너는 두 사람의 만남을 주선해 달라 요청하고 네 여행 일정도 첨부했다. 만약 그녀가 서울로 오기 어렵다면 네가 직접 대구로 갈

것이며 개인 통역사를 대동하겠다고 말했다. 그녀가 곤란한 상황에 처하지 않도록 최대한 신중하게 행동하겠다고도 덧붙였다. 그리고 엄마가 불편해지지 않도록, 할 수 있는 모든 일을 다하겠다고 약속했다.

그리고 다시, 길고 깊은 침묵이 찾아왔다.

여행 날짜가 하루하루 다가오고 있었다. 너는 홀트에 여러 통의 이메일을 보냈다. 만남이 가능한 일정을 다시 알리고, 자신이 얼마나 융통성 있게, 또 신중하게 행동할 것인지를 거듭 강조했다.

그러나 여전히 아무런 답장도 없었다. 홀트아동복지회에서 네 메일을 수신했다는 확인조차 오지 않았다.

출국을 열흘 남짓 앞둔 어느 날, 나는 결국 참지 못하고 개입하고 말았다. 서울에 머무는 덴마크 국적의 한국 입양인 중 한 명에게 도움을 요청해 보자고 제안했다.

너는 그 제안에 동의했다. 너는 L에게 위임장을 보내주었고, 그녀는 그것을 들고 노르웨이 아동권리보장센터를 찾아가 네 케이스에 후속 조치를 해 줄 것을 요청했다. 며칠 뒤, 그녀는 센터 관계자들이 네 사건을 자세히 검토해 보겠다고 약속했다고 전해 왔다. 같은 날, 센터에서도 별도의 이메일을 보내와 동일한 내용을 확인해 주었다. 그들은 홀트에 연락을 취해 절차를 서둘러 달라고 요청했다고 했다. 그로부터 일주일 뒤, 출국을 사흘 앞둔 날 마침내 홀트로부터 답장이 도착했다. 그들은 네가 한국에 도착하고 이틀 뒤인 4월 3일에 만남을 주선하겠다고 확인해 왔다. 마침내 안도의 숨을 쉴 수 있었던 너는, 남은 며칠 동안 여행 준비에 집중했다.

문득 지금 너의 생모는 어떤 마음일지 궁금해졌다. 아마 그녀는 너와의 만남이 예정되어 있다는 사실을 가족에게 말하지 못했을 것이다. 너를 만나기 위해 회계사로 일하는 직장에서 휴가를 내야 했을지도 모른다. 어쩌면 여러 사람에게, 어디에 가는지, 무엇을 하려는지 다른 이유를 지어내야 했을지도 모른다.

나는 그래도 그녀가 너를 만나게 될 날을 기다리며 한편으로 설레고 있기를 바랐다. 아마 지금쯤 그녀는 네가 태어났을 때의 모습을 떠올려 보려 하고 있을지도 모른다. 혹시 너의 아기 시절 사진 한 장을 어딘가에 몰래 간직해 두진 않았을까. 하지만 설령 그렇지 않더라도, 그녀는 여전히 너에게서 느꼈던 온기를 기억하고 있을 것이다. 나는 그녀가 너를 한 번이라도 쓰다듬었기를, 네 따뜻한 뺨을 느껴 보았기를, 그리고 너의 살 내음을 맡아 보았기를 바랐다. 아마 너는 잠시나마 그녀의 품에 안겨 있었을 것이다. 그 찰나만으로도, 어쩌면 그녀의 기억 속에 작은 흔적 하나가 남기에 충분했을지 모른다.

가슴에 손을 얹고

3월의 마지막 날, 우리는 암스테르담에서 인천으로 향하는 대한항공 비행기에 올랐다. "Welcome on board." 우리 세 사람 중 남편과 내가 앞서 걷고 있었다. 내가 비행기 안으로 발을 들이는 순간, 등 뒤에서 한국어 인사말이 들렸다. "안녕하십니까, 탑승을 환영합니다." 나는 뒤를 돌아보았다. 네가 미소를 지으며 승무원에게 대답하고 있었다. "안녕하세요." 그리고는 조심스레 덧붙였다. "감사합니다." 그렇다, 인사와 감사의 말을 둘 다 해 두면 틀릴 일은 없을 테니까.

"이 사람들은 내가 진짜 한국인이라고 생각할 거예요." 너는 낮은 목소리로 속삭였다.

기내에 들어서자 공항의 소음이 잦아들고 고요함이 자리를 잡았다. 모든 승무원은 여성이었고, 밝은 청록색과 흰색이 조화를 이룬 유니폼을 입고 있었다. 그 복장은 한복에서 영감을 받은 디자인이었다. 그들은 머리를 단정히 올려 묶고, 그 위에 비녀를 꽂고 있었다. 그것 또한 전통적인 멋이었다. 내가 들었던 바에 의하면 비녀는 여성의 단아함과 아름다움을 상징한다고 했다.

나는 이 절제된 우아함과 완벽히 짜인 연출 속에서 벌써부터 스스로가 커다랗고 어색한 존재처럼 느껴지기 시작했다.

곧 우리는 함께 자리에 앉았다. 너는 기쁘고 설레는 표정을 짓고 있었다. 승무원들과 한국인 승객들이 너를 자기들 중 한 사람으로 여기는 것이 꽤 마음에 드는 눈치였다.

이륙 준비가 거의 끝나갈 무렵, 안전 수칙 안내가 시작되고 천장과 앞 좌석 화면이 동시에 켜졌다. 그 순간 화면 가득 등장한 것은 한국의 팝 그룹 BTS였다. 이 그룹은 한국의 케이팝 열풍을 상징하는 대표적 문화 아이콘 가운데 하나였다. BTS의 팬층은 한국에만 머물지 않았다. 그들은 서구에서도 압도적인 인기를 얻으며, 수많은 관광객을 한국으로 이끌고 있었다. BTS가 승객들에게 안전 수칙을 안내하는 세련된 영상이 상영되었다.[18]

열두 시간에 이르는 야간 비행 동안, 다양한 서비스가 끊임없이 이어졌다. 따뜻한 물수건, 그리고 한국식과 서양식 중 고를 수 있는 근사한 식사 메뉴. 승무원들은 언제나 일정한 순서로 우리에게 말을 걸어왔다. 가장 연장자인 네 아버지가 첫 번째였고 그다음은 나였다. 물론 그들은 영어로 말했다. 하지만 마지막으로 너에게 말을 걸 때는, 어김없이 한국어를 사용했다.

"저 사람들은 우리가 한 가족인지 모르나 봐요." 너는 나직하게 속삭였다.

"글쎄, 나도 잘 모르겠어."

나 역시 낮은 목소리로 대답했다. 아마 승객 명단 어딘가에 우리 이름이 함께 적혀 있어, 한 일행임을 알고 있을지도 모르겠다고 생각했다.

"이럴 줄 알았으면 한국어 공부 좀 해 둘 걸 그랬어요." 너는 후회하듯 말했다.

우리는 기내에서 밤 아닌 밤을 보내고, 다음날 오후 무렵 인천 공항에 착륙했다. 이제 이틀 뒤면, 너는 엄마를 만날 예정이었다.

출국 전에 남편과 나는 이번 여행의 모든 주도권을 너에게 맡기기로 했다. "이번 여행은 네 거야." 우리는 그렇게 말했다. "무엇을 할지, 어디로 갈지, 그리고 혼자 있고 싶은 순간이 있다면 그것도 네가 정해."

한국에서 맞는 첫 주말 동안 너는 우리에게 제대로 한 번 관광객이 되어 보자고 말했다. 토요일 아침 일곱 시, 우리는 이미 출발 준비를 마쳤다. 시차 덕분이기도 했고 든든한 아침 식사 덕분이기도 했다. 너와 나는 토스트와 요거트를 먹었고 네 아버지는 푸짐한 불고기 한 접시로 아침을 시작했다.

거리로 나선 우리는 가장 먼저 경복궁을 향해 걸었다. 형형색색의 한복을 입은 젊은 여성들이 한국의 역사를 기념하듯 거리를 수놓고 있었다. 광화문을 지나 안으로 들어서자 또 다른 세상이 펼쳐졌다. 고요하고 정갈한 세계였다. 왕의 거처와 전각, 정원과 누각이 41만 제곱미터에 걸쳐 이어졌다. 모든 것이 유교 원리와 풍수의 조화를 이루었다. 연못 위로는 햇살이 반짝였고, 향원정 누각이 위엄 있게 그 중심을 지켰다. 주변에 만개한 벚꽃이 흩날리는 가운데, 성벽 너머로는 여전히 소란스러운 현대의 서울이 자리를 지키고 있었다.

너는 재바르게 걸으며 우리를 북촌 한옥 마을로 이끌었다. 그곳은 조선 시대에 양반과 고위 관리들이 거주하던, 매우 잘 보존된 옛 마을이었다. 오늘날의 북촌 한옥 마을은 원형이 잘 보존되거나 복원된 작은 한옥들로 이루어져 있다. 특유의 기와지붕은 가장자리가 위로 살짝 들려 있어, 빗물이 건물 안쪽으로 스며들지 않도록 설계되었다.

너는 잠시도 시간을 헛되이 보내지 않겠다는 듯 우리를 재촉했다. 단지 가끔, 아이스티 한 잔이나 다른 시원한 음료를 마시자는 제안에 잠시 숨을 고를 뿐이었다. 우리에게는 이미 한여름처럼 느껴지는 날씨였다. 북촌의 언덕 위에 올라서서야 너는 비로소 잠시 숨을 돌렸다. 그곳에서 우리는 서울 도심이 한눈에 내려다보이는 풍경을 마주했다. 원서동, 재동, 계동, 그리고 우리 호텔이 있는 인사동까지.

주말이 끝나기 전, 우리는 남산 타워에서 장관 같은 벚꽃을 보았고, 서울숲도 거닐었다. 공원에는 빈자리 하나 없이 돗자리가 빼곡히 깔려 있었다. 그곳은 가족과 젊은이들, 그리고 활기찬 사람들로 가득했다. 모두가 아직도 마스크를 목에 목걸이처럼 걸고 다녔다. 이곳에서는 이미 '마스크 패션'이라 부를 만한 새로운 유행이 생겨났다. 그러나 지금 이 순간만큼은 모든 것이 잠시 멈춘 듯했다. 축제의 시간, 꽃의 계절, 그리고 주말이었다. 공원에서 모두가 봄을 만끽하며 피크닉을 즐겼다.

드디어 월요일 아침이 되었다. 마치 하룻밤 사이에 우리 셋이 쓰는 작은 방이 더 좁아진 듯했다. 욕실을 오갈 때마다 서로의 어깨가 부딪혔다. 너는 이미 마음 깊은 곳 어딘가로 숨어 버렸고, 나는 감히 말을 꺼낼 수 없어 조심조심 방 안을 오갔다. 그러다 네 아버지가 이제 아침 식사를 하자며 침묵을 깨뜨렸다.

우리가 호텔을 나서기 진, 너는 몇 번이나 옷을 갈아입었다. 밝은 색 바지를 입을까, 어두운 색 바지를 입을까? 셔츠를 입을까, 스웨터를 입을까? 나는 셔츠를 권했다.

"오늘은 엄마를 위해 좀 단정하게 입는 게 어때? 게다가 낮에는 아마 좀 더워질 거야."

너는 스웨터를 입었지만, 문을 나서려던 순간 다시 돌아섰다. 셔츠를 입기로 마음을 바꾸었던 것이다.

우리는 도시의 거리를 곧게 가로질러 나아갔다. 너는 맨 앞에 서서 걸었고, 네 아버지와 나는 일정한 거리를 두고 너의 뒤를 따랐다. 지하철을 기다리는 동안, 나는 용기를 내어 네 팔에 살짝 손을 얹어 보았다.

"어때, 괜찮아?" 나는 네 시선을 한순간이라도 붙잡아 두려 애썼다.

"괜찮아요, 엄마."

너는 잠시 머뭇거리다가 주저하듯 말을 이었다.

"그런데, 만약 그분이 안 오시면 어떡하죠?"

2호선으로 갈아탄 뒤, 너는 홀트아동복지회 사무실이 있는 합정역까지 몇 정거장이 남았는지 확인했다.

"여길 봐." 내가 객실 안 노선도를 가리키며 말을 이었다. "홀트아동복지회가 아예 하나의 정류장 이름이잖아."

너는 그 표시를 한참 바라보다가, 입술을 살짝 움직이며 글자를 따라 읽었다. 그리고는 믿기지 않는다는 듯한 표정으로 나를 바라보았다.

"이 거대한 도시에서, 저게 하나의 역 이름이라고요? 이것만 봐도 입양이 얼마나 거대한 교통망이었는지 알겠어요."

너는 홀트아동복지회 건물에서 생모를 만나기로 되어 있었다. 먼저 담당 사회 복지사와 잠깐 사전 면담을 갖고 나서 그녀가 통역으로 함께할 예정이었다. 복지사는 네가 부모를 동행한 걸 보고 살짝 놀란 표정을 지었다.

"생모와의 만남에는 물론 동석하지 않을 거예요."

나는 재빨리 설명했다. 그제야 그녀는 안도한 듯 숨을 내쉬며 미소를 지었다.

"다행이네요. 만약 그랬다면, 지금 서울역에서 택시를 타고 오는 어머니께 미리 전화해 알려드려야 했을 거예요."

작은 회의실 안은 숨이 막힐 듯 더웠다. 40도는 족히 될 것 같았다. 너는 계속 물병에 담긴 물을 마셨고, 쉴 새 없이 손가락으로 탁자를 톡톡 두드렸다. 탁자 아래로 가볍게 흔들리는 너의 다리가 보였다. 담당 사회 복지사가 말을 꺼냈다. 한국의 한 인터넷 신문에서 내가 쓴 칼럼을 보고 깜짝 놀랐다고. 그 기사에 실린 삽화 사진이 바로 너의 K-번호가 붙은 파란 여행 가방이었기 때문이다. 그녀는 네가 보냈던 수많은 이메일을 떠올리며, 그 번호를 단번에 알아봤다고 했다. 그 칼럼은 몇 달 전에 쓴 글이었다. 나는 그 글에서 입양 부모들이 한국의 입양 진상 조사를 두려워하지 말아야 하며, 무슨 일이 있었든 간에, 진실은 반드시 밝혀져야 한다고 주장했다.

"하지만 한 가지 알아 두세요." 그녀는 잠시 말을 멈추더니 다시 말을 이었다. "그 인터넷 신문, 프레시안은 아주 편향되고 극단적인 매체예요. 믿을 수 없어요."

"하지만 KBS에서도 입양 제도를 비판하는 보도가 여러 번 있었잖아요." 내가 조심스레 말을 이었다.

"그쪽도 믿을 게 못 됩니다."

그녀는 단호하게 잘라 말하며 프린트해 온 내 칼럼 사본을 서류철에 다시 끼워 넣었다.

“복지회 회장님도 그 글을 읽었어요. 이곳 사람들 모두 읽었답니다.”

너는 의자 위에서 몸을 뒤틀며 무거운 숨을 내쉬었고, 너의 시선은 그녀와 나 사이를 불안하게 오갔다.

“우린 문제를 일으키러 여기 온 게 아닙니다. 누군가에게 불쾌감을 줬다면 죄송해요. 하지만 지금 중요한 건 안데르스와 생모의 만남이라고 생각합니다.”

그제야 담당자는 네가 이 자리에 온 이유를 떠올린 듯, 내 쪽을 향해 단호한 시선으로 말했다.

“아니에요, 이해합니다. 예전에는 잘못된 일들이 있었겠죠. 하지만 그 모든 일이 선의에서 비롯되었다는 것만 기억해 주세요.”

나는 너의 눈빛을 보며 네가 지쳐 있고 불안하다는 것을 느꼈다. 문득 죄책감이 밀려왔다. 그 글을 쓰지 말았어야 했는데! 어쩌면 내 글 때문에 네가 홀트와 연락을 주고받을 때, 모든 일이 그렇게 더디게 진행되었던 것일까?

남편과 나는 홀트 건물 근처에서 기다리기로 했다. 카페에서 시간을 보내는 것도 좋을 것 같았다. 만약 너와 너의 생모가 원한다면, 나중에 우리 넷이 함께 만날 수도 있을 것이라는 생각과 함께.

“하지만 우리 모두가 만나는 건 어디까지나 자연스럽게 그렇게 되는 경우에만 생각해 보기로 하자. 이건 전적으로 네 만남

이야. 지금은 오직 너 자신에게 가장 좋은 게 무엇인지 그것만 생각하렴."

내 말에 너는 고개를 끄덕이며 말했다.

"그리고 엄마에게도요."

나는 네 팔 위에 살짝 손을 얹었다. 너의 셔츠는 식은땀으로 젖어 있었다.

"잘 되기를 바랄게."

나는 네게 짧은 포옹을 건네며 나직이 말했다.

홀트를 나온 우리는 건물 옆 작은 노천카페에 자리를 잡았다. 지금은 홀트 건물이 사무실로 쓰이고 있지만, 우리가 셀마를 데리러 왔던 그때에는 건물 일부가 게스트 하우스였다. 당시 그곳은 큰길의 본관 건물과 아주 가까웠기 때문에 우리도 그곳에서 머물렀다. 내 기억으로, 우리가 묵었던 층 아래에는 입양될 아이들을 위한 보호소가 있었다. 나는 그 아이들이 있는 방에 들어가 본 적은 없지만, 밤낮으로 아이들의 울음소리가 들려왔다.

우리가 그곳에 앉아 있는 동안, 우리 가족과 닮은 이들이 여럿 지나갔다. 백인 부모와 한국인 아이 들. 우리처럼 청소년 자녀와 함께 온 가족들도 있었다. 하지만 그 중에는 아주 어린 아이를 데리고 있는 부부도 있었다. 홀트 건물에서 두세 살쯤 되어 보이는 아이를 어깨에 태운 남자와, 한 살 남짓한 아이를 유아차에 태운 여자가 나왔다. 그들 옆에는 한국인 여성이 함께 걷고 있었다.

아마 홀트 소속의 위탁모일 것이다. 나는 저 작은 아이가 지금 입양되는 중임을 직감했다. 며칠 안에 저 아이는 태어난 나라를 뒤로 하고 어디론가 떠날 것이다. 저 아이가 어느 나라 사람이 될지 누가 알 수 있을까. 미국인이 될지, 프랑스인일지, 아니면 노르웨이인일지. 저들은 지금 최종 서류에 서명하기 위해 홀트 본관으로 가는 길일 테다.

나는 내 안에서 본능적으로 치밀어 오르는 거부감에 놀랐다. 지금도 이런 일이 계속되고 있다는 걸 알고 있었으면서도 말이다. 하지만 내가 누구를 판단할 자격이 있을까. 나 역시 같은 목적을 품고 이곳에 왔던 사람이지 않은가. 그럼에도 불구하고, 눈앞에는 분명한 모순이 펼쳐졌다. 이 나라 한편에서는 입양 사업이 여전히 활발히 이어지고 있었고, 다른 한편에서는 바로 그 입양 제도에 대한 조사가 동시에 진행되고 있었다.

그 순간, 본관 앞 모퉁이에 주황색 택시 한 대가 멈춰 섰다. 그리고 누군가 택시에서 내렸다. 단번에 알아보았다. 그녀가 바로 내 아들의 생모라는 것을. 그녀는 골목길을 따라 네가 기다리고 있는 건물을 향해 달려갔다.

그녀는 통이 넓은 청바지에 흰 블라우스를 입고, 그 위에 검은 재킷을 걸쳤다. 팔에는 작은 핸드백을 끼고 있었다. 그녀는 종종걸음으로 발을 옮기며 마스크를 벗어 목에 걸어 두었다. 당시 한국에서 유행했던 방식이었다. 그녀는 시계를 보고 다시 걸음을 재촉했다. 나는 남편의 팔꿈치를 툭 치며 속삭였다.

“저기, 저 사람이다!”

“그렇게 노골적으로 쳐다보지 마.”

나는 그의 말에 황급히 시선을 돌려 핸드폰 화면을 내려다 보았다. 하지만 그것도 잠시, 내가 다시 고개를 들었을 때, 그녀는 건물 입구의 유리문 앞에 멈춰 서 있었다. 그녀는 등을 곧게 펴고 어깨를 한 번 털어 낸 뒤, 유리문에 비친 자신의 모습을 힐끗 살피며 앞머리를 정돈했다.

남편과 나는 아무 말도 하지 않고 앉아 있었다. 주변에서 들려오는 소리는 오직 자동차 소리와 카페 안에서 큰소리로 논쟁을 벌이는 두 노인의 목소리, 그리고 계산대 뒤편에서 낮게 흘러나오는 라디오 음악뿐이었다. 나는 두 손으로 커피잔을 감싼 채 말없이 앉아, 그녀가 이 하루를 어떻게 준비했을지를 생각해 보았다. 아마 그녀는 오늘 아침에도 평소처럼 직장으로 가는 척했을 것이다. 겉으로 보기에는 그저 평범한 월요일이었기에, 남편과 아이는 그녀가 서울로 가리라는 것도 몰랐을 것이다. 그녀는 이미 회사에 연차를 냈을 것이다. 아니, 병가를 냈을까? 어쩌면 남편에게 오늘은 일이 많아서 일찍 나가야 하고 퇴근도 늦어진다고 말했을지도 모른다. 어쨌든, 그녀는 오늘 하루 동안 이미 몇 번이고 거짓말을 해야만 했을 것이다.

약 30분쯤이 지나자 네게서 문자가 왔다. ‘그분이 함께 만나고 싶대요. 약 15분 후에 이리로 오세요.’ 순간, 손바닥에 땀이 배어나고 손이 떨려서 커피를 엎지를 뻔했다. 카페 안의 노인 둘이 우리를 힐끗 바라보았다. 갑자기 그곳에서 내 존재가 너무 도드라져 보였다. 크고, 하얗고, 금발이고, 어딘가 서툴고 어색한 사람. 아마 저 두 노인은 매일 오전마다 이곳에 와서 커피를 마시며 이 골목을 오가는 서양인 부부들을 지켜봤을 것이다. 어쩌면 그들은 저 사람들이 또 아이를 데리고 해외로 떠날 것이라고 생각했을지도. 그들의 눈에는 우리가 이곳을 찾은 10만 쌍이 넘는 부부들 중 하나로 보이지 않았을까.

우리는 약속 시간 5분 전에 카페를 나와 홀트 건물 안으로 들어갔다. 마음 같아서는 달려가고 싶었지만, 일부러 천천히 걸었다. 등줄기에는 땀이 흘러내렸다. 갑자기 소변이 마려워져 화장실을 찾았다. 시간이 쏜살같이 흘러갔다. 남편은 안절부절못하며 기다리다가 먼저 계단을 올랐다. 나는 그의 뒤를 따라 급히 발을 옮겼다. 회의실 앞에 이르자 안쪽에서 말소리가 들렸다. 너의 부드럽고 밝은 목소리도 들렸다.

"대화 중에 불쑥 문을 열고 들어가면 안 될 것 같은데." 네 아버지가 나직이 말했다.

"그러게, 그러면 안 될 것 같다." 나도 속삭이듯 말했다.

그렇게 우리는 문 앞에 멈춰 선 채, 어찌할 바를 몰라 망설이며 서 있었다.

"벌써 오셨군요."

통역사가 문을 열며 말했다. 우리는 뜨거운 공기가 감도는 방 안으로 들어섰다. 바닥에 놓인 선풍기는 미약한 바람만을 내

보내고 있을 뿐이었다.

문 쪽을 향해 서 있던 그녀가 나를 바라보았다. 따뜻한 눈빛을 담은 커다란 눈동자. 곧 그녀는 시선을 내리며 고개를 숙여 인사를 건넸다.

"안녕하세요."

그녀는 차분한 목소리로 말하며 오른손을 가슴 위에 얹었다. 아, 너무나 아름다운 여인!

너와 그녀는 나란히 앉아 있었다. 네 아버지와 나는 그 맞은편에 자리를 잡고 앉았다. 방 안에는 부드럽고 따뜻한 공기가 감돌았다. 너는 미소를 지었다. 그녀에게, 나에게, 아버지에게, 그리고 다시 그녀에게. 너는 그녀와 정말 많이 닮았다. 단지 외모만이 아니었다. 둘 다 짤막하고 둥근 엄지손가락을 가지고 있었는데, 미소를 지으며 동시에 엄지손가락을 치켜올리는 모습이 꼭 한 사람 같았다. 뿐만 아니라 세세한 몸짓과, 은근하고 겸손한, 시선을 내리며 웃는 그 습관조차도 놀라울 만큼 닮아 있었다. 어쩌면 이것이 네 인생에서 처음으로 너 자신의 모습을 누군가에게서 발견한 순간이었을지도 모른다. 너는 마침내 너와 닮은 얼굴, 너와 같은 몸짓과 분위기를 지닌 사람을 만났다.

통역사는 그녀가 우리와 함께 근처 식당에서 점심을 먹고 싶어 한다고 전했다. 우리는 그곳으로 향했다. 맨 앞에는 통역사가 서고, 그 뒤로 너와 엄마가 나란히 걸었다. 두 사람 사이에는 말 대신 미소 짓는 눈빛이 오갔다. 네 아버지와 나는 그 뒤를 따랐다. 우리는 조용히 서로를 바라보며 고개를 끄덕였다. 두 사람이 가족임을 단번에 알아볼 수 있을 것 같다고.

엄마는 네 앞에 냅킨을 펼쳐 놓고 네가 앞치마를 제대로 맸는지 살폈다. 종업원이 분주히 오가며 여러 가지 반찬을 내어 왔다. 김치와 양념된 채소들, 그리고 갖가지 곁들임 요리들. 엄마가 상추 잎을 펼쳐 그 위에 구운 고기와 채소, 밥을 올리고, 여러 가지 소스로 맛을 내는 법을 보여 주자 식탁 위로 웃음이 번졌다.

남편과 나는 나란히 앉아, 맞은편에 서로 바짝 붙어 앉은 너와 엄마를 바라보았다. 두 사람은 눈이 마주칠 때마다 살짝 놀란 듯 몸을 움찔했다. 두 사람의 코, 입, 손가락 등 닮은 곳이 하나둘 눈에 들어오기 시작했다. 그리고 살짝 시선을 내리며 조심스레 손을 움직이는 그 모습까지.

"정말 잘생겼구나." 그녀가 너를 바라보며 말했다. "인기도 많을 것 같아."

두 사람은 '카카오톡' 연락처를 주고받았다. 이제는 홀트의 도움 없이도 서로 연락할 수 있게 되었다. 필요할 때는 '파파고'의 도움을 받으며.

음식을 조금 먹은 뒤, 너는 미리 골라 둔 사진들을 엄마에게 보여 주기 위해 폰을 꺼냈다. 네가 우리 집에서 보낸 첫 번째 크리스마스 사진, 유치원 생일 파티에서 종이 왕관을 쓰고 웃는 모습, 그리고 세 살 때 처음으로 스키를 타던 날의 사진들이었다. 그날 너는 커서 스키 선수 비에른 델리Bjørn Dæhlie처럼 되겠다고 말했다. 그다음에는 입학 첫날, 가족 여행, 그리고 이모, 삼촌, 할머니, 사촌들, 또 네 조카들까지 함께 모였던 자리의 사진들이 이어졌다.

내가 엄마에게 네가 어떻게 자라 왔는지를 이야기하자, 그녀의 눈가에 금세 눈물이 고였다. 너는 그녀의 팔을 어루만지며 떨리는 어깨를 꼭 끌어안았다. 나는 그런 너의 모습을 난생처음 보았다. 누군가를 위로하는 너의 모습. 그녀는 고개를 숙인 채 연거푸 말했다. 고맙다고, 또 고맙다고. 결국 내 눈에도 눈물이 맺혔다.

"고마워하지 않으셔도 돼요. 우리도 이 아이를 진심으로 사랑하니까요." 나는 그렇게 말했다.

나는 그녀에게 네 사진전 영상을 보여 주었다. 휴대 전화를 건네자, 그녀는 그 짧은 영상을 여러 번 반복해서 보았다. 가끔 사진과 문서 들, 그리고 네 물건들은 손가락으로 확대해 들여다보기도 했다.

"그건 당신을 위한 것이었어요."

그녀는 내 말을 듣고 의아한 듯 너를 바라보았다.

"사진 전시회를 말하는 거예요, 엄마."

너의 말에 그녀는 냅킨으로 눈가를 살짝 훔쳤다.

"나는 얘가 아플까 봐 너무 두려웠어요."

그녀가 낮은 목소리로 말했다. 그 말을 들은 나는, 그녀가 미숙아로 태어났던 너를 떠올리고 있음을 깨달았다. 나는 그녀에게 네가 어렸을 때 받아야 했던 물리 치료와 갖가지 운동 요법에 대해 이야기해 주었다. 그러자 그녀의 눈가에 다시 눈물이 고였다. 너는 몸을 살짝 앞으로 기울인 채 흐느끼는 그녀의 등을 조심스레 어루만졌다.

우리는 함께 눈물을 흘렸다. 그러자 종업원이 다가와 조용히 냅킨을 놓고 갔다.

우리는 그녀에게 왜 너를 입양 보냈는지 묻지 않았다. 그때의 그녀가 다른 선택을 할 수 없었으리라 생각했기 때문이다. 게다가 지금 그 일을 꺼내면 그녀는 또다시 상처를 받게 될 것 같았다. 그동안 내 마음속에서 수없이 그려 왔던 그녀의 젊은 시절 모습이 이제 조금씩 또렷해지기 시작했다.

그녀는 임신 사실을 알게 된 그날, 연인과 어떤 이야기를 나누었을까? 그는 그녀를 부끄러움과 두려움 속에 홀로 남겨 둔 채 외면했을까?

나는 그녀가 출산 당시 어떤 마음이었을지를 그려 보았다. 아마도 그녀는, 벌어진 다리 사이로 수치심까지 적나라하게 드러낸 채 자신을 두 동강 낼 듯한 고통에 휩싸여 있었을 것이다. 아이를 내어 주고 싶지 않다고 울부짖었을지도 모른다. 그런데 왜, 그 모든 고통을 견디면서도 그녀는 아이의 어머니가 될 수 없었을까? 어쩌면 너의 생부가 그녀를 버렸을지도 모른다. 그에겐 마쳐야 할 학업이 있었고, 성공에 대한 압박 앞에서 아이의 존재가 자신의 미래를 가로막는다고 느꼈을 것이다.

그런 그녀에게 그 상처를 다시 열어 그 안에 묻힌 감정을 내게 보여 달라고 내가 어떻게 요구할 수 있을까. 갓 낳은 아이를 낯선 이에게 내어 주어야 했던 그 아득한 슬픔을 우리에게 한 조각이나마 보여 주기를 어떻게 요구할 수 있을까. 어린 자식을 입양 기관에 넘기던 그날, 삶의 방향이 완전히 뒤바뀌던 바로 그 순간의 그 고통을 다시 꺼내 보여 달라고 우리가 어떻게 감히 요구할 수 있을까.

한국의 가부장 제도 아래에서 그녀는 아버지나 애인 중 한 사람이 가족 관계 등록부에 너를 올리는 데 동의해야 했다. 너의 어머니, 외할머니, 할머니 등 어떤 여성도 그 선택권을 갖지 못했다. 그들에게는 독립적인 법적 권리가 없었다. 한국 사회에서 남편 없이 아이를 낳고 기른다는 것은, 당시에도 지금도 여성에게 극히 위험한 일이었다. 규범을 거스르고 아이를 지키려는 어머니는 종종 가족에게조차 버림받았고, 그녀와 아이 모두 존재 자체를 부정당했다. 젊은 나이에 미혼모로 산다는 것은 곧 사회로부터 추방당한 삶을 택한다는 뜻이었다.

나는 그녀의 선택을 이해한다. 그러나 우리가 일정한 책임을 지고 있다는 생각에서는 벗어날 수 없다. 그녀가 너를 보냈던 1998년 무렵 노르웨이 당국은 젊은 여성들의 권리가 얼마나 취약한지 알면서도 해외 입양이 이어지는 현실을 문제 삼지 않았다. 왜 노르웨이는 한국 정부에 여성의 권리, 더 나아가 아이들의 권리를 보장하도록 압력을 가하지 않았을까?

　너를 향한 내 사랑은 지금도 여전하다. 너는 내 사랑하는 소중한 아들이다. 그럼에도 나는 이 질문을 던져 봐야 한다고 생각한다. 우리는 왜 한국의 여성들을 외면했을까?

　어느덧 오후가 되어 엄마는 집으로 가야 했다. 가족이 기다리는 곳으로 가려면 기차 시간에 늦지 않아야 했기 때문이다. 너와 엄마는 낮은 건물이 이어진 좁은 골목을 앞서 걸어갔다. 홀트 본관이 있는 큰길 쪽으로 방향을 틀었을 때, 엄마가 네 손을 잡았다. 마치 너를 아직 어린 소년처럼 느끼는 듯했다. 두 사람은 손을 맞잡은 채, 택시가 올 모퉁이에서 잠시 멈추어 섰다. 나는 두 사람이 웃는 모습을 사진으로 남겼다. 그중 한 장에는, 우리가 건넨 초콜릿 상자를 얼굴 앞으로 들어 올리는 엄마의 모습이 담겨 있었다. 그녀는 눈물을 보이지 않으려 그 작은 상자로 얼굴을 가리고 있었다.

　택시가 인도 옆으로 미끄러지듯 멈추어 섰다. 엄마는 너의 목을 끌어안았고, 너는 그녀가 몸을 떼어 낼 때 등을 쓸어 주었다. 그녀는 재빨리 차 안으로 들어가 문을 닫았다. 합정에서 내가 찍은 마지막 사진에는 복잡한 도로 속으로 달려가는 택시를 향해 손을 흔드는 네 뒷모습이 담겨 있었다. 나는 바람에 살짝 흔들리는 셔츠 자락과 깊게 숨을 들이쉬는 너의 모습을 보았다. 너는 이제 다 자란 어른의 몸을 했지만 내게는 여전히 그해 12월 늦은 밤, 우리에게로 왔던 작은 아이였다. 네 아버지는 네게 다가서려는 내 팔에 손을 얹고 조용히 나를 붙잡았다.

네 아버지와 나는 말없이 그 자리에 서 있었다. 택시가 시야에서 완전히 사라지자, 마침내 네가 우리를 향해 돌아섰다.

브루노스트와 불고기

우리는 오후 내내 서울 거리를 돌아다녔다. 너는 말수가 적어졌고, 마치 딴 생각에 빠져 있는 듯했다. 우리의 대화는 어디에서 언제 식사를 할지, 어느 지하철 노선을 이용해 건국대학교와 세종 호수 공원으로 갈지 등, 그저 형식적인 말들 뿐이었다. 우리는 수백 명의 학생들이 모여 피크닉을 즐기는 한강변으로도 가 보았다. 우리는 해 질 녘까지 그곳에서 산책도 하고 강가에 앉아 시간을 보내기도 했다.

지하철을 오르내리며 도심 곳곳을 헤매는 동안, 나는 네가 지금 무슨 생각을 하고 있는지 묻고 싶어 몸이 근질거렸다. 가끔은 눈빛으로라도 내 질문이 전해지길 바라며 너에게 시선을 보내기도 했다. 하지만 나는 이미 알고 있었다. 네가 스스로 안으로 숨어 버릴 때면, 그건 혼자 있고 싶다는 신호라는 것을. 그럼에도 나는 두려웠다. 내 침묵이 무관심으로 보일까 봐. 우리 사이에 우리 힘으로는 어찌할 수 없는 무언가가 생겨 버린 걸까?

우리는 말 한마디 없이 저녁을 먹은 뒤, 지친 몸을 이끌고 인사동의 호텔로 돌아왔다. 그리고 12층 객실 창가에 나란히 서서, 유리창 너머로 펼쳐진 서울의 야경을 바라보았다. 전통 한옥 지붕의 선과 현대식 건물의 불빛이 뒤섞인 도시가 하나의 거대한 풍경처럼 눈앞에 펼쳐져 있었다. 아래로는 방음창을 사이에 두고 차량이 끊임없이 이어졌다. 인사동의 좁은 골목길 사이로 수많은 사람들이 오가고 있었다. 어둠이 내리자 유리창은 작은 상점과 노점을 오가는 관광객과 현지인 들의 모습을 비추어 냈다.

너는 침대 머리맡의 스탠드를 껐다. 네 아버지와 나는 각자의 휴대폰을 들여다보며 BBC를 제외하고는 전부 한국 채널뿐인 TV 소리를 배경으로 앉아 있었다.

"가길 잘한 것 같아요." 이불 속에서 네 목소리가 들렸다.

"뭐라고?" 네 아버지가 되물었다.

"그분을 찾아서 다행이라는 생각이 들어요."

너는 잠시 생각에 잠겼다가 다시 말을 이었다.

"그런데 지금은…… 행복하면서도 슬퍼요."

너는 몸을 돌려 누우며 우리에게 잘 자라는 말을 건넸다. 그 순간 TV 화면에 로갈란드로 입양되었던 잉에르-토네가 등장했다. 하지만 이곳, 한국에서 그녀는 서울의 김정아로 불리고 있었다. 나는 진행자가 무슨 말을 하는지는 알아듣지 못했지만, 그 대화가 진실·화해위원회에서 진행 중인 조사에 관한 내용임을 직감했다. 그런 보도는 그 뒤로 거의 매일 같이 이어졌다.

너는 엄마를 만난 다음 날에도 여전히, 마치 온몸에서 공기가 빠져나간 듯 멍하니 앉아 있었다. 눈에 띄게 말수가 줄어든 너를 보니 너무나 걱정스러웠다. 나는 너와 눈을 마주쳐 보려 애썼다. 네게 건네는 말 없는 대화로의 초대였다. '지금 네 마음은 어때?' 나는 속으로 물었다.

혹시 엄마를 만난 일, 혹은 그저 이곳, 한국에 있다는 사실만으로도 또 다른 삶을 상상해 보는 어떤 내적인 변화가 일어난 것일까? 우리가 지하철을 타고 강남으로 향할 때, 그 상징적인 〈강남스타일〉 조형물 앞을 지나 코엑스몰과 5만 권이 넘는 책이 빼곡히 전시된 별마당 도서관을 거닐 때, 롯데월드 타워 꼭대기에 올랐을 때, 그리고 익선동의 좁은 골목길을 걸을 때, 혹시 너의 머릿속은 '만약에'라는 생각들로 가득 차 있었던 것은 아닐까?

가끔, 만약 네가 이곳에서, 너의 친어머니 곁에서 자랐다면, 지금 너의 삶은 어떤 모습이었을지 궁금해하니? 추석과 설날 같은 명절이면 가족들과 함께 차례를 지내고, 어른들께 절을 올리고, 세뱃돈을 받았을까? 할머니가 정성껏 차린 음식이 놓인 식탁에 온 가족이 둘러앉은 풍경 속에 있었을까? 너를 닮은 형제자매들과 친구들 사이에서 지내며, 아무도 네게 '도대체 어디서 왔느냐'고 묻지 않는, 그런 세상 속에서 살았다면 너는 어땠을까?

마치 서울의 모든 풍경을 한눈에 다 담아내려는 듯, 너는 우리를 이곳저곳으로 이끌었다. 네 아버지와 나는 무릎이 쑤시고 발에 물집이 생겨도 서로 눈빛을 주고받으며 말없이 고개를 끄덕였다. 그리고 너의 뒤를 순순히 따랐다. 그 여행은 너의 여정이었으니까. 그 길의 연출자는 너였다. 우리는 그저 네가 정해 준 길을 조용히 따라갈 뿐이었다.

지하철 안에서 너는 마치 평생 이 도시에서 살아온 사람처럼 자연스럽게 움직였다.

질서 있는 혼잡함 속에서 사람들 틈에 스며들 듯 편안히 서 있던 너. 너는 다른 젊은이들처럼 손잡이를 잡은 채 책을 읽거나, 단어를 외우거나, 혹은 휴대폰 화면을 스크롤했다. 아무도 너를 쳐다보지 않았다. 너는 네 아버지와 내가 오히려 눈에 띈다는 걸 알아차렸다. 한번은 무심코 하품을 하자 네가 팔꿈치로 내 옆구리를 쿡 찌르며 나직이 말했다.

"입을 가려야죠."

또 한번은 내가 너무 큰 소리로 이야기했고, 웃음소리도 지나치게 컸다는 걸 지적받기도 했다. 그때의 너는 마치, 우리를 부끄럽게 여기는 듯도 했고, 이제 막 자신이 섞여 든 그 순간을 우리가 망쳐 버릴까 두려워하는 듯 보이기도 했다.

이곳에서는 연장자들에게 우선권이 있었다. 지하철에도 노인들과 임산부를 위한 자리가 따로 있었다. 그런데 노인은 성별을 불문하고 어디서나 쉽게 보였지만 이상하리만큼 임산부는 좀처럼 보이지 않았다. 공원에서 산책을 하다 보면 작고 단정한 유아차를 끄는 여성들을 종종 보기도 했다. 그러나 슬며시 안을 들여다보면 거기에는 아기가 아니라 작은 반려견이 타고 있는 경우가 더 많았다. 지하철을 타고 가던 어느 날, 네 아버지가 무릎이 너무 아파 잠시 자리에 앉았다.

"거긴 어르신들 자리예요." 네가 말했다.

"괜찮아, 앉아." 나는 네 아버지에게 그렇게 말한 뒤, 너를 향해 말을 이었다. "네 아버지도 이젠 노인이야."

내 옆자리에 앉아 있던 한 노인이 네 아버지와 나를 유심히 바라보았다. 하지만 너에게는 눈길조차 주지 않았다. 잠시 후, 그가 헛기침을 하더니 유창한 영어로 말을 걸어왔다. 한국에서 그렇게 영어를 잘하는 사람을 만나는 일은 드물었다.

"당신들은 어디서 오셨습니까?"

우리가 노르웨이에서 왔다고 말하자, 그는 환한 표정으로 한국 전쟁 당시 노르웨이가 인도적 지원을 보내 주었다며 감사의 말을 쏟아냈다. 그는 은퇴 전 국제 기업에서 일했으며, 한때 노르웨이를 방문한 적도 있다고 들뜬 목소리로 자랑스럽게 이야기했다.

"그런데, 무슨 일로 여기 오셨습니까?"

노인이 궁금하다는 듯 물었다. 나는 조금 떨어져 서 있는 너를 향해 고개를 끄덕이며 말했다.

"이 아이가 우리 아들이에요. 한국에서 입양했죠."

"아, 그렇습니까."

그 말에 노인의 미소가 서서히 굳어졌다. 그는 한동안 고개를 절레절레 저었다. 처음엔 그 표정이 불쾌함인지 안타까움인지 알 수 없었다. 그러다 그가 조용히 말했다.

"한국이 아이들과 그 어머니들에게 저지른 일, 정말 큰 수치입니다. 여긴 너무도 냉정한 사회예요. 요즘 젊은 여성들은 결혼이나 가정보다 자유롭게 살며 커리어를 쌓는 걸 택하죠." 그는 요즘 합계 출산율이 0.7까지 떨어졌으며, 특히 최근 몇 년 사이 급격히 하락했다고 덧붙였다. "게다가 우리 같은 노인들은 자꾸만 늘어나요." 그는 힘없이 웃으며 시선을 떨구었다. "큰 수치입니다. 정말 큰 수치예요."

용산의 거대한 전자 상가에 들어서자 너와 네 아버지는, 내가 자주 농담 삼아 '잡동사니'라 부르는 것들 속에 피묻혔다. 5천 개가 넘는 상점마다 각 시대의 오디오 장비와 스마트 제품, 게이밍 기기, 소프트웨어와 온갖 부품들이 끝없이 이어졌다. 거기에는 직접 컴퓨터를 조립할 수 있을 만큼 갖가지 부품들은 물론이고, 오래된 라디오부터 최신형까지의 진공관, LP판과 턴테이블, 그리고 첨단 기기들이 한데 뒤섞여 있었다. 오래된 라디오를 사랑하는 네 아버지는 갑자기 여행 가방을 하나 더 사야 할 것 같다고 말하기도 했다. 너는 골동품 카메라에서 최신 모델까지, 끝없이 이어지는 카메라 장비들에서 눈을 떼지 못했다. 끊임없이 보고, 이야기하고, 손가락으로 가리켰던 두 사람의 머릿속에는 아마도 갖고 싶은 것들이 하나 둘 늘어났으리라. 나는 그 뒤를 천천히 걸으며 마음을 놓았다. 이제 네가 다시 우리 곁으로 돌아와 함께 이야기하고 웃고 있다는 사실이 그저 다행스럽고 고마웠다.

서울에 머무는 동안, 내가 알게 된 한국계 노르웨이 입양인 중 한 사람이 우리에게 지인을 소개해 주었다. Y는 서울에 사는 한국인으로, 스스로를 '노르웨이의 친구'라 부르는 사람이었다. 50대 초반인 그는 우리를 저녁 식사에 초대했다. 그리고 네가 대구에서 태어났다는 이야기를 듣고서 우리를 그곳까지 데려다주겠다고 말했다. 우리는 너무 먼 길이라며 극구 사양했다. 그러나 Y는 하루 휴가를 내서라도 운전을 하겠다며 끝내 고집을 꺾지 않았다. 그의 그런 호의 앞에서 우리는 감사하면서도 어찌할 바를 몰랐다.

저녁 식사 후, Y가 우리를 호텔까지 태워다 주자 너는 황급히 방으로 올라가 노르웨이에서 가져온 브루노스트와 치즈 슬라이서를 꺼내 들었다. 엄마 외에는 따로 만날 약속이 없었지만, 혹시라도 누군가에게 작은 선물을 전할 기회가 생길지 몰라 미리 준비해 온 것이었다. 큰 선물은 아니어도 마음을 전하고 싶은 작은 정성이라고 해야 할까. 사실 우리는 출국 전부터 머리를 맞대고 고민했다. 노르웨이에서 쉽게 가져갈 수 있고, 한국에서는 구하기 어려운 것이 뭐가 있을까. 한국은 대부분의 것들이 우리보다 훨씬 먼저 소개되고 상업화되어 있으니 말이다. 그때 네가 읽어 준 기사가 떠올랐다. 요즘 아시아, 특히 한국에서는 '브루노스트 열풍'이 불고 있다고 했다. 노르웨이 유제품 회사 티네Tine의 브루노스트 판매량이 지난해에만 1백 톤을 넘겼고, 특히 젊은 층 사이에서 인기를 끌며 디저트나 커피, 피자는 물론 땅콩버터나 버거에도 쓰인다고 했다. 우리에게는 너무도 생소한 방식이었다.

Y는 나이나 세대 면에서 남편이나 나와 더 가까웠지만, 그의 관심은 온전히 너에게 향해 있었다. 대구 여행을 하루 앞둔 날, 너와 Y는 함께 여행 경로를 상의했다. 다음 날 새벽 6시에 Y는 호텔 앞에서 우리를 기다리고 있었다. 교통 체증이 시작되기 전에 서울을 벗어나야 한다고 말하며 그는 너를 조수석으로 안내했다. 아마도 Y 역시 이 여행이 너의 여정이라는 사실을 이미 아는 모양이었다.

우리는 결코 잠들지 않는 도시, 늦은 밤이 되어서야 잠시 숨을 고르는 도시 서울을 떠났다. 봄날의 아침 공기는 아직 서늘했지만 낮 기온은 거의 여름처럼 느껴졌다. 나는 뒷자리에 앉아 유리벽으로 둘러싸인 초현대식 고층 빌딩들 사이로 불규칙하게 끼어 있는 작은 집들을 바라보았다. 여러 시기에 걸쳐 덧붙여 지은 듯한, 계획보다는 필요에 따라 세워진 집들처럼 보였다.

서울의 거리에는 새것과 옛것이 끝없이 뒤섞여 있었다. 마치 한국 전쟁 이후 남겨진 작은 잔해에서 시작해 오늘의 부유한 도시로 성장해 온 그 긴 세월의 변화를 읽는 듯했다. 너와 네 아버지가 서울에서 유독 사진을 많이 찍은 것도 바로 그런 이유 때문이었다. 건물 사이로 복잡하게 얽힌 수많은 전선들, 낡은 선과 새 선이 뒤엉켜 무작위로 이어진 듯 보이는 그 풍경. 그것은 서울의 빠른 기술 발전을 고스란히 드러내는 도시의 그물망이었다. 특히 좁은 골목길에 들어서면, 전선들이 머리 위로 낮게 늘어져 손을 뻗으면 닿을 것만 같았다. 바로 그 혼잡한 미감이 너와 아버지를 매혹시켰다.

운전을 하는 동안 Y는 노르웨이에 대한 남다른 애정을 한껏 드러냈다. 그는 이미 노르웨이를 남쪽에서 북쪽까지 두루 여행한 적이 있었다. 베르겐과 하당어 피오르, 로포텐과 보츠피오르까지, 그가 다녀온 곳의 지명들이 쉴 새 없이 흘러나왔다. 이야기는 곧 노르웨이 문학으로 이어졌다. 올라브 H. 하우게에서부터 브뤼눌프 융 췬*까지. 그중에서도 마지막 이름을 말할 때, Y는 유난히 뿌듯한 표정을 지었다. 그가 같은 한국인이라는 사실이 그에게는 대단한 자부심이었던 것이다.

Y가 남쪽에 있는 대구로 가는 길에 잠시 문경에 들를 거라고 말하자, 너는 고개를 끄덕였다. Y는 마치 오래된 친구나 부자처럼 네 어깨를 가볍게 두드렸다. "저건 뭐예요?"라고 내가 묻자, Y는 "두고 보면 알아요"라고 대답했다. 너를 힐끗 바라보는 눈에 장난기 어린 미소를 담으며.

서울에서 문경까지는 중부 내륙 고속도로로 약 210킬로미터였다. 도로변의 완충 녹지에는 봄빛 아래 노란 개나리와 분홍

너의 한국 엄마에게

철쭉이 흐드러지게 피어 있었다.

한 시간 정도 지났을까, 나는 네가 이마를 계속 쓸어내리는 것을 보았다. 내겐 익숙한 모습이었다. 너는 차멀미를 하고 있었다. 아무 말도 하지 않았지만 Y는 이미 눈치 챈 듯 도로 옆 휴게소로 차를 몰았다. 휴게소에는 주유소뿐 아니라 깨끗한 화장실, 식당, 어린이 놀이터, 그리고 다양한 지역 먹거리들까지 다 갖춰져 있었다.

"괜찮아요?"

Y가 너를 걱정스런 눈으로 바라보며 물었다. 너는 마지못해 속이 메스껍고 머리도 아프다고 말했다. 내가 가방을 뒤져 멀미약을 찾는 동안, Y가 네게 말했다.

"트림을 해 봐요. 크게! 더 크게!"

그는 숨을 깊게 들이마신 뒤 길고 우렁차게 트림을 하는 시범을 직접 보였다. 이윽고 그와 너는 나란히 앉아 마치 경쟁이라도 하듯 큰 소리로 트림을 했다. 갑자기 Y가 트림 소리만큼이나 큰소리로 웃음을 터뜨렸다. 아마도 나의 놀란 듯한 표정 때문이었으리라.

"신경 쓰지 마세요. 우린 이제 가족이나 마찬가지잖아요!"

그는 양손 엄지로 네 손목을 세게 눌렀다.

"아야!"

네가 소리를 지르자 Y는 다시 웃음을 터뜨리며 말했다.

"한국식 자연 요법이에요." 그는 다시 손에 힘을 주었다. "자,

이제 어때요?"

Y가 네 얼굴을 살피자, 너는 몸의 상태를 느껴 보려는 듯 잠시 눈을 감더니 이렇게 대답했다.

"이젠 괜찮아요. 멀미도, 두통도 사라졌어요!"

Y는 웃으며 다시 우리를 차에 태운 후, 저 멀리서 희미하게 보이는 산줄기를 가리키며 저게 바로 백두 대간이라고 설명해 주었다. 한반도의 척추를 이루는 그 산맥의 봉우리들에는 지난 겨울에 내렸던 눈이 아직도 희미하게 남아 있었다.

문경에 가까워지자 우리는 고속 도로를 벗어나 작은 도시와 마을을 굽이굽이 지나가는 국도로 들어섰다. 그곳에서는 시골의 느긋한 시간과 리듬이 느껴졌다. 물이 가득 고인 논에서 농부들은 모내기를 준비하며 일에 열중했다.

문경은 대한민국 경상북도에 자리한 도시로, 앞서 Y가 가리켜 보여 주었던 백두 대간의 한 줄기, 소백산맥의 평화로운 산세에 둘러싸여 있다. 봄이 오면 문경의 산에는 야생 벚나무와 철쭉, 진달래, 개나리가 한꺼번에 피어나 푸른 소나무와 삼나무 숲을 배경으로 눈부신 색의 향연을 펼친다.

차에서 내리자마자, 산자락의 수많은 계곡물이 모여 떨어지는 진남교반 폭포의 굉음이 들려왔다. 가파른 절벽을 따라 거센 물줄기가 쏟아져 내리며 주변을 희미한 물안개로 감쌌다. 그리고 햇빛이 물방울 사이로 스며들 때면 폭포 위로 일곱 빛깔 무지개가 잠시 모습을 드러냈다.

나는 숨이 멎을 듯 탄성을 내뱉으며, Y를 향해 왜 우리에게 이곳을 보여 주고 싶어 했는지 이제야 알겠다고 말했다. 그는 아직 더 있다며 웃으며 대답했다. 잠시 후, 그는 손짓으로 우리를 불러 소백산맥을 가로지르는 새재 고갯길로 이어지는 산길로 안내했다. 옛날에는 군인과 상인, 그리고 관리의 사신 들이 이 고개를 넘어 다녔다고 했다. 이제 그곳은 많은 사람이 즐겨 찾는 등산로가 되었다.

나는 발을 옮기며 Y에게 홀트아동복지회를 방문했던 이야기를 들려주었다. 내가 한국의 인터넷 언론 프레시안에 에세이를 실은 일을 홀트 측이 못마땅해했다는 것, 그들이 그 매체를 극좌 성향이라고 비난하며 기자들이 사실 검증도 하지 않는다고 말했다는 이야기도 덧붙였다. Y는 피식 웃으며 고개를 저었다.

"〈프레시안〉은 노르웨이의 〈모르겐블라데〉 같은 신문이에요. 그 신문은 노르웨이에서 믿을 만하다고들 하잖아요, 그렇죠?"

나는 다시 물었다.

"그럼 KBS는요? 홀트 측에선 KBS도 신뢰할 수 없다고 하던데요."

이번엔 Y가 크게 소리 내어 웃으며 말했다.

"KBS는 노르웨이의 NRK예요!"

우리 앞에는 궁궐과 사찰, 신당, 다실, 그리고 조선 시대의 가옥 들이 펼쳐져 있었다. Y는 이 인상적인 건물들이 사실은 모두 복제품이라고 설명했다. 그리고 우리가 서 있는 이곳이 바로

KBS 드라마 세트장으로, 〈추노〉, 〈성균관 스캔들〉, 〈세종대왕〉 같은 인기 드라마의 촬영지로도 유명하다고 덧붙였다. 이곳은 세계 곳곳의 K-드라마 팬들이 이곳을 찾아와, 한국의 풍부한 문화유산이 살아 숨 쉬는 시대를 직접 거닐곤 했다.

대구에 가까워질수록 산세는 점점 완만해졌다. 골짜기는 넓어지고, 풍경은 서서히 트이며 끝없이 펼쳐진 들판과 과수원이 눈앞에 드러났다. "여기 사과랑 배 좀 봐요." Y가 자랑스럽게 말했다. "세계 어디에서도 이만큼 크고 맛있는 건 없어요." 그래서일까, 대구가 '사과의 도시'라 불리는 데는 다 이유가 있었다.

대구는 분지 한가운데 자리한 도시다. 북쪽으로는 팔공산이, 남쪽으로는 비슬산이 둘러싸고 있어 그 지형 덕분에 다른 지역보다 훨씬 더 더운 기후를 보인다. Y는 젊은 시절 이곳에서 3년 동안 군 복무를 했다고 말했다.

"그땐 여름 한철 내내 폭염이었어요." 그는 웃으며 덧붙였다. "그래서 대구를 다들 '대프리카'라고 부르죠."

Y는 대구 사람들의 지역 정체성이 유난히 강하다고 말했다. 그들은 따뜻하고 친절하기로 유명하지만, 동시에 아주 직설적인 성격이라 서울 사람들에게는 다소 거칠게 느껴질 수도 있다고 했다. 또한 특유의 경상도 사투리가 그런 직설적인 인상을 한층 더 강하게 만들기도 한다고 덧붙였다.

Y는 대구가 전통적으로 보수적이며, 유교적 가치관이 깊이

뿌리내린 곳이라고 말했다. 그 말을 들으며 나는 엄마를 떠올렸다. 그녀는 가부장적인 중산층 가정의 엄격한 전통 앞에서 아무런 힘도 쓸 수 없었을 것이다. 그들에게는 체면을 잃는 일이 가장 두려웠을 테고, 임신한 어린 소녀와 혼외 출생아는 결코 용납될 수 없었다. 아이를 지키도록 도와줄 그 어떤 사람도 곁에 없지 않았을까.

대구의 템포는 서울에 비해 조금 느리고 한결 여유로웠다. 이 도시는 예술가와 패션 디자이너 들이 많이 모여 사는 곳으로도 알려져 있었다. Y는 우리가 지나가는 길 곳곳의 벽화들을 가리키며 말했다.

"그래서 자네가 사진작가가 된 걸지도 모르겠어."

그는 네가 들고 있던 카메라를 턱으로 가리키며 말했다.

"네, 그럴지도요."

너는 미소를 지으며 대답했다. 어느새 너와 Y는 찰떡궁합이 되어 있었다. 우리가 어디를 가든, Y는 마치 눈에 보이지 않는 팔로 너를 다정히 감싸 안는 듯했다.

너는 네가 태어난 도시를 한눈에 내려다보고 싶다며, 두류공원에 있는 83미터 높이의 전망탑에 올라가자고 했다. 하지만 Y는 먼저 시장에 들러 허기부터 채우자고 제안했다. 그는 차를 몰아 복잡한 교통 속을 빠져나가더니, 비좁지만 놀라울 만큼 체계적인 주차장 안으로 기민하게 차를 들이밀었다.

서문시장은 그야말로 감각의 축제였다. 골목마다, 구석구석마다 색과 향기로 넘쳐났다. 온갖 색조와 질감의 직물들이 한눈에 담기지 않을 만큼 끝없이 이어져 있었다. 너와 Y는 실내 시장의 인파를 헤치며 새로운 볼거리를 찾아 움직였다. Y는 이곳저곳을 가리키며 설명을 덧붙였고, 너는 미소를 지으며 카메라 셔터를 눌렀다. 직물 상점들 사이사이에 혼잡하지만 유혹적인 음식의 천국이 펼쳐져 있었다. 곳곳에서 김이 피어오르고, 장사꾼들은 앉아서 먹고 가라며 손짓을 멈추지 않았다.

건물 안은 숨이 막힐 만큼 더웠다. 실외 기온이 20도 남짓한 4월임에도 등줄기를 따라 땀이 줄줄 흘러내렸다. 여름이 되어 기온이 40도에 육박하고 습기가 온 도시를 눅눅하게 뒤덮으면 어떤 모습일지 상상조차 되지 않았다. 그리고 겨울이면, 차가운 공기 속에서 얼음장 같은 물에 그릇을 씻어야 하는 사람들의 손끝이 얼마나 시릴지 떠올라 몸이 절로 움츠러들었다.

이곳에서 일한다는 건 얼마나 고된 일일까. 판매상들의 손놀림과 분주한 움직임을 보고 있노라니 절로 그런 생각이 들었다. 시장은 아침 여덟 시 반에 문을 여니, 그보다 훨씬 이른 새벽부터 음식을 준비해야 할 것이다. 저녁 여섯 시, 시장이 문을 닫은 뒤에도 정리하고 청소를 마치려면 밤이 깊어서야 집에 돌아갈 수 있을 것이다. 그들에게 일요일 하루만이 유일하게 휴식을 취할 수 있는 날이다. 하지만 이곳 사람들은 본디 부지런한 이들이라, 주 60시간 근무쯤은 많은 직업에서 낯설지 않다.

이곳에서 일하는 수많은 여성들에게는, 매일이 생존을 위한 싸움이다. 이 사실은 전혀 새로운 일이 아니다.

한국 전쟁을 거치며 대부분의 기반 시설과 설비는 파괴되었다. 남편을 잃은 여성들은 거리에서 음식을 팔며 생계를 이어 갔다. 전에는 오로지 가정주부로 머물렀던 여성들이었지만, 이 일은 그들에게 자립을 추구할 방편이자 새로운 생업의 길이 되었다. 오늘날 이 시장의 많은 노점은 여전히 전통을 이어온 세대의 손길을 간직하는 동시에 새로운 흐름을 만들어 가고 있다. 이를테면 한국 길거리 음식은 이제 '코리안 스트리트푸드Korean street-food'라는 하나의 독립된 요리 장르로 자리 잡아, 서구에도 널리 알려졌다.

Y는 인파를 헤치며 노점들 쪽으로 나아가더니, 이내 어묵 꼬치와 튀김 몇 개, 그리고 매콤한 양념에 버무려진 번데기가 담긴 종이컵 하나를 들고 돌아왔다. 그는 우리가 놀란 표정을 짓자 웃음을 터뜨리며 컵을 내밀었다. 나는 조심스레 안을 들여다보았다. 다행히 번데기들은 미동도 하지 않았다. 그러나 나는 미소를 지으며 정중히 사양했다.

Y는 고개를 절레절레 흔들며 웃음을 멈추지 못한 채, 사람들로 붐비는 시장 안을 계속 걸어갔다.

각종 실크와 면이 무지갯빛으로 늘어선 직물 가게들은 매우 특별하다. 대구는 한때 염색업이 발전한 도시로 잘 알려졌었다.

우리가 도시의 거리를 함께 거닐 때, 나는 네가 엄마를 만난 뒤로 닫고 있던 마음의 문을 조금씩 열고 있다는 것을 느꼈다. 너

의 어깨는 한결 가벼워 보였다. 그리고 Y가 보여 주는 모든 한국
의 풍경과 이야기에 너 자신을 온전히 내맡기는 듯했다. Y는 이
것저것 쉴 새 없이 설명하고 손짓하며 열정적으로 말했고, 너는
그 옆에서 카메라 셔터를 쉬지 않고 눌렀다. 시장 한편의 여성들,
빗자루로 거리를 쓰는 노인, 그 뒤로 병풍처럼 서 있는 유리 외벽
의 건물들. 이 모두가 네 카메라의 프레임 안으로 들어왔다. 너는
때때로 길바닥에 엎드려 도시를 아래에서 위로 찍거나 신호가
빨간불일 때는 쭈그려 앉아 있다가 초록불이 켜지자마자 움직이
기 시작하는 자동차들을 연속으로 담아내기도 했다. 나는 그런
너의 대담한 동작들에 놀라움을 감출 수 없었다. 너는 Y와 함께
있는 동안 점점 더 대담해지고 생기를 되찾아갔다.

"여기가 바로 네 자리야." Y가 말했다. 네가 미소 지으며 말
을 이었다.

"그래요……. 여기가 바로 내 나라, 내 도시예요."

두류공원의 타워 꼭대기에서는 네가 자랄 수도 있었던 이
도시를 한눈에 내려다볼 수 있었다. 너는 발아래로 펼쳐진 도시
를 바라보며, 분주한 도심의 움직임과 그 사이사이로 숨 쉬는 초
록빛 공간들을 여러 각도에서 카메라에 담았다. 마치 이 도시의
모든 조각을 기억 속에 새겨 두려는 듯했다. 그러다 너는 카메라
를 천천히 내려놓고, 잠시 말없이 서서 먼 곳을 바라보았다. 혹
시, 네 엄마가 새롭게 꾸린 가족과 함께 어디에서 살고 있을지,
그 생각을 하고 있는 건 아닐까? 네가 이곳에 사는 250만 명 중

의 한 사람으로 자라 왔다면 어땠을지 생각하는 걸까? 나는 이곳의 풍경에 자연스럽게 녹아드는, 그리고 Y의 다정함 속에서 한층 편안해 보이는 네 모습을 바라보며, 감사함과 어쩔 수 없는 서글픔을 동시에 느꼈다. 대구, 해리 홀트가 한국 전쟁 직후 미국으로 보낼 첫 8명의 아이들을 데려갔던 바로 그 도시. 나는 그곳에 서서 마음속으로 기도했다. 고향에 대한 너의 소속감, 너의 정체성, 너의 언어와 문화, 그리고 너의 나라……. 그 모든 것을 빼앗았던 우리를 언젠가 네가 용서해줄 수 있기를. 또 우리 사이에 존재하는 거리가 결코 심연으로 변하지 않기를.

마지막 날 저녁, 우리는 전통적인 방식으로 여행을 마무리하기로 했다. 호텔 맞은편, 인사동 골목 안에 있는 식당에서 불고기를 넉넉히 시켜 먹기로 한 것이다. 식당 문을 막 들어서려던 순간, 네가 내 팔을 붙잡고 나를 멈추어 세웠다.

"이번엔 웨이터가 오면, 꼭 먼저 말씀해 주세요."

그 말에 나는 문득 지난 며칠을 떠올렸다. 이곳에서도 네가 이곳 사람이 아니라는 것을 매번 느껴야 했던 순간들이 있었다. 길을 묻던 남자, 지하철에서 표를 확인하던 직원, 그리고 우리가 식당에 앉을 때마다 가장 먼저 너에게 말을 걸던 종업원들. 그들 모두는 처음엔 너를 자기들과 같은 사람이라 여겼다.

다음날, 우리가 탄 대한항공 비행기가 유럽 상공으로 진입했다. 런던에 착륙하자, 네가 말했다.

“이제 다시, 눈에 띄는 사람이 되는 곳으로 돌아가는 거네요.”

“그게 무슨 뜻이니?”

“이제 또 사람들이 나한테 영어로 말하겠죠. 그럼 난 또 설명해야 해요. 왜냐면, 너무 티가 나니까요.”

“뭐가 티가 난다는 거야?”

내가 묻자, 너는 어깨를 추켜 보이며 말했다.

“내가 다른 나라에서 왔다는 거요. 그리고 그들과 나 사이엔, 한 세계가 있다는 거요.”

'출신 불명'

우리가 한국을 방문했던 그해 봄, 노르웨이 신문 〈VG〉는 '불법 입양'이라는 제목 아래 일련의 기사를 내보냈다. 그 기사에서는 여러 나라에서 이루어진 입양 과정의 불법성과 비정상적인 절차가 드러났다. 그리고 오랜 세월 동안 이어져 온 한국 출신 아동 입양 관행 또한, 이제는 그 거친 조명의 아래 놓이게 되었다.

여기 한 여성의 이야기가 있다. 그녀는 열여덟 살이 되던 해, 자신이 입양되기 전 원가족을 한국에서 찾아냈다. 그곳에서 그녀는 충격적인 사실을 들었다. 자신을 낳은 어머니는 출산 후 얼마 지나지 않아 세상을 떠났고 아기였던 그녀는 병이 들어 병원에 입원했다. 그러나 아버지가 딸을 데리러 갔을 때 이미 아이는 사라진 뒤였다. 그녀의 말에 따르면, 아버지는 평생 동안 잃어버린 딸을 찾아 헤맸다고 한다. 그녀는 〈VG〉와의 인터뷰에서 이렇게 말했다.

"그 사실을 생각하면 너무 끔찍해요. 배신감마저 들어요. 어떻게 노르웨이 당국이 그런 일을 받아들일 수 있었죠?"

이 연재 기사에서 〈VG〉는 자신이 가진 입양 관련 정보를 의심하게 된 노르웨이 한인 입양인들의 이야기를 실었다. 그들 중 다수는 성인이 된 뒤에야 자신이 불법 입양의 당사자였음을 알게 되었다. 그리고 그들은 모두, 오랜 세월 자녀를 그리워하며 찾아 헤매던 한국의 가족들을 결국 다시 찾아냈다.

한국인 생모들 중 한 45세의 여성은, 아들이 노르웨이로 입양되었다는 사실을 알고 큰 충격에 빠졌다. 그녀는 〈VG〉와의 인터뷰에서 가족 간의 갈등으로 인해 남편과 강제로 이혼해야 했고, 결국 아들을 남편과 시댁 식구들에게 맡길 수밖에 없었다고 말했다.

당시 한국 사회에서 미혼모로 살아가기란 너무나 어려웠기에, 그녀는 그렇게 하는 일이 아들을 위한 최선이라고 믿었다. 그러나 몇 년 뒤 아들을 다시 만나기 위해 시댁 식구의 집을 찾아갔을 때 아들은 이미 그곳에 없었다. 그때 한 이웃이 그녀에게 와서 아들이 해외로 입양되었다고 알려 주었다. 그 후, 아들이 노르웨이로 입양갔다는 사실을 알게 된 그녀는 서울의 홀트아동복지회를 직접 찾아갔다. 그리고 2005년에는 노르웨이 입양 단체 세계의아이들과 아동가족부에 각각 서신을 보냈다. 그녀는 편지에서 아들을 돌보아 준 양부모에게 감사 인사를 전하며 아들을 한 번이라도 만나게 해 달라고 요청했다. 그러자 부처는 그녀의 이

메일을 아동청소년가족국으로 이관해 답신을 보내 줄 것을 요청
했다. 그러나 〈VG〉가 확인한 문서 어디에도 당국이 그 여성에게
실제로 답변을 보냈다는 기록은 남아 있지 않았다.

그럼에도 불구하고 그 한국인 어머니는 포기하지 않았다.
그녀는 먼저 서울 주재 노르웨이 대사관을 찾아갔으나 아무런
성과를 얻지 못했다. 그 후, 그녀는 여동생과 함께 노르웨이로 향
했다. 오슬로에 도착한 그들은 통역사를 대동하고 노르웨이 아
동청소년가족국을 직접 찾아갔다. 그녀는 여전히 답변을 받지
못한, 1년 전 이메일의 출력본을 직원들에게 내보였다. 그러나 그
곳에서 노르웨이 법상 생모는 아들이나 양부모 누구에게도 직접
연락할 수 없다는 설명만을 들었다.

한국으로 돌아온 그녀는 다시 한 번 아동청소년가족국에 편
지를 보내, 동봉한 사신의 편지를 아들에게 꼭 전달해 달라고 간
청했다. 이번에는 노르웨이 당국이 답장을 보냈다. 그 답장에는
그녀의 편지가 아들의 입양 서류와 함께 보관될 것이며, 아들이
만 18세가 되어 열람을 요청하면, 그때 그 편지가 전달된다고 적
혀 있었다.[19]

2022년 가을, 노르웨이에서 불법 입양이 있었을 가능성을
부인했던 아동가족부 장관은 이제 그때와는 반대되는 사례들에
직면하게 되었다. 그녀는 〈VG〉와의 인터뷰에서 이렇게 밝혔다.
"지금 드러나고 있는 일들은 충격적이며 용서할 수 없는 사안입

니다. 이제는 이것이 단순한 개별 사례에 그치지 않는다는 점이 우려됩니다. 우리는 여기서 시스템의 근본적인 결함을 의심하지 않을 수 없습니다."[20]

이전에 내가 읽었던 우마의 사례도, 이번 봄 〈VG〉 보도 중 한 건에서 다시 등장했다. 서울에서 DNA 검사를 받은 그녀는 얼마 전 마침내 한국의 친부모와 연락이 닿았다.

그녀는 자신의 입양 사실을 친부모가 전혀 알지 못했다고 말했다. 부모는 태어난 지 열흘 만에 그녀가 사라졌을 때부터 지금까지 줄곧 딸을 찾아 왔다. 그녀가 노르웨이에 입국할 때 제시된 입양 서류에 적힌 이름, 생년월일, 부모의 혼인 여부에 관한 정보는 모두 거짓이었다.

우마는 입양 서류가 조작되었다는 사실을 알았면서도 아무 조치를 취하지 않은 세계의아이들과 노르웨이 당국은 결과적으로 인신매매를 가능하게 한 공모자라고 주장했다.

아동가족부 토페 장관은 〈VG〉와의 인터뷰에서 이렇게 말했다. "우마가 자신의 입양과 관련해 밝혀낸 사실은 심각하고 충격적이기까지 합니다." 장관은 노르웨이의 해외 입양 전반에 대해 외부 조사가 진행될 예정임을 언급했고, 동시에 한국에서 현재 진행 중인 조사 역시 인지하고 있다고 덧붙였다.

세계의아이들은 별도의 논평을 내지 않고, 단지 모든 관련 기관과 협력해 진상 규명에 힘쓸 것이라고만 밝혔다. 그러나 이러한 입장은 우마에게 전혀 납득되지 못했다. 결국 그녀는 노르웨이로 입양된 지 40년이 지난 지금, 불법 입양 관행에 대해 국가를 고발하기로 결정했다.[21]

봄이 되자 사건은 더욱 복잡하게 얽히기 시작했다. 그리고 피할 수 없는 질문이 마침내 제기되었다. 당국은 입양 제도의 허점을 어디까지 알고 있었나?

나는 국가입양관리국의 감독 보고서에서, 감독관들이 이미 1989년에 한국에서 이루어지는 해외 입양의 지나치게 빠른 속도에 우려를 표했다는 기록을 발견했다. 당시 노르웨이 대표로 현지 조사를 수행했던 두 명의 관계자는 그 출장 보고서에 이렇게 적었다.

> 한 가지 분명한 점은, 한국은 지난 10년 동안 경제적으로 눈에 띄는 성장을 이루었다. 그 변화는 어느 정도 이웃 나라 일본을 떠올리게 한나. 서울 올림픽의 성공적인 개최 또한 국민의 자존감과 민족적 자긍심을 높이는 데 기여했다. 그러나 사회 문제들이 여전히 통제되지 못한 상황에서, 한국 아동의 해외 입양은 점점 더 큰 짐처럼 여겨지고 있었다.

노르웨이 대표단은 출장 중 한국의 관련 당국자들과 여러 차례 회동을 갖고, 그 자리에서 공식적으로 우려를 전달했다. 한국 아동 복지 당국의 국장은 그 자리에서 해외 입양에 반대하며, 그 관행을 계속 유지해야 할 이유를 찾지 못하겠다고 밝혔다고 한다.

노르웨이 감독 보고서는 한국에서 노르웨이로의 입양은 1995년 이전에 완전히 중단될 것이라고 결론지었다. 더불어 노르웨이 입양 단체인 세계의아이들에 다음과 같은 의미심장한 권고를 덧붙였다. "따라서 우리는 이러한 상황이 향후 단체의 운영 계획에 어떤 영향을 미칠지를, 세계의아이들이 가능한 한 조속히 검토해야 한다고 본다."[22]

이 시기 한국 정부는 국내 입양을 활성화하기 위한 여러 조치를 시행했다. 세제 혜택을 통해 국내 입양 건수를 매년 4백 건에서 6백 건 가량 늘릴 수 있을 것으로 예상했으며, 해외 입양은 출산 후 생모가 직접 위탁한 경우로 제한하기로 했다. 그러나 이는 사실상 입양 기관 산하의 산부인과나 미혼모 보호 시설에서 아이를 낳은 젊은 미혼 여성들의 자녀를 뜻했다.

1990년대는 한국의 정치적 전환이 두드러졌던 시기였다. 1992년 12월 김영삼 대통령의 당선은 수십 년간의 군사 통치를 끝내고 문민정부로 불리는 새로운 민정 시대의 개막을 알렸다. 국가의 관심이 독재에서 민주주의로 옮겨가면서, 사회 전반에 걸쳐 큰 변화가 일어났다. 그 변화는 국제 입양 정책의 방향성에도 영향을 미쳤다.

김영삼 대통령은 집권기 동안 개방과 반부패 개혁, 그리고 한국 사회의 현대화를 한층 더 추진하려는 노력했다. 당시 정부는 급속히 성장하는 아시아의 신흥 경제국 가운데 하나로 부상한 한국이 더 이상 자국의 아이들을 해외로 보내는 관행을 지속해서는 안 된다는 여론에 직면했다. 그 제도는 한때 한국이 개발도상국이던 시절의 유산으로 여겨졌다. 그러나 이제는 국가의 국제적 위상에 오점을 남기는 관행으로 인식되기 시작했다. 미혼모를 지원하기 위한 제도적 기반 마련이 논의되었다. 또한 국내 입양을 장려하며 그에 따르는 사회적 낙인을 줄이기 위한 조치도 시행되었다. 정부는 비정부 기구들과 함께 국내 입양에 대한 인식을 높이고 국민의 인식을 바꾸기 위한 대대적인 홍보 캠페인을 시작했다. 그러나 정부는 미혼모를 실질적으로 지원할 제도를 충분히 마련하지 못했다는 비판을 받았다. 입양 제도의 구조 또한 국내 입양 확대를 보장하기에는 지나치게 허술했다는 지적이 제기되었다.

실제로 김영삼 정부는 해외 입양 아동의 꾸준한 증가세를 막지 못했다. 1994년 8월, 성부는 해외 입양을 딘계적으로 중단하겠다는 계획을 철회했다. 국내 입양 건수가 여전히 너무 적다는 것이 그 이유였다. 대신 해외 입양 건수를 매년 3~5퍼센트씩 '유연하게 감축'하되, 장기적으로는 2015년까지 완전 중단을 목표로 한다는 방침을 내놓았다.

그럼에도 불구하고 1991년부터 1997년 사이에는 대한민국 정부가 해외 입양 건수를 연간 약 2천 건 수준으로 억제하는 데

성공했다. 그러나 1997년부터 1999년 사이 아시아 금융 위기가
시작되자 입양 건수를 다시 늘리는 것이 허용되었다.[23]

1996년, 노르웨이는 다시 한번 한국으로 감독 시찰단을 파
견했다. 이번에는 세계의아이들을 대표하는 직원 한 명이 동행
했고, 한국 보건복지부 관계자들과의 회의에도 참석했다. 통역은
세계의아이들 소속 직원이 맡았다. 감독 보고서에 따르면, 보건
복지부 측 대표는 입양 주선이 민간 기관들, 특히 홀트아동복지
회에 의해 이루어지고 있으며 이는 정부의 인가를 받은 절차라
고 밝혔다고 한다.

해당 감독 보고서에 따르면, 한국 당국의 태도는 1989년 당
시만큼 단호하지 않았다고 한다. 입양 건수를 줄이겠다는 방침
은 유지되었지만, 한국 측은 즉각적인 입양 중단 계획은 없다고
밝혔다.

1990년대에는 총 2만 2천 925명의 한국 아동이 서구로 입
양되었다. 그중 대부분은 혼외 출생아였다. 한국에서는 혼외로
태어난 아동의 80~90퍼센트가 입양되는 것으로 추정된다. 이
에 비해 미국에서는 그 비율이 단 1퍼센트에 불과하다. 한국의
10대 미혼모가 전체 임신 여성 중 1퍼센트에 지나지 않는 데다
OECD 국가 중 청소년 임신율이 가장 낮다는 사실에도 불구하고
말이다.

노르웨이 대표단은 홀트아동복지회 관계자들과도 회동을

가졌다. 그 자리에서 그들은 이런 설명을 들었다. 즉, 입양 서류에 친부모의 이름과 동의 내용이 기재되지 않은 이유는, 부모의 신원을 보호하기 위한 방침 때문이었다. 따라서 입양에 대한 공식 동의는 홀트 측 대표가 대신 제공했다고 한다.

너의 입양 서류에는 다음과 같은 문구가 포함된 '입양 동의서Statement of Release for Adoption'가 있었다.

나는 대한민국에서 1998년 1월 26일에 태어난 박현욱Park, Hyun Wook의 법적 후견인으로서, 상기 아동의 노르웨이 입양에 동의한다.

이 문서에는 아동의 이름과 입양 대상국명을 제외한 모든 항목이 미리 인쇄되어 있었고, 당시 홀트아동복지회 회장이던 송재추 씨의 도장이 찍힌 서명란도 포함되어 있다. 입양 서류에 친부모의 이름이 기재되어 있지 않기 때문에, 아이의 입양을 공식적으로 승인하는 사람은 입양 기관의 대표가 될 수밖에 없었다. 감독 보고서는 이런 기이한 관행을 지적했다. "생물학적 출신, 최소한 어머니의 신원은 거의 항상 파악되고 있음에도 불구하고, 아동의 배경은 '미상'으로 표기된다"라고. 그리고 이러한 관행이 국제법과 노르웨이 법 모두에 위배된다고 명시했다.

노르웨이는 유엔 아동 권리 협약과 헤이그 협약의 당사국으로서 입양 협력국들이 이들 협약의 원칙을 충실히 이행하도록 감독할 의무를 가지고 있다. 아동의 생물학적 출신 정보를 삭제하는 행위는 불법이며, 따라서 그러한 권리 침해로부터 아이들을 보호하는 일은 노르웨이의 책무다.

이 감독 보고서는 미혼모에게서 태어난 아이들이, 어머니가 생존해 있음에도 불구하고 공식 입양 서류상 고아거나 가족 신원이 확인되지 않은 아동으로 기재되었다는 사실을 드러냈다. 즉, 한국과 노르웨이 간의 입양 과정에서 조직적인 허위 정보 기재가 이루어지고 있었다는 점이 이미 노르웨이 당국에 보고된 셈이었다.

〈VG〉의 연속 보도에서 세계의아이들 대표인 영 K. 김은 단체가 입양 서류 처리 방식을 줄곧 투명하게 공개해 왔다고 강조했다. 또한 그는 문제가 된 관행을 은폐하려 한 시도는 전혀 없었다고 부인했다. 아울러 만약 이 협력이 실제로 불법적인 것이었다면, 노르웨이 당국이 지금까지 아무런 반응을 보이지 않은 사실이 오히려 이상하다고 덧붙였다.

세계의아이들에 따르면, 노르웨이에 입양된 6천 5백 명 이상의 한국 입양인 가운데 약 70퍼센트가 '출신 불명'으로 분류되어 있다. 이들 중 얼마나 많은 아이가 실제로는 확인 가능한 부모를 두고 있었는지는 불분명하며, 세계의아이들 측 역시 이에 대한 구체적인 자료를 가지고 있지 않다고 〈VG〉는 전했다.

그럼에도 불구하고 한국에서 노르웨이로의 입양은 계속 이어졌다.

과거의 소환

2023년 여름 휴가철을 앞둔 어느 날, 한국 진실·화해위원회의 조사관 몇 명이 스칸디나비아 지역의 한국 입양인들을 대상으로 설명회를 열기 위해 코펜하겐에 도착했다. 당시 주요 조사에 포함된 사례는 총 372건으로, 그중 스물한 건이 노르웨이와 관련되었다. 이 사례들은 지난해 가을 마감일 이전에 접수되었지만, 이후에도 위원회에는 7백 건이 넘는 추가 제보가 접수되었다. 그 가운데는 노르웨이 건도 적지 않았다. 조사 팀장은 지금까지의 조사 결과, 절차상 완전하게 이루어진 입양은 단 한 건도 확인되지 않았다고 밝혔다.[24]

DKRG는 현재 전 세계로 조직을 확장해 점점 더 많은 사례를 조사하고 있다. 그 중에는 입양 절차가 진행되는 동안 목숨을 잃은 아이들도 있었다. 그러면 다른 아이가 그 자리를 원래 아이

의 이름과 나이를 그대로 이어받아 대신하는 일이 벌어지기도
했다. 두 아이의 나이 차가 뚜렷할 때조차 그랬다. 또한 서구, 특
히 스칸디나비아 국가들로부터 흘러들어간 자금의 흐름도 드러
나고 있다. 수용국들이 더 많은 입양 할당량을 '구입'하는 방식으
로, 사실상 아이들을 거래 대상으로 취급한 구조였다.

위원회는 덴마크 현지에서 일부 한국 입양인들을 개별적으
로 인터뷰하기도 했다. 이 자리에서 입양인들은 자신이 입양 관
련 서류에 어느 정도 접근할 수 있는지, 또 그 내용에 대해 얼마
나 알고 있는지, 그리고 입양 이전 한국에서의 기억이 남아 있는
지 등에 관해 질문을 받았다.[25]

또한 위원회는 입양인이 입국 후 현지에서 어떤 형태의 사
후 관리와 지원을 받았는지도 조사했다. 입양 서류에 입양인의
건강상 문제가 기록되어 있었는지도 검토 대상이었다. 이와 함
께 입양인들은 입양 기관의 보호 아래 있던 시기에 학대나 가혹
행위를 겪은 적이 있는지 질문을 받았다. 그 과정에서 당시의 나
이, 가해자의 신원(보육원 직원, 위탁 가정 부모, 혹은 입양 기관 관계
자 등)과 같은 세부 사항도 확인되었다. 위원회는 또 이러한 학대
가 성적·정신적·신체적 학대였는지, 혹은 돌봄 방기의 형태였는
지도 함께 조사했다. 위원회는 입양 기관에서 일어난 학대가 노르
웨이 측에 전달된 서류에 명시되어 있었는지도 확인하고자 했다.

입양 가정에서의 상황에 대해서도 같은 질문이 이어졌다.
폭력이나 성적 학대, 혹은 방임을 겪은 적이 있었는가? 그렇다면

가족 중 누구에게서 그런 일을 당했는가? 어머니, 아버지, 형제자매? 가족 이외의 사람에게서 학대를 당한 적은 있었는가? 그 일은 얼마나 오래 지속되었는가, 그 사실을 누구에게 털어놓았는가, 도움을 받은 적은 있는가, 사후에 어떤 지원을 받았는가?

무려 열두 장의 인터뷰 질문지는 세세한 질문들로 가득했다. 그때 나는 한국 입양인 E가 내게 들려주었던 자신의 어린 시절 이야기를 떠올렸다. 그녀는 가족이 휴가를 떠나 캠핑카 안에서 아이들이 다 함께 나란히 누워 자던 때면, 오빠가 뒤에서 몸을 밀착시키고 자신의 성기를 그녀에게 비벼 대곤 했다고 털어놓았다. 그녀는 부모가 그 사실을 알고 있었다고 확신했다. 그녀는 손톱을 물거나 음식을 남길 때마다 아버지가 자신에게 가했던 체벌에 대해서도 이야기했다. 그는 그녀의 손을 잡아 책상 모서리에 세게 내리쳤다. 손가락 끝은 정확히 그 모서리에 닿았고 아버지는 그녀가 손끝의 감각을 잃을 때까지 내내 반복했다.

사춘기에 접어들자 아버지는 그녀에게 성적인 접근을 시도하기 시작되었다. 그녀가 마침내 그 일을 한 교사에게 털어놓았을 때, 그녀는 위탁 가정으로 보내졌다. 하지만 그곳에서도 한 남자가 그녀를 성적으로 학대했다. 그곳에서 도망친 그녀는 청소년 보호 시설에 수용되었다. 그녀는 그들을 신고했고, 스스로를 지키기 위해 싸웠다. 하지만 끝없는 증인 심문 속에서 그녀 자신이 오히려 피의자처럼 취급받고 있음을 느꼈다. 그리고 사건은 결국 '증거 불충분'으로 종결되었다. E는 진실·화해위원회에 자신의 사건을 제출하면서, 그 모든 과거의 기억을 다시 헤집어 내기가 너무나 고통스럽다고 말했다.

E는 자신과 두 아이를 지탱해 줄 삶의 토대를 세우기 위해 평생을 홀로 버텨왔다. 그런 그녀가 이제 와서 지난 역사를 파헤치는 이 고된 여정에 다시 나선 데는 두 가지 절박한 이유가 있었다. 하나는 그녀가 유전병을 가지고 있기 때문이다. 자신의 건강에 관한 정보를 얻는 것은 기본적인 인권이며, 이는 성인이 된 두 자녀와 그 후손들에게도 매우 중요한 일이다. 그리고 또 하나의 이유에 대해 그녀는 이렇게 말했다.

"겁에 질려 포네부 공항에 도착했던 그 네 살 난 작은 아이를 위해서예요. 인권 침해를 당한 모든 아이를 위해서이기도 하지요. 나의 목표는 그때의 어린 '미Mee'를 위한 명예 회복입니다."

이 사건들은 수사 책임을 맡았던 이상훈 씨에게 큰 충격을 안겨 주었다. 그가 파악한 진상이 처음 예상했던 것보다 훨씬 더 심각했기 때문이다. 그는 어떻게 이런 인권 침해가 아무런 제지 없이 벌어질 수 있었는지 묻지 않을 수 없었다.

"왜 아무도 나서지 않았고, 세상은 왜 그것을 보지 못했을까요?"

수사팀은 전 세계적으로 한국에서 입양된 아동들이 유괴, 특정 집단 아동의 조직적 제거, 인신매매, 성폭력 등의 피해를 입은 사실을 보여 주는 문서를 확보한 것으로 알려졌다. 그는 한국 정부가 필요 이상으로 많은 아동을 해외로 내보낸 배경에는, 노르웨이의 높은 입양 수요가 일정 부분 영향을 미쳤을 가능성이 있다고 지적했다.

이 책을 집필하는 동안 내가 알게 된 입양인 중 한 사람은 마침내 자신이 진지하게 받아들여지는 느낌이라고 말했다. 그녀의 말에 따르면 위원회의 태도는 노르웨이 당국의 회피적이고 무기력한 태도와 뚜렷이 대조된다고 했다. 수년 동안 입양인들은 자신의 경험과 불안을 드러내며 입양 절차가 어떻게 진행되어 왔는지 의문을 제기해왔다. 그러나 한국이 이 문제를 먼저 본격적으로 다루기 시작하자, 노르웨이 또한 이제야 비로소 이 복합적인 사안의 규모를 인정하고 자국의 관행을 조사하지 않을 수 없는 상황에 놓였다.

한국 진실·화해위원회가 스칸디나비아를 방문하던 바로 그 시기에, 노르웨이 정부도 자국의 해외 입양 과정을 조사할 위원회를 임명했다.

공식 발표에 따르면, 이번 위원회는 개별 사례가 아닌 제도적 수준에서의 입양 실태 전반을 조사하도록 위임받았다. 다만, 제도의 작동 방식을 드러내기 위해 임의로 선정한 일부 사례들도 함께 검토할 예정이었다. 위원회의 임무는 2년 안에 노르웨이가 협력해 온 모든 국가로부터의 입양 과정을 조사하고, 노르웨이 당국이 그 입양들을 어떻게 관리 및 처리해 왔는지를 검증하는 것이었다.[26]

여름이 되자, 입양 관련 서류에 대한 열람 요청이 급증하면서 노르웨이 아동가족청에 대한 압박도 점점 커졌다. 많은 입양인이 자신들의 입양 절차에 구체적인 오류가 있었을 가능성을 제기했다. 내가 1년 전 인터뷰했던 한 입양인은 자신이 언제, 어디서 태어났는지조차 모르며, 누가 자신을 낳았는지도 모른다고 신고했다.

"서류에는 내가 혼혈아로 적혀 있어요."

그녀는 그렇게 말했지만, DNA 검사 결과 그녀는 백 퍼센트 아시아인으로 판명되었다. 이처럼 잘못된 정보는 다른 많은 입양인의 사례에서도 반복되어 나타났다. 이는 입양 서류들이 공장에서 찍어내듯 일괄적으로 조작되었을 가능성이 매우 높다는 점을 시사했다.

그동안 다른 입양인들이 제기한 비판에 회의적이었던 일부 해외 입양인들 사이에서도 변화의 조짐이 나타나기 시작했다. 그들은 입양을 '인신매매'로 규정하는 이들을 향해 고개를 저어왔지만, 이제는 너무나 많은 증언이 제도의 불법성을 암시하고 있음을 깨닫게 되었다. 정말로 많은 친부모가 아이의 입양을 한 번도 동의하지 않았다는 것이 사실일까? 그리고 노르웨이 당국이 그런 관행을 알고도 방조했을까? 알 수 없었다. 그들의 서류에 친부모의 동의서는 존재하지 않기 때문이었다. 대신 그들에게는 '고아 호적'이 부여되었고, 서류의 여러 항목에는 '기록 없음'이라는 문구가 반복되었다. 게다가 그나마 남은 기록조차 놀라우리만큼 똑같은 문장들로 채워져 있었다. 이 모든 것은 아이들의 입양 보고서가 조작되었음을 암시하는 것일까?

노르웨이 조사 위원회가 임명되던 바로 그때, 스캔들은 이미 시작되었다.

2024년 겨울, 새해가 시작될 무렵이었다. 덴마크 항소위원회는 1970~1980년대 한국에서 이루어진 입양 과정을 조사하기 시작했다. 그 결과 위원회는 심각한 불규칙과 위법 행위가 있었다는 사실을 밝혀냈다.

조사를 통해 덴마크와 한국의 입양 기관 들 사이에서 대규모 자금이 오가는 무규제 구조가 드러났다. 또한 한국 내에서도 체계적인 불법 관행이 이루어졌다는 증거가 확인되었다.

곧 이 사안을 둘러싼 논쟁이 열기를 띠기 시작했다. 덴마크 공영 방송 〈DR〉은 사건을 밀착 보도했다. 그러자 다음 조사는 정부로부터 독립된 형태로 이루어져야 하며, 특정 시기나 일부 국가에 한정하지 않고 모든 해외 입양을 포함해야 한다는 요구가 뒤를 이었다.

마침내 덴마크에서 입양 제도를 감독해 온 한 관료가 공개적으로 목소리를 냈다. 그녀는 이 시스템을 '속까지 썩어 있다'고 표현하며, 시선을 노르웨이로 돌렸다. "두 나라의 제도가 너무 비슷해서, 노르웨이가 더 낫다고 믿을 이유는 전혀 없습니다."[27]

보고서가 발표되던 시기인 2024년 1월, 덴마크의 마지막 입양 기관인 '덴마크국제입양협회DIA'가 문을 닫았다. 기관 측은 성명에서 이렇게 밝혔다. "덴마크의 입양 알선은 부분적으로 이용자 부담으로 운영됩니다. 그런데 사회부 산하 항소위원회가 입양 협력국들과의 알선을 차례로 중단해 오면서, 입양 알선 제도의 재정적 지속 가능성이 심각하게 위협받게 되었습니다."[28]

한편 노르웨이에서는, 입양 업무를 총괄하는 중앙 기관인 아동가족청이 모든 해외 입양을 잠정적으로 중단하라고 아동가족부 장관에게 권고했다.

아동가족청이 입양 관련 법적 서류를 검토한 결과, 그 문서들 역시 불완전한 것으로 드러났다. 이 사실은 신뢰를 근간으로 해온 제도 내부에 구조적 문제가 깊이 자리하고 있음을 드러냈다.

이 권고는 입양 서류 열람을 요구하는 노르웨이 내 성인 입양인들이 점점 더 많아졌기에 내려졌다. 이는 서류의 부실함이라는 오래된 문제를 다시 수면 위로 끌어올렸고, 입양의 정당성 자체에 대한 의문까지 불러일으켰다. 이러한 문제의식과 더불어, 아동가족청은 해외 입양의 위험 요소를 종합적으로 검토한 끝에 해외 입양의 일시 중단은 불가피하다고 판단했다.[29] 하지만 아동가족부 장관은 이 권고를 받아들이지 않고, 중단 여부를 결정하기 전에 추가 조사를 진행하라고 아동가족청에 지시했다.[30]

"어떻게 이런 일이 가능하죠?"

너는 이렇게 물었고, 나 역시 같은 생각이었다. 만약 제도의 합법성에 의문이 있다면 그 제도를 멈추어야 한다는 데는 의심의 여지가 없다.

지금은 입양 부모들과 입양인들 중 일부가 함께 서명 운동을 벌이며, 장관에게 입양 제도를 유지해 달라고 요구하고 있다. 그들은 조사 자체에는 찬성하지만 동시에 국제 입양이 아이의 최선의 이익을 위한 선택이라 주장한다. 그렇지 않으면 아이들은 빈곤 속에서 혹은 시설에서 자라게 될 것이라는 말이다.[31] 그들은 또, 아이를 기다리는 불임 부부들이 겪는 고통스러운 기다림에 대해서도 이야기한다. 나도 그 감정을 안다. 끝이 보이지 않는, 깊은 갈망. 하지만 나의 고통이 다른 대륙의 가족들이 겪는 상실보다 우위에 있을 수는 없지 않은가.

내 안 깊은 곳에서 나직하게 울리던 그 고통스러운 메아리는, 의식의 밑바닥에서부터 점점 커져 마침내 견딜 수 없을 만큼 요란해진다. 그 소리는 나를 가만두지 않는다.

나 역시 이 일에 가담했었다.

우리는 이제 누구인가?

"제 서류에 동의서가 있나요?"

네가 물었다.

"아니, 없단다. 우리가 너를 입양할 때, 그들은 네 어머니를 보호하기 위해 그런 서류는 네 파일에 포함되지 않았다고 설명했어."

하지만 내 대답은 공허한 메아리일 뿐이었다. 나 스스로도 그 공허한 울림을 들을 수 있었다.

"하지만 뭔가 이상하다고는 생각하지 않았나요? 어머니와 아버지는 이미 알고 있었잖아요. 한국은 이미 부유한 나라가 되었다는 걸. 그런데 왜 노르웨이가 여전히 그곳에서 아이들을 데려오고 있었는지, 그 이유를 한 번도 의심해 보지 않았나요?"

너의 그 진지한 눈빛이 나를 궁지로 몰아넣었다.

이제 나는 스스로에게 묻고 있다. 그때 나는 과연 국제 입양에 대한 다른 이야기들에 귀 기울일 준비가 되었던가. 아이를 갖고자 하는 내 열망이 너무도 강했다. 나는 입양이 '좋은 일'이라는 서사에 단 한 번도 이의를 제기하지 않았다. 아이들은 부모를 얻고, 부모는 간절히 기다려 온 아이를 얻는 일. 그것이 전부라고 믿었다. 그렇다면 왜 나는 묻지 않았을까? 생모들은 과연 어떻게 돌봄을 받았는지, 그리고 왜 나는 아이를 사랑하기 때문에 입양 보낸다는 이야기를 아무 의심 없이 받아들였는지. 어떻게 서구 여성들은 다른 나라의 어머니들이 자신들만큼 아이를 사랑하지도 않고, 또 아이를 곁에 두고 싶어 하지도 않는다고 믿었을까?

타인의 경험을 완전히 이해하는 일이 과연 가능할까? 우선 대답해 보자면 '아니오'일 것이다. 우리는 각자의 인식 안에 갇혀 있으며 개인이 겪은 크고 작은 경험들에 의해 만들어진 존재다. 그럼에도 불구하고, 우리가 서로를 진정으로 이해할 유일한 길은 자신을 타인의 자리에서 바라보려 노력하는 것뿐이다.

너를 얻은 일은 내 인생에서 가장 큰 축복 중 하나다. 하지만 많은 한국 가족에게는 아이를 잃은 일이 아마 인생에서 가장 끔찍한 일이었을 것이다. 자신의 아들이나 딸에게 무슨 일이 일어났는지조차 알지 못한 채 살아온 부모들. 그런 부모들이 얼마나 많았는지 이제야 서서히 드러나고 있다.

돌이켜 보면, 우리는 한국의 아이들이 친부모의 뜻에 반해 노르웨이로 오도록 허용한 제도를 유지하는 데 일조했던 셈이다. 우리가 받은 정보가 노르웨이 정부를 대신해 입양을 진행했던 단체, 즉 홀트아동복지회와 세계의아이들에 의해 통제되었기 때문이라고 생각한다. 사실, 그 당시에는 비판적인 목소리도 거의 없었다.

"그땐 인터넷이 막 생기던 시절이었잖아. SNS는커녕, 정보가 자유롭게 오가던 시대가 아니었어."

나는 그렇게 얼버무리듯 말했다. 하지만 내 안에서는 사라지지 않는 목소리가 있다. '그걸로는 충분하지 않아! 비판적인 질문을 던지고, 더 철저히 살폈어야 했어.' 나는 지금, 비난받아 마땅하다. 그 질문들로 스스로를 채찍질하면서도 그중 몇 가지는 나 자신을 넘어 사회로 향해야 한다고 생각하고 있다. 왜 노르웨이는 아이들을 데려오는 대신, 그 부모들을 돕지 않았을까? 왜 감독 보고서에서 여러 차례 제기된 비판이 아무런 후속 조치 없이 묻혔을까? 그리고 왜 지원 기관과 당국은 입양인들의 목소리에 귀 기울이지 않았던 걸까?

한국 전쟁의 여파는 지금도 여전히 서구 사회 곳곳에서 많은 사람의 삶 속에 남아 있다. 전쟁 이후 20만 명이 넘는 한국 아동들이 유엔 깃발 아래 한국 편에 섰던 여러 서방 국가들로 입양되었다. 이것이 오늘날 우리가 알고 있는 국제 입양의 시작점이다. 그때 마련된 틀은 이후 점점 더 많은 나라 간의 입양 체계로 확장되어 갔다.

우리가 한때 도움을 준다고 믿었던 그 활동이 세계가 한 번도 본 적 없는 입양 산업으로 변한 지 이미 여러 세대가 흘렀다. 이제는 바로 그 입양인들 자신이, 그중에서도 특히 덴마크와 노르웨이 출신의 많은 이가 진실을 밝히고 그 불의의 책임을 스스로 감당하고 있다.

한때 한국이 서구로 보내야 했던 그 아이들은 이제 자신의 권리를 되찾기 위해 맞서 싸우는 성인이 되었다. 그들은 또한 오늘날 한국의 여성들과 아이들의 더 나은 권리를 위해 앞장서 그 변화의 깃발을 든 사람들이 되었다.

이제 한국에서는 호주제가 폐지되었고, 모든 아동 역시 의무적으로 등록되어야 한다. 임신과 출산에 관한 여성의 권리 또한 사회 의세로 떠올랐다. 또한 전 세계의 한국 입양인들이 베이비박스에 버려지는 소위 '유령 아이들'을 위해 목소리를 내고 있다. 여성과 아동의 독립적인 권리는 마침내 사회 중심 의제로 떠올랐다.

너와 나 사이에는 이제 새로운 풍경이 놓여 있다. 그곳에는 우리가 너의 부모가 되고자 했던 그 시절, 네 아버지와 내가 믿었던 이야기와는 다른 이야기들이 펼쳐진다. 입양인들의 경험으로 새로운 지도가 다시 그려지고 있다. 우리는 그 지도를 바탕으로 다시 쓰인 역사의 무게를 함께 짊어지게 될 것이다.

지난 몇 해 동안 우리가 마주해 온 질문들은, 내가 미처 인식하지 못했던 맹점을 비추는 빛이었다. 그러나 여전히 던져야 할 질문들이 남아 있다. 혈연이 아닌 부모와 자식을 과연 가족이라 부를 수 있을까? 우리의 자아 인식이 허약하고 불완전한 토대 위에 세워진 것은 아닐까? 우리는 무엇에 가담해 온 걸까? 개인으로서, 가족으로서, 그리고 사회로서 우리는 누구인가? 역사가 우리 앞에 드러내 보인 고통스러운 상처와 곪은 진실들을 마주할 때, 우리는 과연 스스로를 향한 냉철한 시선을 견뎌 낼 수 있을까? 내 발밑의 땅이 흔들리고 있음을 깨닫는 지금, 나는 과연 좋은 어머니가 될 수 있을까? 너는 평생 나를 비추어 보며 살아왔는데, 이제 내가 너의 세계 속에서 나 자신을 비추려 한다면 과연 무슨 일이 일어날까. 나는 지금 입양 제도의 도덕성을 논하고 있지만 과연 내게 그럴 자격이 있을까? 나 역시 그 제도의 일부였으니 말이다. 어쩌면 나는 지금, 입양 절차 한가운데에 있는 부모들을 외면한 채 나 혼자만 빠져나온 것인지도 모른다. 나 역시 원치 않은 불임의 어둠을 겪었다. 이성의 판단마저 흐려 버릴 만큼 아이를 향한 광적인 갈망 또한 경험했다. 그럼에도 나는, 진실을 드러내고 화해와 회복이 가능해지도록 돕는 일에 도덕적 책임이 있음을 부인할 수 없다.

우리는 공유된 하나의 세계 속에서 존재하며, 동시에 각자 고유한 세계 속에서도 존재한다.

이 서로 다른 내면 세계들을 이어붙이기는 결코 쉽지 않다.

우리의 이야기는 우리 앞에 놓인 거울이 되어 우리가 누구인지를 비추어 보여 준다. 그러나 그 날카로운 빛과 그로부터 제기되는 질문들은 개개인을 넘어 사회 전체로 향해야 한다. 노르웨이로 데려온 모든 사람들, 그들 또한 우리 모두가 함께 짊어져야 할 공동의 책임이기 때문이다.

노르웨이에서는 흔히 모든 아이는 우리의 아이라고 말한다. 이 원칙은 아동의 복지를 위한 책임이 사회 전체에 있음을 뜻한다. 그래서 우리는 아동복지청, 유치원 그리고 초등학교와 같은 제도를 운영한다. 물론 부모는 자기 자녀에 대해 일정한 주권을 갖지만, 그 권한이 절대적인 것은 아니다. 아동의 복지가 위태로울 때 사회는 개입할 권리와 의무를 동시에 지닌다. 따라서 사적 영역의 경계는 결코 절대적일 수 없다. 그런데 입양 가정의 경우, 이러한 개입의 문턱이 일반 가정보다 훨씬 높게 설정되어 있는 듯하다. 입양 부모는 철저한 심사와 승인 절차를 거쳐야만 아이를 가족의 일원으로 맞을 수 있기 때문이다. 그렇다면 입양이 완료된 뒤 부모의 양육 직합성을 다시 묻는 일이 사회가 패배를 인정하는 일처럼 되는 것일까? 그래서 많은 사람이 부모로서 부족해 보일까 두려워 자신이 느끼는 절망과 어려움을 차마 드러내지 못하는 것은 아닐까?

우리 역시 그것을 직접 경험했다. 입양이 공식적으로 완료되는 순간, 실제로는 모든 것이 우리에게 맡겨진 채 방치되었다. 입양 수용국으로서 노르웨이는 입양된 아이와 입양 가정을 지속적으로 지원해야 할 특별한 책임을 지닌다. 그러나 현실에서 이 원칙은 내용 없는 형식, 허울뿐인 규정에 지나지 않았다.

그 결과 우리는 스스로의 부족함에 대해서는 침묵한 채, 두려움과 곤혹감 속을 방황하게 되었다. 가족의 사생활과 우리에게 주어진 신뢰를 지키려는 그 의도가, 결국 아이에 대한 집단적 책임 회피를 가능하게 했다. 누구도 자신이 충분하지 않을지도 모른다는 사실을 드러내고 싶어 하지 않는다. 그러나 침묵과 은폐는 아무에게도 도움이 되지 않는다. 가장 큰 피해자는, 가능한 모든 방식으로 보호받고 존중받아야 할 아이들이다.

이러한 깨달음 속에서 나는 한 가지 사실을 분명히 인식하게 되었다. 아이를 한 나라에서 다른 나라로 옮기는 일은 사회적이자 세계적인 규모의 실험이며, 막대한 인간적 위험을 내포한 행위다.

그 뒤로 엄마에게서 소식이 있었는지 묻자, 너는 그녀가 네 메시지를 읽긴 하지만 좀처럼 답장은 하지 않는다고 말했다. 그때 네 시선이 흔들렸던 것은 혹시 변명을 찾고 있었기 때문일까? 너는 그녀를 두둔했다.

"아마 많이 바쁠 거예요. 가족이 내가 존재한다는 사실을 알아 버릴까 봐 두려운 건지도 몰라요."

너는 언제나 그랬듯 조심스러웠다. 그녀를 지켜 주려는 마음에, 메시지도 자주 보내지 않았다.

"귀찮게 하고 싶지 않아요."

너는 그렇게 말했다.

"그분께도 챙겨야 할 가족이 있으니까요."

나는 네 팔을 쓰다듬어 주었다. 그때 네가 서울의 한 식당에서 엄마에게 그렇게 했던 것처럼.

사회로서, 그리고 부모로서, 우리는 국제 입양의 역사를 다루는 책임을 입양인들과 다음 세대에게 떠넘겨도 되는 걸까? 지금 우리가 마주한 물음들에 대한 해답은 개인이 아니라 공동체 안에서 찾아야 한다. 그래야만 비로소 우리가 스스로를 이해하고, 우리가 속한 역사를 성찰하려는 노력이 어디로 향하는지를 분명히 할 수 있다. 그리고 바로 그 대화와 연대 속에서 우리는 부당함에 맞설 힘을 얻게 된다.

이 작업을 통해 드러난 점은 국제 입양 구조가 동서 그리고 남북 간의 불균형한 구도를 문제적인 방식으로 전제하고 있다는 사실이다. 서구 사회는 일방적으로 동양 혹은 '남쪽'으로 불리는 지역에서 아이를 데려왔다. 그 결과, 자원과 권력이 비대칭적으로 분배되는 구조적 불균형이 만들어졌다. 그 구조 속에서 가장 취약한 이들은 자신의 아이를 포기해야 하는 상황에 내몰렸다. 입양인과 그들의 원가족이 겪는 깊은 상실과 고통은 오래도록 지속된다. 이를 인식하는 일은 우리 자신과 우리가 속한 시스템을 되돌아보기 위한 출발점이다. 그 깨달음 없이는 화해도 회복도 불가능하다.

우리가 입양한 아이들의 친어머니들은 늘 외면당했고, 그들의 이야기는 무시당했다. 내 책상 위 벽에는 A4 크기의 엄마 사진 한 장이 붙어 있다. 반듯하게 내린 앞머리, 나를 바라보는 듯한 아름다운 눈동자. 그녀는 지금 여기 없다. 그러나 나는 매일 그 시선을 마주한다.

책을 쓰는 일은 흔히 외로운 과정이라 하지만, 이 책은 공적이고 세계적인 이야기와 맞닿아 그 안에서 함께 만들어졌다. 나는 노르웨이를 비롯해 스칸디나비아와 서구 전반의 언론 보도를 꾸준히 살펴보았다. 여러 입양 관련 단체와 개인 들 역시 소셜 미디어를 통해 목소리를 내기 시작했고, 나는 그들 중 다수를 팔로우하며 지켜보았다(입양인이 아닌 사람들에게는 닫혀 있는 비공개 그룹은 예외였다).

국제 입양인으로서 자신의 경험과 통찰을 나누어 준 모든 이들에게 깊은 감사를 드린다. 처음에는 열댓 명과의 대화로 시작된 일이, 이제는 수많은 이야기와 관계가 얽히며 자라나는 하나의 큰 결로 이어지고 있다. 그 이름들을 하나하나 다 적으려면 지면이 모자랄 정도다. 하지만 내 마음은 언제나 내게 마음을 열어 주고 자신의 이야기를 들려 준 모든 사람으로 가득 차 있다. 내 질문에 시간을 내어 답해 주고, 수많은 대화를 함께 나누며, 끝없는 인내로 내 곁에 있어 주었던, 나에게 많은 것을 가르쳐 준 여러분 모두에게.

진심으로, 끝없는 감사를 드린다.

이 이야기를 기꺼이 받아들여 준 출판사에도 감사드린다. 언제나 열정적이면서도 흔들림 없이 끝까지 힘을 북돋아 준 편집자 마리 뵈르켕에게 특별한 감사를 전한다.

그리고 뵈레에게, 언제나 변함없이 조건 없는 지지를 보내 준 당신에게 고마운 마음을 전합니다.

안데르스, 너의 작업과 한국으로의 여정을 곁에서 지켜볼 수 있게 해 주어서 진심으로 고마워. 네가 엄마와 함께 있는 모습을 보는 일은 내게 주어진 하나의 선물이었단다. 너와 네 엄마에게 이 책을 바칠게.

참고 문헌 및 출처

Adopsjonsforeningenes opplæringsutvalg(입양협회 교육 위원회), 1994, 《해외 아동의 입양Adopsjon av utenlandske barn》, Oslo: Universitetsforlaget.

Adopsjonsforum(입양 포럼), 〈입양 통계Adopsjonsstatistikk〉, https://www.adopsjonsforum.no/userfiles/Formidling/tabell%20-%20ankomne%20barn%201972-2022.pdf, 열람일: 2023년 7월 24일.

Ainsworth, M. D.(에인스워스, M. D.), 1973, '영아-어머니 애착의 발달'(The development of infant-mother attachment), In B. M. Caldwell & H. N. Ricciuti(Eds.), 〈Review of child development research〉, Vol. 3, Chicago: University of Chicago Press.

Ainsworth, M. S. & Bowlby, J.(에인스워스, M. S., & 볼비, J.), 1991, '성격 발달에 대한 행동학적 접근An ethological approach to personality development', 〈American Psychologist〉, 46(4), pp. 333~341.

Amble, J.(암블레, J.), 2023, '입양 스캔들: 노르웨이로의 입양 전수 조사 요구Adopsjonsskandalen: Krever gransking av adopsjoner til Norge', TV2, https://www.tv2.no/nyheter/innenriks/krever-gransking-av-adopsjoner-til-norge/15441200/, 2023년 1월 20일 방송.

Andersson, M.(안데르손, M.), 2022, 《인종주의: 입문서Rasisme. En innføring》, Bergen: Fagbokforlaget.

Ankestyrelsen(덴마크 사회복지청), 2024, 〈1970~1980년대 한국에서 덴마크로의 입양 중개Adoptionsformidlingen fra Sydkorea til Danmark i 1970'erne og 1980'erne〉, https://ast.dk/publikationer/adoptionsformidlingen-fra-sydkorea-til-danmark-i-19702019erne-og-19802019erne, 접속일: 2024년 1월 16일

Askeland, K. G. & Heggland, J. E.(아스켈란, K.G. & 헤글란, J. E.), 2013, '입양된 아동, 청소년, 성인: 인지적 역량, 정신 건강 및 지원 서비스 이용에 대한 지식 요약Adopterte barn, ungdom og voksne: En kunnskapsoppsummering om kognitiv kompetanse, psykisk helse og bruk av hjelpetjenester', 〈Rapport〉, 2013:8, Oslo: Folkehelseinstituttet, FHI(노르웨이공중보건연구소),

Bae, S.(배, S.), 2020, '한국의 미혼모와 국제 입양 실천—호수 킴의 《가상 어머니 되기》 서평Birth Mothers and Transnational Adoption Practice in South Korea: *Virtual Mothering* by Hosu Kim (review)', 〈한국학 연구 저널Journal of Korean Studies〉, 252, pp. 455~460.

Beck, E. K. et al.(벡, E. K. 외), 2022, 〈귀향의 길Veien hjem〉[다큐멘터리 영화], 인디필름/NRK(노르웨이방송공사), https://tv.nrk.no/program/KMTE31009720.

Bergquist, K. J. S. et al.(버그퀴스트, K. J. S. 외), 2007, 《국제 한국 입양사: 50년의 정책과 실천의 역사International Korean Adoption: A Fifty-Year History of Policy and Practice》, New York: Routledge.

Binder, P. E.(빈데르, P. E.), 2018, 《나는 누구인가—정체성을 찾고 만들어 가는 일에 대하여Hvem er jeg? Om å finne og skape identitet》, Bergen: Fagbokforlaget.

Bioteknologirådet(노르웨이생명공학위원회), 2023, '후성유전학—환경과 유진학을 잇는 다리Epigenetikk-en bro mellom miljø og genetikk', 노르웨이생명공학위원회 공식 웹사이트, https://www.bioteknologiradet.no/temaer/epigenetikk/ 열람일: 2023년 11월 17일.

Bitsch, A.(비치, A.), 2021, 《형제애: 벤야민 헤르만센 살인 사건의 기록Brorskapet. En historie om drapet på Benjamin Hermansen》, Oslo: Gyldendal Norsk Forlag.

Bjørheim, C. et al.(비외르헤임, C. 외), 2018, '노르웨이로 가는 편도표Enveisbillett til Norge', 〈스타방거 아프텐블라드〉, https://www.aftenbladet.no/emne/enveis-billett-tilnorge, 열람일: 2020년 5월 20일.

Bjørheim, C. & Refvem, F.(비외르헤임, C. & 레프벰, F.), 2018, '자신의 뿌리를 찾는 것은 이기적이라고 말하는 연구자Forsker mener det er egoistisk å lete etter sitt opphav', 〈스타방거 아프텐블라드〉, https://www.aftenbladet.no/innenriks/i/m6wnzO/

forskermener-det-er-egoistisk-aa-lete-etter-sitt-opphav.

Bjørheim, C. et al.(비외르헤임, C. 외), 2021년 9월 16일, '잘못된 부모에게 입양된 소녀Jenta som kom til feil foreldre', 〈스타방거 아프텐블라드〉, https://www.aftenbladet.no/lokalt/i/OQvqdV/demo-hentet.

Bjørheim, C. & Olsen, J.(비외르헤임, C. & 올센, J.), 2022년 4월 26일, '호 시청과 잉에르-토네, 240만 크로네의 배상·보상 합의Hå kommune og Inger-Tone enige om 2,4 millioner kroner i erstatning og oppreisning', 〈스타방거 아프텐블라드〉, https://www.aftenbladet.no/lokalt/i/L5E8KP/inger-tone-faar-erstatning.

Bjørheim, C.(비외르헤임, C.), 2023년 1월 27일, '잉에르-토네, 한국 입양 조사에서 첫 번째 사례로Inger-Tone først ut i gransking om adopsjon i Sør-Korea', 〈스타방거 아프텐블라드〉, https://www.aftenbladet.no/lokalt/i/5BjBB1/inger-tone-foerst-ut-i-gransking-om-adopsjon-i-soer-korea.

Bjørnstad, N. T. et al.(비외른스타, N. T. 외), 2023년 5월 18일, '한국에서 입양된 노르웨이인, 인신매매 혐의로 노르웨이 고발Adoptert fra Sør-Korea anmelder Norge for menneskehandel', 〈VG〉, https://www.vg.no/nyheter/i/Q7q414/adoptert-fra-soer-korea-anmelder-norge-for-menneskehandel.

Bjørnstad, N. T. et al.(비외른스타, N. T. 외), 2023년 8월 21일, '노르웨이 입양 조사: '생각했던 것보다 훨씬 심각하다Gransker adopsjoner til Norge:: Enda mer alvorlig enn jeg trodde', 〈VG〉, https://www.vg.no/nyheter/i/JQXRnR/gransker-adopsjoner-til-norge-enda-mer-alvorlig-enn-jeg-trodde.

Bochner, A. & Ellis, C.(보크너, A. & 앨리스, C., 2016, 《감응적 자문화기술지—삶을 쓰고 이야기를 말하다Evocative Autoethnography: Writing Lives and Telling Stories》, New York: Routledge.

Bowlby, J.(볼비, J.), 1997, 《애착과 상실 3부작Attachment and Loss Trilogy》, London: Pimlico.

Borch, C.(보르크, C.), 2000, '노벨위원회, '햇볕 정책'을 기리다Nobelkomiteen hedrer 'solskinnspolitikken'', NRK(노르웨이방송공사), https://www.nrk.no/nobel/nobelkomiteen-hedrer-solskinnspolitikken-1.463137, 열람일: 2023년 5월 14일.

Boswell, J(보즈웰, J), 1998, 《낯선 이들의 자비: 고대 후기에서 르네상스까지 서유럽의 유기아 역사The Kindness of Strangers: The Abandonment of Children in Western Europe from Late Antiquity to the Renaissance》, Chicago: University of Chicago Press.

Botnmark, K. M.(보튼마르크, K. M.), 2019, 《알렉세이에게 무슨 일이 있었나—한 동생을 찾아서Hva skjedde med Aleksej? Jakten på en lillebror》, Bergen: Vigmostad & Bjørke.

Botnmark, K. M.(보튼마르크, K. M.), 2021, '해외 입양은 공동의 책임이다Utenlandsadopsjon er et kollektivt ansvar', 〈VG〉, https://www.vg.no/nyheter/meninger/i/z7kgvq/utenlandsadopsjon-er-et-kollektivt-ansvar.

Botnmark, K. M.(보튼마르크, K. M.), 2022, '해외 입양은 정말 아동의 최선의 이익을 위한 것인가?Er utenlandsadopsjon virkelig til barnets beste?', 〈모르겐블라데〉, https://www.morgenbladet.no/ideer/kronikk/2022/01/21/er-utenlandsadopsjon-virkelig-til-barnets-beste/, 열람일: 2022년 1월 21일.

Brandtzæg, I. et al.(브란체그, I. 외), 2019, 《아동과 관계 단절 1권: 거시적 분리Barn og relasjonsbrudd. Bind 1: Makroseparasjoner》, Bergen: Vigmostad & Bjørke.

Brandtzæg, I. et al.(브란체그, I. 외), 2019, 《아동과 관계 단절 2권: 미시적 분리Barn og relasjonsbrudd. Bind 2: Mikroseparasjoner》, Bergen: Vigmostad & Bjørke,

Bratberg, K.(브라트베르그, K.), 2021, '한국 전쟁 1950~1953Koreakrigen 1950~1953', 〈Folk og Forsvar〉, https://folkogforsvar.no/koreakrigen-1950-1953/, 열람일: 2021년 10월경 추정.

Briggs, L.(브릭스, L.), 2012, 《누군가의 아이들: 인종간·국제 입양의 정치학Somebody's Children: The Politics of Transracial and Transnational Adoption》, Durham & London: Duke University Press.

Brodzinsky, D. M.(브로드진스키, D. M.), 2011, '아동의 입양 이해: 발달적 및 임상적 함의Children's Understanding of Adoption: Developmental and Clinical Implications', 〈Professional Psychology: Research and Practice〉(), 422, p. 200.

Bu, F. et al.(부, F. 외), 2023, '입양 스캔들: 토페 장관, 피해자들에게 사과하다—'죄송합니다'Adopsjonsskandalen: Toppe til alle som har blitt rammet:: Jeg beklager', TV2 Nyheter, https://www.tv2.no/nyheter/innenriks/toppe-til-alle-som-har-blitt-rammet-jeg-beklager/15440352/, 열람일: 2023년 1월 20일.

Bufdir(노르웨이 아동청소년가족청), 1996, 〈헤이그 협약Haagkonvensjonen〉, 공식 웹사이트: https://www.bufdir.no/fagstotte/barnevern-oppvekst/haagkonvensjonen-1996/, 열람일: 2023년 3월 22일.

Bufdir, 2024, 〈해외 입양의 일시 중단에 대한 평가: 아동가족부에 대한 권고 보고서Vurdering av midlertidig stans av utenlandsadopsjon: Anbefaling til Barneog familiedepartementet〉, Oslo: Bufdir, https://www.bufdir.no/siteassets/rapporter/utredning-adopsjon-bufdir-16.01.24.pdf, 열람일: 2024년 1월 16일.

Bufdir, 2024, 〈해외 입양 일시 중단에 대한 Bufdir의 권고: 추가 질의에 대한 답변Bufdirs anbefaling om midlertidig stans av utenlandsadopsjon: svar på oppfølgingsspørsmål〉, Oslo: Bufdir, https://www.bufdir.no/contentassets/ccb366bd57b84d6b9d-f0bd46b3ec38fc/svar-pa-oppfolgingsspm-fra-dep?anbefaling-adopsjon?sladdetversjon.pdf, 열람일: 2024년 4월 17일.

Bugge, M.(부게, M.), 2022, '독일에서 노르웨이로 온 가브리엘레, 그녀의 체류는 영원할 것이었다Gabrielle kom fra Tyskland til Norge. Oppholdet skulle bli for alltid', 〈아프텐포스텐Aftenposten〉, https://www.aftenposten.no/historie/i/ML2War/gabrielle-4kom-fra-tyskland-til-norge-oppholdet-skulle-bli-for-alltid, 열람일: 2022년 8월경 추정.

Cantwell, N.(캔트웰, N.), 2014, 《아동의 최선의 이익과 국제 입양The Best Interests of the Child in Intercountry Adoption》, Florence: UNICEF Office of Research, Innocenti Insight.

Cartwrite, M.(카트라이트, M.), 2016, '골품제Bone Rank System', 〈World History Encyclopedia〉, https://www.worldhistory.org/Bone_Rank_System/, 열람일: 2022년 4월 18일.

Ceballo, R. et al.(세발로, R. 외), 2004, '자녀를 얻는다는 것: 생물학적 부모, 입양 부모, 계부모의 경험 비교Gaining a Child: Comparing the Experiences of Biological Parents, Adoptive Parents, and Stepparents', 〈가족관계 저널Family Relations〉, 53(1), pp. 38~49.

Chira, S.(치라, S.), 1988, '수출된 아기들: 그리고 이제 고통스러운 질문들Babies for Export: And Now the Painful Questions', 〈뉴욕 타임스〉, https://timesmachine.nytimes.com/timesmachine/1988/04/21/805688.html?pageNumber=4.

Choe, S. H.(최, S. H.), 2023, '세계 최대 '아기 수출국', 고통스러운 과거와 마주하다World's Largest 'Baby Exporter' Confronts Its Painful Past', 〈뉴욕 타임스〉, https://www.nytimes.com/2023/09/17/world/asia/south-korea-adoption.html.

Chun, S.(전, S.), 2018, 《한국의 경제 발전: 빈곤에서 현대 산업 국가로The Economic Development of South Korea: From Poverty to a Modern Industrial State》, London: Routledge.

Chung, N.(정, N.), 2018, 《당신이 결코 알 수 없는 모든 것All You Can Ever Know》, New York: Catapult.

Cox, S. K. et al.(콕스, S. K. 외), 1999, 《다른 곳의 목소리들: 한국에서 태어나 해외로 입양된 세대의 작품집Voices from Another Place: A Collection of Works from a Generation Born in Korea and Adopted to Other Countries》, Saint Paul: Yeong & Yeong Book Company.

Cumings, B.(커밍스, B.), 2011, 《한국 전쟁: 하나의 역사The Korean War: A History》, New York: Modern Library.

Dalen, M. & Sætersdal, M.(달렌, M. & 세테르스달, M.), 1988, 《노르웨이의 해외 입양아: 겨울 나라의 나비들Utenlandsadopterte barn i Norge. Sommerfugler i vinterland》, Oslo: J. W. Cappelens Forlag.

Dalen, M.(달렌, M.), 2018, '노르웨이의 국제 입양Internasjonale adopsjoner i Norge', NUBU(노르웨이 아동·청소년행동발달연구소), https://www.nubu.no/utgave-2/internasjonale-adopsjoner-i-norge-article3032-2504.html, 열람일: 2020년 2월 3일.

Danish Korean Rights Group(덴마크한국입양인권리모임), 〈진실의 이름으로I sannhedens tjeneste〉, https://danishkorean.dk/.

Danish International Adoption(DIA, 덴마크 국제 입양 기관), 'DIA, 국제 입양 지원 종료 발표DIA ophører med at yde international adoptionshjælp', https://d-i-a.dk/nyhed/diaophoerer-med-at-yde-international-adoptionshjaelp, 열람일: 2024년 1월 16일.

Dorow, S. K.(도로우, S. K.), 1999, 《당신에게 아름다운 삶을: 애란원 친생모들이 자녀에게 보내는 편지I Wish for You a Beautiful Life: Letters from the Korean Birth Mothers of Ae Ran Won to Their Children》, Saint Paul: Yeong & Yeong Book Company.

Dorow, S. K.(도로우, S. K.), 2006, 《국제 입양: 인종, 젠더, 혈연의 문화경제학Transnational Adoption: A Cultural Economy of Race, Gender, and Kinship》, New York: New York University Press.

Dozier, M. et al.(도지어, M. 외), 2001, '위탁가정 영아의 애착: 양육자의 심리 상태의 역할Attachment for Infants in Foster Care: The Role of Caregiver State of Mind', 〈아동 발달 저널Child Development〉, 72(5), pp. 1467~1477.

Døving, C. A.(ed. 되빙, C. A.), 2022, 《인종주의: 현상, 연구, 그리고 경험》Rasisme. Fenomenet, forskningen, erfaringene, Oslo: 대학출판사(Universitetsforlaget),

Eid, K. et al.(에이드, K. 외), 2019, '입양인을 향한 인종차별, 이제는 눈을 떠야 한다'(Vi må åpne øynene for rasisme mot adopterte), NRK(노르웨이방송공사), https://www.nrk.no/stor-oslo/_-vi-ma-apne-oynene-for-rasisme-mot-adopterte-1.14735676, 열람일: 2022년 1월 4일.

Eldridge, K. S.(엘드리지, K. S.), 2004, 《입양아들이 양부모에게 전하고 싶은 스무 가지 이야기》Twenty Things Adopted Kids Wish Their Adoptive Parents Knew, New York: Bantam Doubleday Dell.

Engelstoft, S. H.(엥겔스토프트, S. H.), 2019, 〈나를 잊지 말아요〉(Forget Me Not)[다큐멘터리 영화], Final Cut for Real.

Engelund, K. & Høj, O.(엥겔룬, K. & 회이, O.), 2024, '제재 이후 덴마크의 해외 입양 중단'(Adoptioner fra udlandet til Danmark stopper efter sanktioner),

Danmarks Radio(덴마크 방송), https://www.dr.dk/nyheder/indland/adoptioner-fra-udlandet-til-danmark-stopper-efter-sanktioner, 열람일: 2023년 1월 16일.

Engelund, K. & Scheel, A. F.(엥겔룬, K. & 셸, A. F.), 2024, 입양 감독관의 고백: '누구도 자신의 이야기를 완전히 확신할 수 없다'(Hun førte tilsyn med adoptioner og står nå frem: 'Ingen kan vide sig helt sikre på deres historie'), Danmarks Radio(덴마크 방송), https://www.dr.dk/nyheter/indland/hun-foerte-tilsyn-med-adoptioner-og-staar-nu-frem-ingen-kan-vide-sig-helt-sikre-paa, 열람일: 2023년 2월 20일.

Eriksen, K.(에릭센, K.), 2020, '아이를 향한 강한 열망: 1960년대 덴마크와 노르웨이의 국제 입양의 시작'(A Great Desire for Children: The Beginning of Transnational Adoption in Denmark and Norway during the 1960's), 〈Genealogy〉, 4, p. 10, DOI:10.3390/genealogy4040104.

Fisher, C.(피셔, C.), 2012, "아기 수출국' 논란: 한국 입양을 다시 들여다보다'('Baby Exporter': Taking a Closer Look at Korean Adoption), 한국경제연구소(Korea Economic Institute, KEI), https://keia.org/the-peninsula/baby-exporter-taking-a-closerlook-at-korean-adoption/, 열람일: 2023년 2월 8일.

FNs barnekonvensjon(유엔 아동권리협약), 〈유엔 아동권리협약 안내 문서〉(Brosjyre/veiledning), Regjeringen.no., https://www.regjeringen.no/no/dokumenter/fnsbarnekonvensjon/id88078/, 열람일: 2021년 1월 29일.

Flatabø, M. et al.(플라타뵈, M. 외), 2023, '불법 입양'(De ulovlige adopsjonene)[보도 시리즈], 〈VG〉, https://www.vg.no/spesial/2023/adopsjon/.

Follevåg, G.(폴레보그, G.), 2002, 《입양된 정체성》Adoptert identitet, Oslo: Spartacus Forlag.

Fyndbo, D. P. & Storsve, C. V.(퓐드보, D. P. & 스토르스베, C. V.), 2021, '노르웨이 입양 정책의 파산 선언'(Fallitterklæring for norsk adopsjonspolitikk)[독자 기고], 〈Vårt Land〉, https://www.vl.no/meninger/verdidebatt/2021/09/14/

fallitterklaering-for-norsk-adopsjonspolitikk/, 열람일: 2021년 9월 14일.

FN/United Nations, 2022, 〈불법 국제 입양에 관한 공동 성명〉(Joint Statement on Illegal Intercountry Adoption), 특별 보고관·독립 전문가 및 워킹 그룹 공동 발표, https://www.ohchr.org/sites/default/files/documents/hrbodies/ced/2022-09-29/JointstatementICA_HR_28September2022.pdf, 열람일: 2023년 9월 29일.

Førde, K. E.(푀르데, K. E.), '대리 출산'(Surrogati), 〈Store medisinske leksikon〉(snl.no), https://sml.snl.no/surrogati, 열람일: 2022년 2월 27일.

Førsund, S.(푀르순, S.), 2022, 《잘 감춰진 비밀: 노르웨이 입양의 이야기들》En godt bevart hemmelighet. Fortellinger om adopsjon i Norge, Oslo: Aschehoug.

Gärtner, H. & Heggland, J. E.(예르트너, H. & 헤글란, J. E.), 2013, 《입양된 아동, 청소년, 성인: 인지적 역량, 정신 건강 및 지원 서비스 이용에 대한 지식 요약》Adopterte barn, ungdom og voksne: En kunnskapsoppsummering om kognitiv kompetanse, psykisk helse og bruk av hjelpetjenester, Oslo: Folkehelseinstituttet(FHI).

Goffman, E.(고프먼, E.), 1990, 《낙인: 손상된 정체성의 관리에 관한 단상》Stigma: Notes on the Management of Spoiled Identity, London: Penguin Books.

Goffman, E.(고프먼, E.), 1992, 《우리의 일상적 역할극: 일상 생활의 연극성에 대한 연구》Vårt rollespill til daglig. En studie i hverdagslivets dramatikk, Oslo: Pax Forlag.

Gran, E.(그란, E.), 2019, 《그림자 아이들》Skyggebarn, Oslo: Eli Therese Gran.

Guida-Richards, M.(귀다-리처즈, M.), 2021, 《인종 간 입양에서 백인 부모가 알아야 할 것: 한 입양인의 역사, 맥락, 실천에 대한 시각》What White Parents Should Know about Transracial Adoption: An Adoptee's Perspective on Its History, Nuances, and Practices, Berkeley: North Atlantic Books.

Hagen, G.(하겐, G.), 2004, '안네, 한국 TV에 출연하다'(Anne sendes på koreansk TV), 〈Dagbladet〉, https://www.dagbladet.no/kultur/anne-sendes-pa-koreansk-tv/66010444, 열람일: 2023년 3월 4일.

Hall, B. & Steinberg, G.(홀, B. & 스타인베르그, G.), 2003, 《인종 간 입양의 내면》Inside

Transracial Adoption, 2판, London & Philadelphia: Jessica Kingsley Publishers.

Hammer, A.(함메르, A.), 2022, 《베룸의 테러리스트》Terroristen fra Bærum, Oslo: J. M. Stenersens Forlag.

Han, C.(한, C.), 2024, '광주민중항쟁'(Kwangju Uprising), 〈Encyclopedia Britannica〉, https://www.britannica.com/event/Kwangju-Uprising, 열람일: 2024년 4월 18일.

Harehjeld, N. I.(하레옐드, N. I.), 2022, '입양의 어두운 그림자'(Adopsjonens skyggesider)[독자 기고], 〈Dagsavisen〉, https://www.dagsavisen.no/debatt/2022/02/18/adopsjonens-skyggesider/, 열람일: 2022년 2월 18일.

Hauge, E. H.(하우게, E. H.), 2017, '수천 명의 노르웨이 아동이 입양되었다'(Tusenvis av norske barn ble adoptert bort), 〈Sykepleien.no〉, https://sykepleien.no/2017/07/30-000-norskebarn-ble-adoptert-bort, 열람일: 2022년 11월 14일.

Hayes, P. & Kim, H. E.(헤이스, P. & 김, H. E.), 2007, '한국 입양의 개방성: 혈통에서 가족생활로'(Openness in Korean Adoptions. From Family Line to Family Life), 〈Adoption Quarterly〉, 10(3~4), pp. 53~78, https://doi.org/10.1080/10926750802163196.

Hoffman, K. T. et al.(호프만, K. T. 외), 2006, '유아기 및 유치기 아동의 애착 유형 변화: '서클 오브 시큐리티' 개입 연구'(Changing Toddlers' and Preschoolers' Attachment Classifications: The Circle of Security Intervention), 〈Journal of Consulting and Clinical Psychology〉, 74(6), p. 1017.

Hognestad, M. & Stenberg, K. R.(호그네스타드, M. & 스텐베르그, K. R.), 2000, 《입양법: 주석판》Adopsjonsloven. Kommentarutgave, Oslo: Universitetsforlaget.

Holt, B. & Wisner, B.(홀트, B. & 위스너, B.), 1956, 《동방에서 온 씨앗》The Seed from the East, Los Angeles: Oxford Press.

Holt International(홀트 인터내셔널), '몰리 홀트를 기리며'(In Memory of Molly Holt), https://www.holtinternational.org/in-memory-of-molly-holt/, 열람일: 2023년 12월 1일.

Howell, S.(하웰, S.), 2002, '자각된 혈연: 노르웨이 국제 입양에서의 가치 충돌'(Self-Conscious Kinship: Some Contested Values in Norwegian Transnational Adoption), 듀크대학교(Duke University), pp. 203-223, https://doi.org/10.1515/9780822383222-010.

Howell, S.(하웰, S.), 2006, 《타인의 가족 만들기: 세계적 관점에서 본 국제 입양》The Kinning of Foreigners: Transnational Adoption in a Global Perspective, New York & Oxford: Berghahn.

Howell, S.(하웰, S.), 2008, '세계적 통치 담론과 정의 개념: 아동과 국제 입양에 대한 상충된 이해'(Global styringsmentalitet og begreper om rettferdighet: Motstridende forståelser av barn og transnasjonal adopsjon), 〈Norsk Antropologisk Tidsskrift〉(노르웨이 인류학 저널), 192-3, pp. 122~135.

Hughes, D.(휴즈, D.), 2010, 《발달적 애착 촉진: 위탁 및 입양 아동의 정서 회복과 행동 변화의 길Facilitating Developmental Attachment: The Road to Emotional Recovery and Behavioral Change in Foster and Adopted Children》, Jason Aronson Inc. Publishers.

Hübinette, T.(휴비네테, T.), 2002, '한국의 입양 문제: 세계화 시대의 디아스포라 정치'(The Adoption Issue in Korea: Diaspora Politics in the Age of Globalization), 〈The Stockholm Journal of East Asian Studies〉, pp. 141~153.

Hübinette, T.(휴비네테, T.), 2003, '북한과 입양'(North Korea and Adoption), 〈The Korean Quarterly〉에서 재수록, https://www.tobiashubinette.se/north_korea_and_adoption.pdf.

Hübinette, T.(휴비네테, T.), 2004, '입양된 한국인과 '제3의 공간'에서의 정체성 형성'(Adopted Koreans and the Development of Identity in the 'Third Space'), 〈Adoption & Fostering〉, 28(1), pp. 16~24.

Hübinette, T.(휴비네테, T.), 2004, '한국 입양의 역사'(Korean Adoption History), 《해외 입양 한국인을 위한 한국 안내서Guide to Korea for Overseas Adopted Koreans》, 서울:

해외한민족재단(Overseas Korean Foundation).

Hübinette, T.(휴비네테, T.), 2005, 《고아 국가를 위로하기: 한국 대중문화 속 국제 입양과 입양 한국인의 재현Comforting an Orphaned Nation: Representations of International Adoption and Adopted Koreans in Korean Popular Culture》, Stockholm: Stockholm University, Department of Oriental Languages.

Hübinette, T.(휴비네테, T.), 2006, '김대중과 입양 문제'(Kim Dae Jung and the Adoption Issue), 《위로받는 고아의 나라: 한국 대중문화 속의 국제 입양과 입양인 재현Comforting an Orphaned Nation: Representations of International Adoption and Adopted Koreans in Korean Popular Culture》, 제3장, 서울: 지문당.

Hübinette, T.(휴비네테, T.), 2007, '통제에서 벗어난 아시아의 기관들: 입양된 한국인의 존재 고찰'(Asian Bodies Out of Control: Examining the Adopted Korean Existence), 〈Asian Diasporas: New Formations, New Conceptions〉, pp. 177~200.

Hübinette, T. & Arvanitakis, J.(휴비네테, T. & 아르바니타키스, J.), 2012a, '인종 간 입양, 백인 코스모폴리타니즘, 그리고 '글로벌 가족'의 환상'(Transracial Adoption, White Cosmopolitanism and the Fantasy of the Global Family), Routledge, 26(6), pp. 691~703, https://doi.org/10.1080/09528822.2012.732291.

Hübinette, T. & Lundström, C.(휴비네테, T. & 룬드스트룀, C.), 2014, '패권적 백인성의 3단계: 스웨덴에서 인종적 시간성 이해하기'(Three Phases of Hegemonic Whiteness: Understanding Racial Temporalities in Sweden), 〈Social Identities〉, 20(6), pp. 423~437, https://doi.org/10.1080/13504630.2015.1004827.

Hübinette, T.(휴비네테, T.), 2021, 《입양됨: 스웨덴의 마지막 인종 논쟁에 관한 책Adopterad: En bok om Sveriges sista rasdebatt》, Stockholm: Verbal Förlag.

Hwang, K. S. & Leung, A.(황, K. S. & 룽 A.), 2023, '종이 위의 고아들'(Paper Orphans), 〈CBC News〉, https://www.cbc.ca/newsinteractives/features/korea-orphansadoptions-canada, 열람일: 2023년 9월 27일.

참고 문헌 및 출처

Høj, O.(회이, O.), 2024, '국제 입양 분야의 '위기': '그 아이가 다른 부모에게서 빼앗기지 않았다고 확신할 수 없다''('Krise' på området for international adoption: 'Man kan ikke være sikker på, at barnet ikke er taget fra andre forældre'), 〈DR〉(덴마크 라디오), https://www.dr.dk/nyheder/indland/krise-paaomraadet-international-adoption-man-kan-ikke-vaere-sikker-paa-barnet-ikke, 열람일: 2024년 1월 16일.

Höjdestrand, T.(회이데스트란드, T.), 2016, '사회복지인가 도덕적 전쟁인가?'(Social Welfare or Moral Warfare?), 〈The International Journal of Children's Rights〉, 24(4), pp. 826~850.

Høstmælingen, N. et al.(회스트멜링, N. 외), 2020, 《아동권리협약: 노르웨이의 아동 인권 제4판Barnekonvensjonen: Barns rettigheter i Norge》, Oslo: Universitetsforlaget.

Ja, J. M.(자, J. M.), 2014, 《입양랜드: 고아에서 행동가로Adoptionland: From Orphans to Activists》, Against Child Trafficking(ACT).

Joustra, T. et al.(요우스트라, T. 외), 2021, 《국제 입양 조사위원회 보고서 요약: 검토, 분석, 결론, 권고 및 요약Consideration, Analysis, Conclusions, Recommendations and Summary. Committee Investigating Intercountry Adoption [Summary]》, Den Haag: Ministry of Justice and Security(네덜란드 법무·안전부), https://www.government.nl/topics/adoption/documents/reports/2021/02/08/summary-consideration-analysis-conclusions-recommendations, 열람일: 2021년 3월 20일.

Joyce, K.(조이스, K.), 2013, 《아이 사냥꾼들: 구제, 인신매매, 그리고 입양의 새로운 복음The Child Catchers: Rescue, Trafficking, and the New Gospel of Adoption》, Public Affairs.

Jung, M.(정, M.), 2023, '전쟁 고아, 홀트 부부, 그리고 비극에서 태어난 씨앗들'(War Orphans, the Holts and Seeds Borne from Tragedy), 〈코리아헤럴드〉, https://www.koreaherald.com/view.php?ud=20230201000661, 열람일: 2023년 2월 7일.

Kaggerud, K.(카게루드, K.), 2019, '이제는 〈Sporløs〉와 〈Tore på sporet〉 같은 프로그램이 입양의 진실을 보여줄 때다'(Det er på tide at programmer som

《Sporløs》 og 《Tore på sporet》 fremstiller adopsjon slik det egentlig er)[독자 기고], 〈아프텐포스텐〉, https://www.aftenposten.no/meninger/debatt/ i/OpkMab/det-er-paa-tide-at-programmer-som-sporloes-og-tore-paa- sporet-fremstiller-adopsjon-slik-det-egentlig-er, 열람일: 2020년 1월 23일.

Kang, K. A.(강, K. A.), 2016, 《버려진 아이Given Away》, Kate Ann Kang.

Karlsen, K. B.(칼센, K. B.), 2002, 《아르베: 나의 아들Arve: Sønnen min》, Oslo: Gylden- dal Norsk Forlag.

KBS, 2021, '엥겔스토프트 감독 인터뷰'(Interview with Engelstoft), KBS World YouTube 채널, https://www.youtube.com/watch?v=D0aehVwKNm8, 열 람일: 2021년 6월 30일.

Keck, G. & Kupecky, R.(케크, G. &쿠펙키, R.), 2009, 《상처 입은 아이를 돌보며: 입양 가정의 치유와 성장Parenting the Hurt Child: Helping Adoptive Families Heal and Grow》, Nav Press.

Kim, E. J.(김, E. J.), 2010, 《입양된 영토: 초국가적 한국 입양인과 소속의 정치학Adopted Territory: Transnational Korean Adoptees and the Politics of Belonging》, Durham & London: Duke University Press.

Kim, T.-H.(김, T.-H.), 2022, '덴마크 입양인들, 한국 정부에 입양 문제 조사 촉구'(Dan- ish Adoptees Call for S. Korea to Probe Adoption Issues), 〈AP 통신〉(Associated Press), https://apnews.com/article/seoul-adoption-south-korea-gov- ernment-and-politics-73c55bfc948ef6366dad8629742aa205, 열람일: 2023년 8월 23일.

Kim, T.-H.(김, T.-H.), 2022, '한국 진실화해위원회, 해외 입양 조사 착수'(South Korea's Truth Commission to Probe Foreign Adoptions), 〈AP 통신〉(Associated Press), https://apnews.com/article/europe-business-adoption-south-korea-gov- ernment-a9fd3d7670e07655f93cfcdc9ad87481, 열람일: 2022년 12월 8일.

Kirkengen, A. L. & Brandtzæg, A. N.(시르켕엔, A. L. & 브란체그, A. N.), 2021, 《상처받은 아이들이 병든 어른이 되는 이유Hvordan krenkede barn blir syke voksne》, Oslo: Universitetsforlaget.

Kohon, G.(ed. 코혼, G.), 1999, 《죽은 어머니: 앙드레 그린의 작업The Dead Mother: The Work of André Green》, London: Routledge.

Konvensjonen om vern av barn og samarbeid ved internasjonale adopsjoner(국제 입양에 관한 아동 보호 및 협력에 대한 협약), 〈Lovdata〉, https://lovdata.no/dokument/TRAKTATEN/traktat/1993-05-29-1, 열람일: 2022년 1월 6일.

Langvad, M. L.(랑그바드, M. L.), 2015, 《덴마크인 홀게르 씨를 찾아라Find Holger Danske》, Copenhagen: Gyldendal.

Langvad, M. L.(랑그바드, M. L.), 2015, 《그 여자는 화가 난다: 국가간 입양에 관한 고백Hun er vred: Et vidnesbyrd om transnational adoption》, Copenhagen: Gladiator.

Larsen, M. S.(라르센, M. S.), 2020, '한국의 미혼모, 자녀 포기를 강요받다'(Alenemødre i Sør-Korea presses til å gi fra seg barna), 〈아프텐포스텐 인사이트〉(Aftenposten Innsikt), https://www.aftenposteninnsikt.no/asia/alenemdre-i-s-rkorea-presses-til-gi-fra-seg-barna, 열람일: 2020년 3월 3일.

Lee, Kyung-eun (이, 경은), 2021, 《세계 고아 시스템: 그 기원과 발전에 미친 한국의 영향The Global Orphan System: South Korea's Impact on Its Origin and Development》, 서울: 코루트.

Lee, R. M.(이, R. M.), 2003, '인종 간 입양의 역설: 문화 사회화의 역사, 연구, 상담적 함의'(The Transracial Adoption Paradox: History, Research, and Counseling Implications of Cultural Socialization), 〈The Counseling Psychologist〉, 31(6), pp. 711~744.

Leirvik, M. et al.(레이르비크, M. 외), 2021, '노르웨이 해외 입양인의 인종 차별, 차별, 소속감'(Rasisme, diskriminering og tilhørighet blant utenlandsadopterte i Norge), 〈NIBR-rapport〉 2021:15, Oslo: NIBR.

Lifton, B. J.(리프턴, B. J.), 2009, 《잃어버림과 발견: 입양의 체험 제3판Lost and Found: The Adoption Experience》, Michigan: The University of Michigan Press.

Loibl, E.(로이블, E.), 2019, 《국제 불법입양 시장: 독일과 네덜란드의 국제 입양 제도에 대한 범죄학적 연구The Transnational Illegal Adoption Market: A Criminological Study of the German and Dutch Intercountry Adoption Systems》, Den Haag: Eleven International Publishing.

Lov om adopsjon(adopsjonsloven, 입양법), 〈Lovdata〉, https://lovdata.no/dokument/NL/lov/2017-06-16-48, 열람일: 2023년 5월 7일.

Lundberg, P.(룬드베리, P.), 2016, 《겉은 노란색Gul utanpå》, Stockholm: Rabén & Sjögren.

Lundberg, P. et al.(룬드베리, P. 외), 2021, '어떤 대가를 치르더라도: 전체 조사 보고서'(Barn till varje pris: här är hela granskningen), 〈다겐스 뉘헤테르〉, https://www.dn.se/sverige/barntill-varje-pris-har-ar-hela-granskningen/.

Lundberg, P. et al.(룬드베리, P. 외), 2022, 《입양들: 탐사 보도 보고서Adoptionerna: Ett granskande reportage》, Stockholm: Natur & Kultur Forlag.

Løes, S. S.(뢰스, S. S.), 2020, 《행복해, 언니?Er du lykkelig, søster?》[소설], Oslo: Cappelen Damm.

Løes, S. S.(뢰스, S. S.), 2023, 《미소 짓는 얼굴에 누구도 침을 뱉을 수 없다: 정체성, 생존 기술, 그리고 한국의 복수 예술Ingen kan spytte på et smilende ansikt: om identitet, overlevelsesteknikk og koreansk hevnkunst》, Oslo: Cappelen Damm.

Lønnå, E.(뢴노, E.), 2005~2007, '카스트베르그 아동법'(Castbergske barnelover), 〈Store norske leksikon〉(snl.no), https://snl.no/Castbergske_barnelover, 열람일: 2023년 5월 7일.

Marre, D. & Briggs, L.(마레, D. & 브릭스, L.), 2009, 《국제 입양: 세계적 불평등과 아동의 이동International Adoption: Global Inequalities and the Circulation of Children》, New York & London: New York University Press.

Martinsen, L. & Thorstensen, T.(마르틴센, L. & 토르스텐센, T.), '후성유전학'(Epigenetikk), 〈Store medisinske leksikon〉(snl.no), https://sml.snl.no/epigene-tikk, 열람일: 2023년 8월 8일.

McKee, K. D.(맥키, K. D.), 2019, 《혈연의 교란: 미국 내 한국 입양의 초국가적 정치학Disrupting Kinship: Transnational Politics of Korean Adoption in the United States》, Chicago: University of Illinois Press.

Meyer, B.(마이어, B.), 2007, 《아이 없는 어머니들: 입양의 숨겨진 역사에서Mødre uten barn: Fra adopsjonens ukjente historie》, Rakkestad: Valdisholm Forlag.

Moen, E.(모엔, E.), 1988, 《호랑이의 딸Tigerens datter》[소설], Oslo: Tiden Norsk Forlag.

Myong, L. & Bissenbakker, M.(명, L. & 비센바커, M.), 2021, '애착과 감정적 동화: 덴마크 초국가적 입양 맥락에서의 사랑과 혈연 담론'(Attachment as Affective Assimilation: Discourses on Love and Kinship in the Context of Transnational Adoption in Denmark), 〈NORA: Nordic Journal of Feminist and Gender Research〉, DOI: 10.1080/08038740.2021.1891133.

Myung, J. et al.(명, J. 외), 2014, 《입양 랜드: 고아에서 행동가로Adoptionland: From Orphans to Activists》, US: Against Trafficking / Electric City Books.

Naveen, M. W.(나베엔, M. W.), 2013, 《글로벌 베이비: 인도에서의 노르웨이 대리 출산 이야기Den globale baby: Det norske surrogatieventyret i India》, Oslo: Aschehoug.

Noh, H. et al.(노, H. 외), 2015, '자녀를 직접 양육하는 한국의 미혼모들이 경험한 사회적 환경과 복지 서비스'(Societal and Social Service Experiences of Unwed Korean Mothers Who Rear Their Children), 〈Affilia: Journal of Women and Social Work〉, 30(1), pp. 54~67, DOI: https://doi.org/10.1177/0886109914531956.

Norberg, J.(노르베르그, J.), 2013, 《우리의 놀라운 두뇌Vår utrolige hjerne》, Oslo: Cappelen Damm.

Nordaas, L. V.(노르도스, L. V.), 2019, '한국의 독특한 나이 계산법'(The Unique Age Counting System of Korea), 주 노르웨이 대한민국 대사관 (Embassy of the

Republic of Korea to Norway), https://overseas.mofa.go.kr/no-en/brd/m_21237/view.do?seq=33, 열람일: 2022년 10월 8일.

Nordby, A. & Tvilde, K. N.(노르드뷔, A. & 트빌데, K. N.), 2019, '15세 소년 폭행 사망: '끔찍하고 비극적인 사건"(15-åring døde etter vold:: En forferdelig tragisk sak), 〈NRK〉, https://www.nrk.no/innlandet/15-aring-dode-etter-voldshendelse-1.14768401, 열람일: 2019년 11월 4일.

Norske Koreaveteraners forening(노르웨이 한국전참전용사회), 2010, 〈NORMASH: 우리 가슴 속의 한국〉(NORMASH: Korea i våre hjerter), 노르웨이 한국전참전용사회(Norwegian Korean War Veterans Association).

NOU, 2009, 《입양: 아동의 최선의 이익을 위하여Adopsjon: til barnets beste. En utredning om de mange ulike sidene ved adopsjon》, 2009:21, Oslo: Departementenes Servicesenter(노르웨이 정부 부처 서비스센터).

NOU, 2014, 《새로운 입양법Ny adopsjonslov》, 노르웨이 아동·평등부(Barne-og likestillingsdepartementet).

NRK, 2014, 〈안네, 노르웨이에 오다〉(Anne kommer til Norge)[1965년 Dagsrevy 영상], https://www.nrk.no/video/158494, 열람일: 2023년 5월 24일.

NRK, 2022, '전쟁 고아, 입양되다'(Krigsbarn adoptert bort)[기사], https://www.nrk.no/norge/krigsbarn-adoptert-bort-1.505144, 열람일: 2023년 3월경 추정.

NRK, 2022, 〈여름 아이들〉(Sommerbarna)[다큐멘터리 시리즈], https://tv.nrk.no/program/KOID75000019.

Oftestad, E. A.(오프테스타, E. A.), 2016, 《우리는 아이를 만든다: 500년에 걸친 생식의 역사》Vi lager barn: Reproduksjon gjennom 500 år, Oslo: Frekk Forlag.

Oh, A. H.(오, A. H.), 2015, 《한국의 아이들을 구하라: 냉전기 국제 입양의 기원To Save the Children of Korea: The Cold War Origins of International Adoption》, Stanford: Stanford University Press.

Olsen, K.(올센, K.), 2015, '노르웨이-독일 전쟁 고아'(Norsk-tyske krigsbarn),

Norgeshistorie.no: Fra steinalderen til i dag, https://www.norgeshistorie.no/andre-verdenskrig/1755Norsk-tyske-krigsbarn.html, 열람일: 2022년 9월 11일.

Park, H.(박, H.), 2023, '국제 나이 통합 제도'(Unification of International Age), 〈The Herald Insight〉, https://www.heraldinsight.co.kr/news/articleView.html?idxno=1905, 열람일: 2022년 7월 12일.

Perreau, B.(페로, B.), 2014, 《입양의 정치: 젠더와 프랑스 시민권의 형성Politics of Adoption: Gender and the Making of French Citizenship》, Massachusetts: MIT Press.

Plomin, R. et al.(플로민, R. 외), 2016, '행동유전학에서 반복적으로 검증된 10가지 주요 발견'(Top 10 Replicated Findings from Behavioral Genetics), 〈Perspectives on Psychological Science〉, 11(1), pp. 3~23, DOI: https://doi.org/10.1177/1745691615617439.

Ramm, A.(람, A.), 2007, 《입양된다는 것: 다른 시각, 한 생애, 그리고 하나의 결산Adoptert: Et annerledes perspektiv. Et livsløp. Et oppgjør》, Oslo: Gyldendal Forlag.

Rasmussen, S. & Voller, B. S.(라스무센, S.) & 볼레르, B. S.), 2024, "하늘에 외치는 절규': 덴마크 입양 기관 폐쇄'(《Det skriger til himlen》: Dansk adoptionsbureau lukker og slukker), 〈Danwatch〉, https://danwatch.dk/det-skriger-til-himlen-danskadoptionsbureau-lukker-og-slukker/, 열람일: 2024년 1월 16일.

Regjeringa(노르웨이 정부), 2023, '해외 입양 전수조사 착수(Utval skal granske utanlandsadopsjonar), 노르웨이 아동가족부, https://www.regjeringen.no/no/aktuelt/utval-skal-granske-utanlandsadopsjonar/id2985968/, 열람일: 2023년 6월 20일.

Reppold, C. T. & Hutz, C. S.(레폴드, C. T. & 허츠, C. S.), 2009, '입양모-아동 관계 인식과 입양아의 인지 발달'(Perception of the Adoptive Mother-Child Relationship and the Cognitive Development of Adopted Children), 〈Psicologia: Reflexão e Crítica〉, 222, pp. 173~180.

Ridley, M.(리들리, M.), 2000, 《게놈: 23장으로 쓴 종의 자서전Genome: The Autobiography of a Species in 23 Chapters》, London: 4th Estate.

Rothschild, M.(로스차일드, M.), 1988, "판매되는 아기들': 한국은 만들고, 미국은 산다'(Babies for Sale: South Koreans Make Them, Americans Buy Them), 〈The Progressive〉, https://www.c-a-f-e.be/onewebmedia/Babies%20for%20sale.pdf.

Rugland, H. et al.(루글란, H. 외), 2012, '1986년까지 입양 아동에 대해 5년간 '철회 기간'이 있었다'(Frem til 1986 var det fem års 《angrefrist》 på adoptivbarn), 〈Bergens Tidende〉, https://www.bt.no/nyheter/lokalt/i/zMzVO/frem-til-1986-var-det-fem-aars-angrefrist-paa-adoptivbarn, 열람일: 2023년 6월 14일.

Rødevand, L.(뢰데반, L.), 2015, '이해할 수 없는 고통'(Den uforståelige smerten), 〈Psykologisk.no〉, https://psykologisk.no/2015/12/den-uforstaelige-smerten/, 열람일: 2023년 11월 7일.

Sandnes, S.(산네스, S.), 2009, '원치 않은 어머니들'(De uønskede mødre), 〈Kilden.no〉, https://kjonnsforskning.no/nb/2009/02/de-uonskede-modre, 열람일: 2022년 6월 22일.

Salole, L.(살롤레, L.), 2018, 《정체성과 소속: 다문화적 성장 속 자원과 딜레마Identitet og tilhørighet: Om ressurser og dilemmaer i en krysskulturell oppvekst》, Oslo: Gyldendal Akademisk.

Schultz, G. & Schultz, M.(슐츠, G. & 슐츠, M.), 1990, 《한국에서 온 부란과 서란Her kommer Bu-ran og Seo-ran fra Korea》, Oslo: N. W. Damm & Søn.

Schmidt, H.(슈미트, H.), 2017, 《당신에게 아름다운 삶을: 한국 생모들이 입양 보낸 아이들에게 보내는 편지Jeg ønsker deg et vakkert liv. Brev fra biologiske mødre i Sør-Korea til barna de har adoptert bort》[영문 원서 I Wish for You a Beautiful Life 번역 및 노르웨이어 기여 포함], Oslo: Kolofon Forlag.

Schmidt, H.(슈미트, H.), 2020, 《세상을 꿈꾸며: 한국 생모들이 입양 보낸 아이들에게 들려주는 이야기Å drømme en verden: Biologiske mødre fra Sør-Korea forteller sine historier til barna de har adoptert bort》, (영문 원서 Dreaming a World 번역 및 노르웨이어 기여 포함), Oslo: Kolofon Forlag.

Seet, A. Z.(시트, A. Z.), 2021, '백인 국가를 섬기다: 내면화된 인종주의의 사회학적 이해'(Serving the White Nation: Bringing Internalised Racism within a Sociological Understanding), 〈Journal of Sociology〉, 572, pp. 213~230, DOI: https://doi.org/10.1177/1440783319882087.

Selman, P.(셀먼, P.), 2009, '국제 입양의 세계적 추세: 2001~2010'(Global Trends in Inter-country Adoption: 2001~2010), 〈Adoption Quarterly〉, 12(1), pp. 19~39.

Shin, P.(신, P.), 2021, '1953년부터 2021년까지의 해외 한국 입양인 5세대 역사와 정책'(History of 5 Generations of Overseas Korean Adoptees and Adoption Policy from 1953 to 2021), 〈한국입양인연구네트워크〉(Korean Adoptee Adoption Research Network), https://www.youtube.com/watch?v=OQPSD89vf74, 열람일: 2023년 4월 12일.

Simon, R. J. & Alstein, A.(시몬, R. J. & 알스타인, A.), 2000, 《국경을 넘는 입양: 인종 및 국가 간 입양 아동을 위한 봉사》Adoption Across Borders: Serving the Children in Transracial and Intercountry Adoptions, Lanham: Rowman & Littlefield Publishers.

Sjöblom, L. W.-R.(쇠블롬, L. W.-R.), 2019, 《팔림프세스트: 한국 입양에서 발견된 문서들Palimpsest: Documents from a Korean Adoption》, London: Drawn & Quarterly UK.

Sjöblom, L. W.-R.(쇠블롬, L. W.-R.), 2022, 《파헤쳐진 땅Den uppgrävda jorden》, Stockholm: Ordfront Galago.

Sköld, J. & Lundberg, P.(쇨드, J. & 룬드베리, P.), 2022, '여섯 나라의 입양, 전면 재조사 된다'(Adoptioner från sex länder ska närgranskas), 〈다겐스 뉘헤테르〉, https://www.dn.se/sverige/adoptioner-fran-sex-lander-ska-nar-granskas/, 열람일: 2022년 8월 31일.

Smith, D. E.(스미스, D. E.), 1999, 《사회 쓰기: 비판, 이론, 탐구》Writing the Social: Critique, Theory, and Investigations, Toronto: University of Toronto Press.

Smith, L.(스미스, L.), 2020, '유엔 아동권리협약'(FNs konvensjon om barnets rettigheter), 《아동권리협약: 노르웨이의 아동 인권》Barnekonvensjonen: Barns rettigheter i Norge, 제4판, ed. Høstmælingen, N., Kjørholt, E. S. & Sandberg, K.), Oslo: Universitetsforlaget.

Smolin, D. M.(스몰린, D. M.), 2007, '착취로서의 아동 세탁: 헤이그 체제하 국제 입양에 대한 인신매매 규범 적용'(Child Laundering as Exploitation: Applying Anti-Trafficking Norms to Intercountry Adoption Under the Coming Hague Regime), 〈Vermont Law Review〉, 32(1).

Smolin, D. M.(스몰린, D. M.), 2007, '국제 입양과 빈곤: 인권적 분석'(Intercountry Adoption and Poverty: A Human Rights Analysis), 〈Capital University Law Review〉, 362, pp. 413~454.

Smolin, D. M.(스몰린, D. M.), 2010, '아동 세탁과 헤이그 협약: 국제 입양의 과거와 미래'(Child Laundering and the Hague Convention on Intercountry Adoption: The Future and Past of Intercountry Adoption), 〈University of Louisville Law Review〉, 48(3), pp. 441~498.

Smolin, D. M.(스몰린, D. M.), 2011, 《중국의 사라진 소녀들: 인구, 정책, 문화, 젠더, 낙태, 유기, 그리고 동아시아의 입양The Missing Girls of China: Population, Policy, Culture, Gender, Abortion, Abandonment, and Adoption in East-Asian Perspective》, Stanford: Stanford University Press.

Statistisk sentralbyrå(SSB, 노르웨이 통계청), '입양 통계'(Adopsjoner), https://www.ssb.no/statbank/table/06683/tableViewLayout1/.

Stuvøy, I.(스투뵈이, I.), 2018, '가격이 매겨진 부모됨: 초국가적 대리모제의 지속가능성 분석'(Parenthood at a Price: Accounting for the Viability of Transnational Surrogacy)[박사학위 논문]. Trondheim: NTNU(노르웨이과학기술대학교), 사회학·정치학 연구소.

Stuvøy, I. & Myong, L.(스투뵈이, I. & 명, L.), 2023, '부모 접근의 생명정치: 덴마크와 노르웨이의 초국가적 입양과 대리모제에 대한 교차적 읽기'(The Biopolitics of Parental Access: Cross-Readings of Transnational Adoption and Surrogacy in Denmark and Norway), 〈Social Politics: International Studies in Gender, State & Society〉, 30(4), pp. 1089~1112, DOI: https://doi.org/10.1093/sp/jxad026.

Szyf, M. & Meaney, M. J.(시프, M. & 미니, M. J.), 2008, '후성유전학, 행동, 그리고 건강'(Epigenetics, Behaviour, and Health), 〈Allergy, Asthma & Clinical Immunology〉, 4(1), pp. 37~49, DOI: 10.1186/1710-1492-4-1-37.

Tangaard, L.(탕고르, L.), 2009, '사회적 삶과 개인 서사를 구성하는 대화적 맥락으로서의 연구 인터뷰'(The Research Interview as a Dialogical Context for the Production of Social Life and Personal Narratives), 〈Qualitative Inquiry〉, 15(9), pp. 1498~1515.

Thoring, L.(토링, L.), 2008, '노르웨이의 미혼모와 익명 입양'(Enslige mødre og anonym adopsjon i Norge)[역사학 석사 논문]. 오슬로대학교(Universitetet i Oslo).

Tind, E.(틴드, E.), 2020, 《기원Opphav》[소설, 힐데 룅 번역], Oslo: Solum Bokvennen.

Tind, E.(틴드, E.), 2012, 《로젠베이Rosenvej》[산문시], Copenhagen: Gyldendal.

Tjønn, B.(쵠, B.), 2012, 《차이나맨Kinamann》[소설], Oslo: Cappelen Damm.

Tjønn, B.(쵠, B.), 2022, 《하얀 노르웨이 남자Kvit, norsk mann》[시집], Oslo: Cappelen Damm.

Vance, J.(밴스, J.), 2005, 《사라진 어머니를 찾아서The Search for a Mother Missing》, US: Janine Vance.

TV2, 2023, 〈겉모습 뒤의 노르웨이: 입양의 그림자〉(Norge bak fasaden: Adopsjonens skyggeside).

Verdens Barn(세계의아이들), 2003, 《세계의아이들 25주년Verdens Barn 25 år》, Oslo: Universitetsforlaget/Unipub AS.

Verdens Barn(세계의아이들), '입양 통계'(Adopsjonsstatistikk), https://www.verdensbarn.no/storage/files/gGpbeMoHbiNFXM-67W96QN971iBE88Ka0am96taGb.pdf, 열람일: 2023년 7월 11일.

Verrier, N. N.(베리에르, N. N.), 2003, 《자아로 돌아가기: 성장한 입양아Coming Home to Self: The Adopted Child Grows Up》, Lafayette: Verrier Publishing.

Verrier, N. N.(베리에르, N. N.), 2003, 《근원적 상처: 입양아 이해하기The Primal Wound: Understanding the Adopted Child》, Lafayette: Verrier Publishing.

Wensell, D. A.(벤셀, D. A.), 2021, '해외 입양인은 충분히 준비되지 않는다'(Utenlandsadopterte forberedes ikke godt nok)[독자 기고], 〈VG〉, https://www.vg.no/nyheter/meninger/i/ML9GOR/utenlandsadopterte-forberedes-ikke-godt-nok, 열람일: 2021년 11월 18일.

Wikipedia, 〈방탄소년단〉(BTS), https://en.wikipedia.org/wiki/BTS, 열람일: 2023년 4월 2일.

Wikipedia, 〈광주 항쟁〉(Gwangju Uprising), https://en.wikipedia.org/wiki/Gwangju_Uprising, 열람일: 2023년 7월 9일.

Wikipedia, 〈한국식 이름〉(Korean Name), https://en.wikipedia.org/wiki/Korean_name, 열람일: 2023년 8월 19일.

Woo, S.(우, S.), 2019, 《전쟁의 틀 속에서: 미국 제국주의의 교차로에 선 한국의 아이들과 여성Framed by War: Korean Children and Women at the Crossroads of US Empire》, New York: New York University Press.

Wrobel, G. et al.(로벨, G. 외), 2020, 《러틀리지 입양 핸드북The Routledge Handbook of Adoption》, London: Routledge.

Yngvesson, B.(윙베손, B.), 2010, 《입양된 세계 속의 소속: 인종, 정체성, 그리고 초국가적 입양Belonging in an Adopted World: Race, Identity, and Transnational Adoption》, Chicago: University of Chicago Press.

Yune, J.(윤, J.), 2005, '한국 가족법 맥락에서의 전통과 헌법'(Tradition and the Constitution in the Context of the Korean Family Law), 서울대학교.

Øfsti, A. K.(외프스티, A. K.), 2014,《오늘 하루 종일 있다고 말해 줘^{Si at vi har hele dagen}》[소설], Oslo: Gyldendal.

Østerbø, A.(외스테르뵈, A.), 2021,《수치의 어머니들^{Skammens mødre}》[소설], Vestland Forlag.

후주

1부

1   Romundstad, L. B.: 로문스타 L. B., 〈불임〉(Infertilitet), 노르웨이 대의학사전 (Store medisinske leksikon), snl.no, https://sml.snl.no/infertilitet.

2   Boswell, J.: 보즈웰 J., 1998, 《낯선 이들의 자비: 고대 후기부터 르네상스까지 서유럽의 유기 아동사》The Kindness of Strangers: The Abandonment of Children in Western Europe from Late Antiquity to the Renaissance.

3   Førsund, A.: 퓌르순 A., 2022, 《잘 보존된 비밀: 노르웨이 입양 이야기들En godt bevart hemmelighet. Fortellinger om adopsjon i Norge》; Hauge, E.H.:하우게 E. H., 2017, 〈수천 명의 노르웨이 아동이 입양되었다〉, sykepleien.no. https://sykepleien.no/2017/07/30-000-norske-barn-ble-adoptert-bort (열람일: 2022년 11월 14일); Thoring, C.:토링 C., 2008, 《미혼모와 익명 입양 제도: 노르웨이의 사례Enslige mødre og anonym adopsjon i Norge》, https://www.duo.uio.no/bitstream/handle/10852/23733/Thoring_master.pdf?sequence=2&isAllowed=y.

4   NRK(2022), 〈전쟁 중 출생한 아이들의 입양〉(Krigsbarn adoptert bort), NRK.no, https://www.nrk.no/norge/krigsbarn-adoptert-bort-1.505144; NRK(2022), 〈Sommerbarna〉(여름의 아이들), https://tv.nrk.no/program/KOID75000019; Olsen, K.:올센 K., 2015, 〈노르웨이-독일 전쟁고아〉, Norgeshistorie.no, https://www.norgeshistorie.no/andre-verden-skrig/1755-Norsk-tyske-krigsbarn.html.

5   Sandnes, T.: 산네스 T., 2009, 〈환영받지 못한 어머니들〉(De uønskede mødre), Kjonnsforskning.no, https://kjonnsforskning.no/nb/2009/02/de-uon-

skede-modre.

6   Meyer, B. S.: 마이어 B. S., 2007, 《아이 없는 어머니들: 입양의 숨겨진 역사》Mø-dre uten barn: fra adopsjonens ukjente historie ; Østerbø, A.: 외스테르뵈 A., 2021, 《수치의 어머니들Skammens mødre》; Thoring, C.: 토링 C., 2008, 《미혼모와 익명 입양 제도: 노르웨이의 사례Enslige mødre og anonym adopsjon i Norge》, https://www.duo.uio.no/bitstream/handle/10852/23733/Thoring_master.pdf?sequence=2&isAllowed=y.

7   Bestemmelsen om returrett: 반환권 관련 규정, https://lovdata.no/lov/1917-04-02-1/§23. 이 조항은 1986년 새 입양법 제정과 함께 폐지되었다.

8   Hognestad, M. & Stenberg, K. R.: 호그네스타 M. & 스텐베르 K. R., 2000, 《입양법 주석판》Adopsjonsloven. Kommentarutgave. 1986년 개정 전까지의 입양법 제도의 역사적 변천을 상세히 다룬다.

9   Rugland, H., Aarnes, H., & Wiederstrøm, G.: 루글란 H., 오르네스 H., 비에데르스트룀 G., 2012, 〈1986년까지는 입양아에 대해 '5년 철회 기간'이 있었다〉, Bergens Tidende, https://www.bt.no/nyheter/lokalt/i/zMzVO/frem-til-1986-var-det-fem-aars-angrefrist-paa-adoptivbarn.

10   Bratberg, K.: 브라트베르그 K. 《한국 전쟁 1950~1953》, Folk og forsvar, https://folkogforsvar.no/koreakrigen-1950-1953/; Cumings, B.: 커밍스 B., 2011, 《The Korean War: A History》; Norske Korea veteraners forening(2010), 《NORMASH, 우리의 마음속의 한국》, 노르웨이 한국전쟁참전용사회(Norwegian Korean War Veterans Association).

11   세계의아이들(2003): 《Verdens Barn 25 år》, 세계의아이들 창립 25주년 기념 간행물.

12   ibid.; Norske Koreaveteraners forening(2010): 《NORMASH, 우리의 마음속의 한국》, 노르웨이 한국전쟁참전용사회.

13   Bergquist, K. J. S. 외: 버그퀴스트 K. J. S. 외, 2007, 《국제 한국 입양사: 50년의 정책과 실천》International Korean Adoption. A Fifty Year History of Policy and Practice;

Hübinette,T.:휴비네테 T., 2004, 〈한국 입양의 역사〉, 《해외 입양 한국인을 위한 한국 안내서》Guide to Korea for Overseas Adopted Koreans, 서울: 해외한인협회(Overseas Korean Foundation); Woo, S.: 우수현, 2019, 《전쟁이 만든 틀: 미 제국의 교차로에 선 한국의 아동과 여성Framed by War: Korean Children and Women at the Crossroads of US Empire》.

14 관련 영화는 여기서 언급된다. https://pillars.taylor.edu/cgi/viewcontent.cgi?article=1004&context=echo-1954-1955; 영상은 다음에서 볼 수 있다. https://vimeo.com/37189667.

15 Holt, B. & Wisner, B.: 홀트 B. & 위즈너 B., 1956, 《동방의 씨앗》(The Seed from the East).

16 Jung, M-k.: 정민경, 2023, '코리아 헤럴드를 통해 살펴본 역사: 전쟁 고아, 홀트 부부, 그리고 비극에서 태어난 씨앗들', 〈코리아헤럴드〉, https://www.korea-herald.com/view.php?ud=20230201000661.

17 세계의아이들(2003): 《Verdens Barn 25 år》.

18 Jung, M-k.: 정민경, 2023, '코리아 헤럴드를 통해 살펴본 역사: 전쟁 고아, 홀트 부부, 그리고 비극에서 태어난 씨앗들', 〈코리아헤럴드〉, https://www.korea-herald.com/view.php?ud=20230201000661; Hübinette,T.:휴비네테 T., 2004, '한국 입양의 역사', 《해외 입양 한국인을 위한 한국 안내서》.

19 NRK(2014): 《안네가 노르웨이에 오다Anne kommer til Norge》, NRK Dagsrevy 뉴스 클립(1965), https://www.nrk.no/video/158494.

2부

1 Bioteknologirådet: 노르웨이 생명공학위원회, 2023, 《후성유전학: 환경과 유전의 다리Epigenetikk: en bro mellom miljø og genetikk》. https://www.bioteknologiradet.no/temaer/epigenetikk/

2 Ainsworth, M. D.: 에인즈워스 M. D., 1973, '영아-어머니 애착 발달', ed. B. M.

Caldwell & H. N. Ricciuti, 《아동 발달 연구 검토Review of Child Development Research》 제3권; Bowlby, J.: 볼비 J., 1997, 《애착: 사랑의 성장과 보살핌(애착과 상실 3부작)》 제1권; Martinsen, L. & Thorstensen, T.: 마르틴센 L. & 토르스텐센 T., 2023, '후성유전학', 〈Store medisinske leksikon〉, snl.no, https://sml.snl.no/epigenetikk; Szyf, M. & Meaney, M. J.: 시프 M. & 미니 M. J., 2008, '후성유전학, 행동, 건강', 〈Allergy, Asthma & Clinical Immunology〉, 4(1): pp. 37~49, doi:10.1186/1710-1492-4-1-37.

3   Yune, J.: 윤재식, 2005, '한국 가족법 맥락에서의 전통과 헌법'(Tradition and the Constitution in the Context of the Korean Family Law), 서울대학교.

4   Asia Society: 《한국 이름에 대한 소개: 모든 김씨가 같은 김씨일까?An Introduction to Korean Names: Are All Kims the Same?》, https://asiasociety.org/korea/introduction-korean-names-are-all-kimssame; Wikipedia: 〈한국식 이름〉(Korean Name), https://en.wikipedia.org/wiki/Korean_name.

5   Ibid.

6   Cartwright, M.: 카트라이트 M., 2016, '골품제', 〈World History Encyclopedia〉, https://www.worldhistory.org/Bone_Rank_System/.

7   Fisher, C.: 피셔 C., 2012, "'아기 수출국' 논란: 한국 입양을 다시 들여다보다'('Baby Exporter': Taking a Closer Look at Korean Adoption), 한국경제연구소(Korea Economic Institute, KEI), https://keia.org/the-peninsula/baby-exporter-taking-a-closerlook-at-korean-adoption/; Hübinette,T.:휴비네테 T., 2004, '한국 입양의 역사', 《해외 입양 한국인을 위한 한국 안내서》; OECD 2013, 《한국에서의 사회적 결속 강화Strengthening Social Cohesion in Korea》, https://www.oecd.org/els/Korea_AR_2401%20For%20OPS.pdf.

8   Han, C.: 한철수, 2024, '광주민중항쟁'(Kwangju Uprising), 〈Encyclopedia Britannica〉, https://www.britannica.com/event/Kwangju-Uprising.

9   Bergquist, K. J. S. et al.: 버그퀴스트 K. J. S. 외, 2007, 《국제 한국 입양사: 50년의 정책과 실천의 역사》; Shin, P.: 신필순, 2021, '1953년부터 2021년까지

의 해외 한국 입양인 5세대 역사와 정책'(History of 5 Generations of Overseas Korean Adoptees and Adoption Policy from 1953 to 2021), 〈한국입양인연구네트워크〉(Korean Adoptee Adoption Research Network), https://www.youtube.com/watch?v=OQPSD89vf74.

10   Rothschild, M.: 로스차일드 M., 1988, "판매되는 아기들': 한국은 만들고, 미국은 산다'(Babies for Sale: South Koreans Make Them, Americans Buy Them), 〈The Progressive〉, https://www.c-a-f-e.be/onewebmedia/Babies%20for%20sale.pdf.

11   Chira, S.: 치라 S., 1988, '수출된 아기들: 그리고 이제 고통스러운 질문들'(Babies for Export: And Now the Painful Questions), 〈뉴욕 타임스〉, https://timesmachine.nytimes.com/timesmachine/1988/04/21/805688.html?pageNumber=4.

12   Choe, S.-H.: 최상현, 2023, '세계 최대 '아기 수출국', 고통스러운 과거와 마주하다'(World's Largest 'Baby Exporter' Confronts Its Painful Past), 〈뉴욕 타임스〉, https://www.nytimes.com/2023/09/17/world/asia/south-korea-adoption.html.

13   Bergquist, K. J. S. et al.: 버그퀴스트 K. J. S. 외, 2007, 《국제 한국 입양사: 50년의 정책과 실천의 역사》; Shin, P.: 신필순, 2021, '1953년부터 2021년까지의 해외 한국 입양인 5세내 역사와 정책'; Verdens Barn: 세계의아이들, '입양 통계'(Adopsjonsstatistikk), https://www.verdensbarn.no/storage/files/gGpbeMoHbiNFXM67W96QN971iBE88Ka0am96taGb.pdf.

14   Hübinette, T.: 휴비네테 T., 2004, '한국 입양의 역사'(Korean Adoption History), 《해외 입양 한국인을 위한 한국 안내서》Guide to Korea for Overseas Adopted Koreans

15   Bowlby, J.: 볼비 J., 1997, 《애착: 사랑의 성장과 보살핌(애착과 상실 3부작)》 제1권.

16   본 부분은 필자가 기억하는 만남과 카리 베헤임 칼센(Kari Beheim Karlsen)의 책 《아르베: 내 아들》(2002, Gyldendal Norsk Forlag)에 근거한다. 마지막 인용

문은 해당 책 112쪽에 수록된 구절과 일치한다.

3부

1   Bergquist, K. J. S. et al.: 버그퀴스트 K. J. S. 외, 2007, 《국제 한국 입양사: 50년의 정책과 실천의 역사》; Shin, P.: 신필순, 2021, '1953년부터 2021년까지의 해외 한국 입양인 5세대 역사와 정책'; Verdens Barn: 세계의아이들, '입양 통계'(Adopsjonsstatistikk), https://www.verdensbarn.no/storage/files/gGpbeMoHbiNFXM67W96QN971iBE88Ka0am96taGb.pdf.

2   Cantwell, N.: 캔트웰 N., 2014, 《아동의 최선의 이익과 국제 입양The Best Interests of the Child in Intercountry Adoption》, Florence: UNICEF Office of Research; Smolin, D. M.: 스몰린 D. M., 2010, '아동 세탁과 헤이그 협약: 국제 입양의 과거와 미래'(Child Laundering and the Hague Convention on Intercountry Adoption: The Future and Past of Intercountry Adoption).

3   스몰린 교수(David M. Smolin)는 지난 20여 년 동안 입양 스캔들, 아동 인신 매매, 아동의 신원 세탁 문제를 연구해 왔다. 그는 서유럽 국가들이 글로벌 남반구의 입양 제공국들과의 협력에서 지나치게 순진했다고 비판하며, 헤이그 협약의 독립 전문가로도 활동해 왔다. 스몰린은 수용국들이 협약의 취지를 오해하고 있으며, 아동의 출생 배경 조사를 원가정에만 맡겨 두는 것은 충분하지 않다고 지적한다. 그는 또한 입양, 인신 매매, 아동 '세탁'의 경제적 동인에 주목한다.

4   Adopsjonsforum(입양 포럼), 〈입양 통계〉(Adopsjonsstatistikk), https://www.adopsjonsforum.no/userfiles/Formidling/tabell%20-%20ankomne%20barn%201972-2022.pdf(열람일: 2023년 07월 24일); 세계의아이들, '입양 통계'(Adopsjonsstatistikk); Statistisk sentralbyrå(SSB, 노르웨이 통계청), '입양 통계'(Adopsjoner), https://www.ssb.no/statbank/table/06683/tableViewLayout1/.

5   Hübinette, T.: 휴비네테 T., 2003, '북한과 입양'(North Korea and Adoption),

〈The Korean Quarterly〉에서 재수록, https://www.tobiashubinette.se/north_korea_and_adoption.pdf.

6   Hübinette, T.: 휴비네테 T., 2006, '김대중과 입양 문제'(Kim Dae Jung and the Adoption Issue), 《위로받는 고아의 나라: 한국 대중문화 속의 국제 입양과 입양인 재현》Comforting an Orphaned Nation: Representations of International Adoption and Adopted Koreans in Korean Popular Culture, 제3장.

7   Borch, C.: 보르크 C., 2000, '노벨위원회, '햇볕 정책'을 기리다'(Nobelkomiteen hedrer 《solskinnspolitikken》), NRK(노르웨이방송공사), https://www.nrk.no/nobel/nobelkomiteen-hedrer-solskinnspolitikken-1.463137; Hagen, G.: 하겐, G., 2004, '안네, 한국 TV에 출연하다'(Anne sendes på koreansk TV), 〈Dagbladet〉, https://www.dagbladet.no/kultur/anne-sendes-pa-koreansk-tv/66010444; Hübinette, T.: 휴비네테, T., 2006, '김대중과 입양 문제'(Kim Dae Jung and the Adoption Issue).

8   Hübinette, T.: 휴비네테 T., 2006, '김대중과 입양 문제'.

9   Korea's Family Registration Law: 〈대한민국 가족관계등록법〉 관련 설명, https://www.international-divorce.com/family-registration-law-korea.htm.

10   The Law Office of International Family Law: 〈대한민국 가족관계등록제도〉 관련 법률 해설, https://www.international-divorce.com/family-registration-law-korea.htm.

11   Jung, H.: 정하은, 2019, "'베이비박스', 한국에서 부모와 신생아의 마지막 선택'(Baby Box Is Last Resort to Parents, Newborns in Korea), 〈코리아 타임스〉(The Korea Times), https://www.koreatimes.co.kr/www/nation/2024/04/113_264411.html; KBS, 2023, 〈상자 속 버려진 아기들〉(Korea's Abandoned Babies in the Box)》, 다큐멘터리, https://www.youtube.com/watch?v=bzEvYW93MOw.

12   Holt International: 홀트 인터내셔널, '몰리 홀트를 기리며'(In Memory of Mol-

ly Holt), https://www.holtinternational.org/in-memory-of-molly-holt/.

13   '홀트재단 이사장 몰리 홀트, 노르웨이 왕실 공로훈장 사령관장 수훈',
〈Kongehuset.no〉, https://www.kongehuset.no/tildelinger.html?tid=28028&sek=27995&q=Molly+Holt&type=&aarstall=.

14   OECD Data: 〈대한민국 주요 사회·경제 지표〉(Selected Indicators for Korea),
https://data.oecd.org/korea.htm

15   Kim, E. J.: 김은정, 2010, 《입양된 영토: 초국가적 한국 입양인과 소속의 정치학Adopted Territory: Transnational Korean Adoptees and the Politics of Belonging》, Durham & London: Duke University Press; 세계의아이들, '입양 통계'(Adopsjonsstatistikk)

16   Kim, S. & Hwang, D.-J.: 김성호, 황동진, 2015, '한국의 특별입양법 2012'(Special Adoption Act, 2012, Korea), 〈Washington International Law Journal〉, 24(3), p. 673, https://digitalcommons.law.uw.edu/wilj/vol24/iss3/12, 열람일: 2022년 1월 28일.

17   〈입양법 전면 개정을 위한 법률위원회 위임서〉(Mandat for lovutvalg for fullstendig revisjon av adopsjonsloven), 노르웨이 정부, https://www.regjeringen.no/globalassets/upload/bld/foa/mandat_utvalg_adopsjon.pdf; Gärtner, H. & Heggland, J. E.: 예르트너, H. & 헤글란, J. E., 2013, 《입양된 아동, 청소년, 성인: 인지적 역량, 정신 건강 및 지원 서비스 이용에 대한 지식 요약》Adopterte barn, ungdom og voksne: En kunnskapsoppsummering om kognitiv kompetanse, psykisk helse og bruk av hjelpetjenester, Oslo: Folkehelseinstituttet(FHI).

18   〈Lov om adopsjon〉(adopsjonsloven, 입양법), https://lovdata.no/dokument/NL/lov/2017-06-16-48

19   스몰린 교수는 헤이그 협약에 대한 서구의 시각을 비판해 온 주요 학자 가운데 한 사람이다. 영국 학자 나이절 캔트웰(Nigel Cantwell) 역시 국제 인권법에서 '아동의 최선의 이익' 개념이 실제로 무엇을 의미하는지 불분명하다는 점에 우려를 표하며, 유니세프와 유럽평의회(Council of Europe)를 위해 다수의 보

고서를 작성했다. 그는 이 원칙이 아동의 권리를 실질적으로 보호하도록 구체적 정의와 적용 기준이 필요하다고 지적한다. 또한 사회학자 로라 브릭스(Laura Briggs, 2012)는 서구의 입양 서사가 복잡한 현실을 가리고 종종 비윤리적 관행을 은폐해 왔다고 비판하면서, 입양 실천을 재검토해 진정으로 아동의 이익을 보장해야 한다고 주장한다.

20 Statistisk sentralbyrå(SSB): 노르웨이 통계청, '입양 통계'(Adopsjoner), https://www.ssb.no/befolkning/barn-familier-og-husholdninger/statistikk/adopsjoner.

21 Førde, K. E.: 푀르데, K. E. '대리 출산'(Surrogati), 〈Store medisinske leksikon snl.no〉, https://sml.snl.no/surrogati; Stuvøy, I.: 스투뵈이, I., 2018, '가격이 매겨진 부모됨: 초국가적 대리모제의 지속가능성 분석'(Parenthood at a Price: Accounting for the Viability of Transnational Surrogacy)[박사학위 논문]. Trondheim: NTNU(노르웨이과학기술대학교), 사회학·정치학 연구소.

22 Bergquist, K. J. S. et al.: 버그퀴스트, K. J. S. 외 2007, 《국제 한국 입양사: 50년의 성찰과 실천》; Shin, P.: 신필순, 2021, '1953년부터 2021년까지의 해외 한국 입양인 5세대 역사와 정책'; 세계의아이들, '입양 통계'.

23 Bufdir, 〈입양 후 지원: 입양인과 그 가족을 위한 서비스〉(Etteradopsjonstilbud til adopterte og familiene deres), https://www2.bufdir.no/globalassets/global/nbbf/bufdir/etteradopsjonstilbud_til_adopterte_og_familiene_deres_kartlegging_av_behov_og_forslag_til_tiltak.pdf

24 Bjørheim, C. et al.: 비외르헤임, C. 외, 2018, '노르웨이로 가는 편도표'(Enveisbillett til Norge), 〈스타방거 아프텐블라드〉, https://www.aftenbladet.no/emne/enveisbillett-tilnorge.

25 Solberg, T. & Wærstad, L.: 솔베르그 T. & 베르스타 L., 2019, '20대 남성, 베룸 모스크 공격 사건으로 기소'(Mann i 20-årene siktet etter angrep i moské i Bærum)〉, 〈Nettavisen〉, https://www.nettavisen.no/nyheter/mann-i20-arene-siktet-etter-angrep-i-mosk-i-barum/s/12-95-3423826703;

NRK, 2019,'베룸 시장: "지금은 이슬람 공동체의 안전이 우선이다"'(Ordfører i Bærum:: Nå handler det om å trygge det muslimske miljøet), 〈NRK.no〉, https://www.nrk.no/norge/ordforer-i-baerum_-na-handler-det-om-a-trygge-det-muslimske-miljoet-1.14657142; Fjelltveit, I. & Husøy, E.: 피엘트베이트, I. & 후쇠이, E., 2019, '계모, 테러 피의자 필립 만스하우스를 막으려 했을 가능성'(Tror stesøsteren kan ha prøvd å stanse terrorsiktede Philip Manshaus før hun ble drept), 〈아프텐포스텐〉, https://www.aftenposten.no/norge/i/K3ep75/polititeori-tror-stesoesteren-kan-ha-proevd-aa-stanse-terrorsiktede-philip-manshaus-foer-hun-ble-drept.

26　Hammer, A.: 함메르 A., 2022, 《베룸의 테러리스트Terroristen fra Bærum》, Oslo: J. M. Stenersens Forlag.

27　아르베의 죽음 직후, 열다섯 살 벤야민 헤르만센(Benjamin Hermansen)이 잔혹하게 칼에 찔려 살해되었다. 홀름리아(Holmlia)에서 벌어진 이 사건은 노르웨이 사회를 충격에 빠뜨렸고, 재판에서는 제2차 세계 대전 이후 처음으로 '인종 차별 동기 살인'으로 규정되었다. 벤야민은 노르웨이인 어머니 마리트(Marit)와 가나 출신 아버지 보비(Bobby) 사이에서 태어났다. 그는 입양된 아동은 아니었지만, 많은 입양인들이 그와 자신을 동일시했다. 겉모습은 이국적이지만 이름은 전형적인 노르웨이식이었기 때문이다. 그로부터 약 10년 뒤, 2011년 7월 오슬로 정부청사와 우퇴야 섬에서 또 한 번 인종적 증오에 기반한 테러가 발생했다. 77명의 희생자를 낸 이 참사는 '다문화주의에 맞선 전쟁'을 자임한 테러리스트의 소행이었다; Bitsch, A.: 비치 A., 2021, 《형제애: 벤야민 헤르만센 살인 사건의 기록》Brorskapet. En historie om drapet på Benjamin Hermansen, Oslo: Gyldendal Norsk Forlag.

28　NRK, 2019, '15세 소년, 캅에서 살해당하다'(15-åring drept på Kapp), 관련 기사 다수, https://www.nrk.no/nyheter/15-aring-drept-pa-kapp-1.14735766; Nordby, A. & Tvilde, K. N.: 노르드뷔, A. & 트빌데, K. N., 2019, '15세 소년 폭행 후 사망: "끔찍하고 비극적인 사건"'(15-åring døde etter vold:: En forferdelig tragisk sak), 〈NRK.no〉, https://www.nrk.no/inn-landet/15-aring-dode-etter-voldshendelse-1.14768401; Vogt, F. & Holø, R. & Trøen, M. I.: 복트, F. & 홀뢰, R. & 트뢰엔, M. I., 2020, '피고 아버지, 아들 살해의 잔혹한 과정을 진술'(Tiltalt far beskrev hvordan han gjennomførte det brutale drapet på sønnen), 〈NRK.no〉, https://www.nrk.no/innlandet/oscar-andre-ocampo-overns-far-_45_-erkjenner-drapet-pa-sonnen-pa-kapp-1.14988324.

29   Svanevik, H.: 스바네비크, H., 2019, '인종 차별 반대 집회: "요한네 장지아는 우리 입양인들에게 안타깝게도 하나의 상징이 되었다"'(Markering mot rasisme: Johanne Zhangjia har dessverre blitt et symbol for oss adopterte), 〈Dagsavisen〉, https://www.dagsavisen.no/oslo/nyheter/2019/10/09/markering-mot-rasisme-johanne-zhangjia-har-dessverre-blitt-et-symbol-for-oss-adopterte/.

30   내면화된 인종 차별은 다수 사회뿐 아니라 자신이 속한 민족·문화 공동체로부터의 소외감과 단절감을 유발할 수 있으며, 이는 외로움과 정체성 혼란으로 이어질 수 있다. 이러한 내면화는 개인의 대인 관계에도 영향을 미쳐, 자신이나 타 소수 집단에 대한 편견을 강화하고 건강한 관계 형성을 방해할 수 있다. (Seet, A. Z.: 시트 A. Z., 2021, '백인 국가를 섬기다: 내면화된 인종 차별의 사회학적 이해'(Serving the White Nation: Bringing Internalised Racism within a Sociological Understanding), 〈Journal of Sociology〉, 572, pp. 213~230, https://doi.org/10.1177/1440783319882087)

4부

1   KBS, 〈선희 엥겔스토프(Sun Hee Engelstoft) 감독과의 대담〉. https://www.youtube.com/watch?v=DOaehVwKNm8.

2   Hübinette, T.: 휴비네테 T., 2006, '김대중과 입양 문제'.

3   Kaggerud, K.: 카게루드, K., 2019, '이제는 〈Sporløs〉와 〈Tore på sporet〉 같
     은 프로그램이 입양의 진실을 보여줄 때다'(Det er på tide at programmer som
     《Sporløs》 og 《Tore på sporet》 fremstiller adopsjon slik det egentlig er)[독자
     기고], 〈아프텐포스텐〉, https://www.aftenposten.no/meninger/debatt/
     i/OpkMab/det-er-paa-tide-at-programmer-som-sporloes-og-tore-paa-
     sporet-fremstiller-adopsjon-slik-det-egentlig-er.

4   Hübinette, T.: 휴비네테, T., 2005, 《위로받는 고아의 나라: 한국 대중문화 속
     의 국제 입양과 입양인 재현Comforting an Orphaned Nation: Representations of International
     Adoption and Adopted Koreans in Korean Popular Culture》.

5   "Etteradopsjon.no" 웹사이트는 2023년 9월 1일자로 폐쇄되었으며, 그 이후
     해외 입양인은 노르웨이 아동청(Bufdir)을 통해 직접 상담 및 지원을 요청하도
     록 안내되었다.

5부

1   Joustra, T. & de Graaf, B. & Houtzagers, B.-J.: 요우스트라, T. & 데 흐라프,
     B. & 하우트자허르스, B.-J., 2021, 〈네덜란드 국제 입양조사위원회 보고서〉
     (Commissie onderzoek interlandelijke adoptie), https://open.overheid.nl/
     documenten/ronl8cc003fa-eadc-4d7a-8b49-9ea6e661bb94/pdf, 요약:
     https://www.government.nl/documents/reports/2021/02/08/summa-
     ry-consideration-analysis-conclusions-recommendations.

2   Lundberg, P. et al.: 룬드베리, P. 외, 2021, '어떤 대가를 치르더라도: 전체 조
     사 보고서'(Barn till varje pris: här är hela granskningen), 〈다겐스 뉘헤테르〉,
     https://www.dn.se/sverige/barntill-varje-pris-har-ar-hela-gransknin-
     gen/

3   잘 알려진 정신분석가 앙드레 그렌(André Green)은 '백색 애도'(white mourn-
     ing)를 깊은 멜랑콜리의 한 형태로 설명했다. 그 고통은 말로 표현되거나 상징

화되지 못하고 '무언의', '보이지 않는' 상태로 남는다. 이는 상실의 대상을 인식하고 애도할 수 있는 전통적 슬픔과 달리, 내면의 공허감이 중심에 있는 상태다. 그랭은 무의식이 인간의 심리에 미치는 영향을 강조하며, 초기 관계의 배신이나 트라우마가 언어화될 수 없을 때 '백색 애도'가 발생한다고 말한다. 이것은 종종 '들리지 않음' 혹은 '이해받지 못함'의 감정으로 이어진다. (ed. Kohon, G.: 코혼, G. 편, 1999, 《죽은 어머니 The Dead Mother: The Work of André Green》; Rødevand, L.: 뢰데반, L., 2015, '이해할 수 없는 고통'(Den uforståelige smerten), 〈Psykologisk.no〉, https://psykologisk.no/2015/12/den-uforstaelige-smerten/.)

4 Bjørheim, C. & Refvem, F.: 비외르헤임 C. & 레프벰 F., 2018, '자신의 뿌리를 찾는 것은 이기적이라고 말하는 연구자'(Forsker mener det er egoistisk å lete etter sitt opphav), 〈스타방거 아프텐블라드〉, https://www.aftenbladet.no/innenriks/i/m6wnzO/forskermener-det-er-egoistisk-aa-lete-etter-sitt-opphav.

5 Bowlby, J.: 볼비 J., 1997, 《애착: 사랑의 성장과 보살핌(애착과 상실 3부작)》 제1권; Plomin, R, et al.: 플로민, R. 외, 2016, '행동유전학에서 반복적으로 검증된 10가지 주요 발견'(Top 10 Replicated Findings from Behavioral Genetics), 〈Perspectives on Psychological Science〉, 11(1), pp. 3~23, DOI: https://doi.org/10.1177/1745691615617439; Ridley, M.: 리들리, M., 2000, 《게놈: 23장으로 쓴 종의 자서전》 Genome: The Autobiography of a Species in 23 Chapters; Szyf, M. & Meaney, M. J.: 시프, M. & 미니, M. J., 2008, '후성유전학, 행동, 그리고 건강'(Epigenetics, Behaviour, and Health), 〈Allergy, Asthma & Clinical Immunology〉, 4(1), pp. 37~49, DOI: 10.1186/1710-1492-4-1-37.

6 개인은 자신의 정체성과 존재를 확인하기 위해 타인 속에서 자신을 비추는 '반사'(reflection)를 찾는다. 그러나 어떤 순간, 주변에서 자신을 닮은 흔적을 발견하지 못하면, 마치 불이 꺼진 방처럼 정체감의 끈이 끊어지는 듯한 '단절된 거울'(ruptured mirroring) 상태를 경험한다. 사회학자들은 이를 '단절된 반사'라 부르며, 이는 가족이나 공동체 속에서도 자신을 인식하지 못하는 감각으로 나

타난다고 설명한다. (Goffman, E.: 고프먼, E., 1992, 《우리의 일상적 역할극: 일상 생활의 연극성에 대한 연구Vårt rollespill til daglig. En studie i hverdagslivets dramatikk》)

7   Sköld, J. & Lundberg, P.: 쉴드, J. & 룬드베리, P., 2022, '여섯 나라의 입양, 전면 재조사 된다'(Adoptioner från sex länder ska närgranskas), 〈다겐스 뉘헤테르〉, https://www.dn.se/sverige/adoptioner-fran-sex-lander-ska-nar-granskas/.

8   Bjørheim, C. et al.: 비외르헤임, C. 외, 2021, '잘못된 부모에게 간 소녀'(Jenta som kom til feil foreldre), 〈스타방거 아프텐블라드〉, https://www.aftenbladet.no/lokalt/i/OQvqdV/demo-hentet.

9   Korean Adoptee Adoption Research Network(KAARN): 한국 입양인 연구 네트워크. https://kaarn.org/.

10   헬렌 노(Helen Noh)와 함께한 세미나 영상: https://www.youtube.com/watch?v=E6yOYc9Ugyw; 팟캐스트 〈Adapted〉 시즌 7, 에피소드 7: '입양 실무자에서 비판자로, 한국의 헬렌 노'(Helen Noh: From Adoption Worker to Critic in South Korea), https://adaptedpodcast.com/2023/12/04/season-7-episode-7-helen-noh-from-adoption-worker-to-critic-in-south-korea/.

11   신필식(Pil-shik Shin)과 함께한 세미나 영상: https://www.youtube.com/watch?v=OQPSD89vf74.

12   Askeland, K. G. & Heggland, J. E.: 아스켈란, K.G. & 헤글란, J. E., 2013, '입양된 아동, 청소년, 성인: 인지적 역량, 정신 건강 및 지원 서비스 이용에 대한 지식 요약'(Adopterte barn, ungdom og voksne: En kunnskapsoppsummering om kognitiv kompetanse, psykisk helse og bruk av hjelpetjenester), 〈Rapport〉, 2013:8, Oslo: Folkehelseinstituttet, FHI(노르웨이공중보건연구소)

13   Torgersen, L. et al.: 토르게르센, L. 외, 2021, 〈사전 예방 그리고 사후 지원: 입양 가정의 선발과 사후관리: 경험과 제언〉(Bedre føre var OG etter snar: Utvelgelse og oppfølging av adoptivfamilier: Erfaringer og anbefalinger), FHI, https://www.fhi.no/publ/2021/bedre-fore-var-og-etter-snar.-utvel-

gelse-og-oppfolging-av-adoptivfamilier/.

14   Leirvik, M. S. et al.: 레이르비크 M. S. 외, 2021, '노르웨이 해외 입양인의 인
      종 차별, 차별, 소속감'(Rasisme, diskriminering og tilhørighet blant utenland-
      sadopterte i Norge), 〈NIBR-rapport〉, 2021:15.

15   입양 논쟁을 다룬 일부 기사들: '노르웨이 입양 정책의 실패 선언'(Fallitter-
      klæring for norsk adopsjonspolitikk), 〈Vårt Land〉, https://www.vl.no/
      meninger/verdidebatt/2021/09/14/fallitterklaering-for-norsk-adops-
      jonspolitikk/; '해외 입양인들은 충분히 준비되지 않았다'(Utenlandsadopterte
      forberedes ikke godt nok), 〈VG〉, https://www.vg.no/nyheter/meninger/i/
      ML9GOR/utenlandsadopterte-forberedes-ikke-godt-nok; '한 해외 입양
      인의 고백'(En utenlandsadopterts bekjennelser), 〈Morgenbladet〉, https://
      www.morgenbladet.no/ideer/2021/12/13/en-utenlandsadopterts-bek-
      jennelser/; '입양의 그늘'(Adopsjonens skyggesider), 〈Dagsavisen〉, https://
      www.dagsavisen.no/debatt/2022/02/18/adopsjonens-skyggesider/.

16   필자의 독자 기고문들: '해외 입양은 공동의 책임이다'(Utenlandsadopsjon er et
      kollektivt ansvar), 〈VG〉, https://www.vg.no/nyheter/meninger/i/z7kgvq/
      utenlandsadopsjon-er-et-kollektivt-ansvar; '해외 입양은 정말 아동의 최선
      의 이익을 위한 것인가?'(Er utenlandsadopsjon virkelig til barnets beste?), 〈모
      르겐블라데〉, https://www.Morgenbladet.no/ideer/kronikk/2022/01/21/
      er-utenlandsadopsjon-virkelig-til-barnets-beste/.

6부

1   Sköld, J. & Lundberg, P.: 쇨드 J. & 룬드베리 P., 2022, '여섯 나라의 입양, 전
      면 재조사된다'(Adoptioner från sex länder ska närgranskas), 〈다겐스 뉘헤
      테르〉, https://www.dn.se/sverige/adoptioner-fran-sex-lander-ska-nar-
      granskas/.

2 Kim, T.-H.: 김태훈, 2022, '덴마크 입양인들, 한국 정부에 입양 문제 조사 촉구'(Danish Adoptees Call for S. Korea to Probe Adoption Issues), 〈AP 통신〉(Associated Press), https://apnews.com/article/seoul-adoption-south-korea-government-and-politics-73c55bfc948ef6366dad8629742aa205

3 〈아프텐포스텐〉, 〈NTB〉, 〈AP〉, 2022.08.23, '그들은 한국에서 덴마크로 입양되었다. 이제 입양 과정에서 실제로 무슨 일이 있었는지 답을 요구한다'(De ble adoptert fra Korea til Danmark. Nå krever de svar på hva som egentlig skjedde under adopsjonsprosessen), https://www.aftenposten.no/verden/i/476eko/de-ble-adoptert-fra-korea-til-danmark-naa-krever-de-svar-paa-hva-som-egentlig-skjedde-under-adopsjonsprosessen.

4 Kim, T.: 김태훈, 2022, '덴마크 입양인들, 한국 정부에 입양 문제 조사 촉구'

5 Beck, E. K. et al.: 베크, E. K. 외, 2022, 〈귀향의 길〉(Veien hjem), 다큐멘터리 영화, Indiefilm/NRK, https://tv.nrk.no/program/KMTE31009720.

6 Korsnes, M. K. & Espeland, W.: 코르스네스, M. K. & 에스펠란드, W., 2022, '프리양기카: "모든 해외 입양은 중단되어야 한다"'(Priyangika vil stanse alle utanlandsadopsjonar), 〈NRK〉, https://www.nrk.no/mr/priyangika-samanthie-meiner-all-utanlandsadopsjon-bor-stoppast-1.16091992.

7 '입양인들이 말하는 조사 과정: 사생활 침해처럼 느껴진다'(Adopterte om gransking: føles som et overtramp), 〈VG〉, https://www.vg.no/nyheter/i/eJ18AQ/adopterte-om-gransking-foeles-som-et-overtramp.

8 United Nations 2022, UN 보도자료 '불법 국제 입양은 반드시 방지되고 근절되어야 한다'(Illegal Intercountry Adoptions Must Be Prevented and Eliminated: UN Experts), 〈OHCHR〉, https://www.ohchr.org/en/press-releases/2022/09/illegal-intercountry-adoptions-must-be-prevented-and-eliminated-un-experts; 〈불법 국제 입양에 관한 공동 성명〉(Joint Statement on Illegal Intercountry Adoption), 유엔 특별보고관·독립전문가·작업그룹 공동 발표, https://www.ohchr.org/sites/default/files/documents/

hrbodies/ced/2022-09-29/JointstatementICA_HR_28September2022.
pdf 이듬해, 유엔 실종위원회(Committee on Enforced Disappearances)는 이 공동 성명 발표 1주년을 기념하며 불법 국제 입양 근절을 위한 지속적 노력을 각국에 촉구했다. 유엔 인권 전문가들은 불법 입양이 아동의 인권을 심각하게 침해하며, 일부 사례에서는 인도에 반하는 범죄나 집단 학살로 간주될 수 있음을 경고했다. 그들은 각국이 아동의 최선의 이익을 보장하는 법과 정책을 시행하고, 경제적 착취를 방지하며, 독립적인 조사위원회를 설치하여 피해자들이 자신의 출생 배경을 추적할 수 있도록 DNA 데이터베이스 구축을 포함한 조치를 취할 것을 권고했다. (United Nations/The Committeeon Enforced Disappearances 2023): 〈불법 국제 입양에 관한 공동성명 1주년 기념 보고서〉(Committee on Enforced Disappearances Marks First Anniversary of the Joint Statement on Illegal Intercountry Adoptions), UN.)

9   Danish Korean Rights Group (DKRG): 〈진실을 위한 봉사〉(I sannhedens tjeneste), https://danishkorean.dk/.

10   필자는 피터 묄러(Peter Møller)와의 회의에 게스트로 참석했다.

11   Kim, T.-H.: 김태훈, 2022, '한국 진실화해위원회, 해외 입양 조사 착수'(South Korea's Truth Commission to Probe Foreign Adoptions), 〈AP 통신〉, https://apnews.com/article/europe-business-adoption-south-korea-government-a9fd3d7670e07655f93cfcdc9ad87481

12   Bjørheim, C.: 비외르헤임, C., 2023, '잉에르-토네, 한국 입양 조사에서 첫 번째 사례로'(Inger-Tone først ut i gransking om adopsjon i Sør-Korea), 〈스타방거 아프텐블라드〉, https://www.aftenbladet.no/lokalt/i/5BjBB1/inger-tone-foerst-ut-i-gransking-om-adopsjon-i-soer-korea.

13   Bjørheim, C. & Olsen, J.: 비외르헤임, C. & 올센, J., 2022, '하우(Hå) 시청과 잉에르-토네, 240만 크로네의 배상·보상 합의'(Hå kommune og Inger-Tone enige om 2,4 millioner kroner i erstatning og oppreisning), 〈스타방거 아프텐블라드〉, https://www.aftenbladet.no/lokalt/i/L5E8KP/inger-tone-faar-er-

statning.

14   Brandvold, Å. & Johansen, A.: 브란드볼, Å. & 요한센, A., 2022, '역사적 조사 개시'(Åpner historisk granskning), 〈Klassekampen〉, https://klassekampen.no/utgave/2022-12-10/apner-historisk-gransking1 (게시일: 2022년 12월 10일).

15   Edvardsen, E. & Hestenes, S.: 에드바르센, E. & 헤스테네스, S., 2022, '정부, 해외 입양 전면 조사 착수'(Regjeringa vil granske utanlandsadopsjonar), 〈NRK.no〉, https://www.nrk.no/norge/regjeringa-vil-granske-utanlandsadopsjonar-1.16181904.

16   TV2의 다큐멘터리 프로그램 〈Norge bak fasaden〉은 2023년 겨울과 봄 사이에 방영되었으며, 여러 불법 입양 사례와 제도적 문제를 폭로했다. 2023, 〈노르웨이의 이면: 2. 입양의 그늘〉(Norge bak fasaden: Adopsjonens skyggeside), https://play.tv2.no/programmer/fakta/norge-bak-fasaden-tegnspraaktolket/sesong-3/norge-bak-fasaden-tegnspraaktolket-3-episode-2-1822137.html (방영일: 2023년 01월 27일).

17   Amble, J.: 암블레, J., 2023, '입양 스캔들: 노르웨이 입양 전면조사 요구'(Adopsjonsskandalen: Krever gransking av adopsjoner til Norge), TV2, https://www.tv2.no/nyheter/innenriks/krever-gransking-av-adopsjoner-til-norge/15441200/; Bu, F. et al.: 부, F. 외, 2023, '입양 스캔들: 토페 장관, 피해자들에게 사과하다―'죄송합니다''(Adopsjonsskandalen: Toppe til alle som har blitt rammet:: Jeg beklager), TV2 Nyheter, https://www.tv2.no/nyheter/innenriks/toppe-til-alle-som-har-blitt-rammet-jeg-beklager/15440352/.

18   Wikipedia, 〈방탄소년단〉(BTS), https://en.wikipedia.org/wiki/BTS.

19   〈VG〉 특집 보도 시리즈에서 인용되었다. https://www.vg.no/spesial/2023/adopsjon/.

20   Flatabø, M. et al.: 플라타뵈, M. 외, 2023, 'VG, 체계적 입양 서류 조작 폭로:

“용서할 수 없는 관행”이라 인정한 장관’(VG avslører systematisk adopsjons-juks. En utilgivelig praksis erkjenner statsråden), ⟨VG⟩, https://www.vg.no/nyheter/i/69KnKz/vg-avsloerer-systematisk-adopsjonsjuks-en-utilg-ivelig-praksis-erkjenner-statsraaden.

21   Bjørnstad, N. T. et al.: 비외른스타, N. T. 외, 2023, ‘한국에서 입양된 노르웨이인, 인신매매 혐의로 노르웨이 고발’(Adoptert fra Sør-Korea anmelder Norge for menneskehandel), ⟨VG⟩, https://www.vg.no/nyheter/i/Q7q414/adoptert-fra-soer-korea-anmelder-norge-for-menneskehandel.

22   필자는 관련 감독 보고서를 직접 입수했으며, 이 내용은 ⟨VG⟩의 탐사 보도 시리즈에도 언급되어 있다.

23   Bergquist, K. J. S. et al.: 버그퀴스트 K. J. S. 외, 2007, 《국제 한국 입양사: 50년의 정책과 실천의 역사》; Hübinette,T.:휴비네테, T., 2004,‘한국 입양의 역사’; Wikipedia: ⟨한국의 입양⟩(Adoption in South Korea), https://en.wiki-pedia.org/wiki/Adoption_in_South_Korea; University of Washing-ton Law Repository: https://digitalcommons.law.uw.edu/wilj/vol24/iss3/14/

24   Bjørnstad, N. et al.: 비외른스타, N. 외, 2023, ‘노르웨이 입양 조사: ‘생각했던 것보다 훨씬 심각하다”(Gransker adopsjoner til Norge:: Enda mer alvorlig enn jeg trodde), ⟨VG⟩, https://www.vg.no/nyheter/i/JQXRnR/gransker-adopsjoner-til-norge-enda-mer-alvorlig-enn-jeg-trodde.

25   필자가 대화한 여러 관계자 가운데 한 명이 인터뷰의 근거가 되는 설문지를 직접 보여 주었다.

26   Regjeringa(2023.06.20): 노르웨이 정부. ⟨해외 입양 전면조사위원회 구성⟩(Utval skal granske utanlandsadopsjonar), 노르웨이 아동가족부(Barne- og familiedepartementet), https://www.regjeringen.no/no/aktuelt/ut-val-skal-granske-utanlandsadopsjonar/id2985968/.

27   Ankestyrelsen 2024, ⟨1970~80년대 덴마크로의 한국 입양 중개에 관한

보고서〉(Adoptionsformidlingen fra Sydkorea til Danmark i 1970'erne og 1980'erne), 〈Ankestyrelsen〉, https://ast.dk/publikationer/adoptionsfor-midlingen-fra-sydkorea-til-danmark-i-19702019erne-og-19802019er-ne; Høj, O.: 회이, O., 2024, '국제 입양 분야의 '위기': '그 아이가 다른 부모에게서 빼앗기지 않았다고 확신할 수 없다''('Krise' på området for international adoption: 'Man kan ikke være sikker på, at barnet ikke er taget fra andre forældre'), 〈DR〉(덴마크 라디오), https://www.dr.dk/nyheder/indland/krise-paaomraadet-international-adoption-man-kan-ikke-vaere-sik-ker-paa-barnet-ikke; Engelund, K. & Scheel, A. F.: 엥겔룬, K. & 셰엘, A. F., 2024, 2024, 입양 감독관의 고백: '누구도 자신의 이야기를 완전히 확신할 수 없다'(Hun førte tilsyn med adoptioner og står nå frem: 'Ingen kan vide sig helt sikre på deres historie'), 〈DR〉, https://www.dr.dk/nyheter/indland/hun-foerte-tilsyn-med-adoptioner-og-staar-nu-frem-ingen-kan-vide-sig-helt-sikre-paa; Rasmussen, S. B. & Voller, S.: 라스무센, S. B. & 볼레르, S., 2024, "하늘에 외치는 절규': 덴마크 입양 기관 폐쇄'(《Det skriger til himlen》: Dansk adoptionsbureau lukker og slukker), 〈Danwatch〉, https://danwatch.dk/det-skriger-til-himlen-danskadoptionsbureau-lukker-og-slukker/; En-gelund,K.&Høj,O.: 엥겔룬, K. & 회이, O., 2024, '제재 이후 덴마크의 해외 입양 중단'(Adoptioner fra udlandet til Danmark stopper efter sanktioner), 〈DR〉, https://www.dr.dk/nyheder/indland/adoptioner-fra-udlandet-til-dan-mark-stopper-efter-sanktioner.

28　Danish International Adoption(DIA), 'DIA, 국제 입양 지원 종료 발표'(DIA ophører med at yde internasjonal adoptionshjelp), https://d-i-a.dk/nyhed/dia-ophoerer-med-at-yde-international-adoptionshjaelp.

29　Bufdir, 2023, 〈입양 제도 조사 중 해외 입양 임시 중단 권고〉(Bufdir anbe-faler midlertidig stans mens granskningen av adopsjonssystemet pågår), https://www.bufdir.no/aktuelt/bufdir-anbefaler-midlertidig-stans-av-utenlandsadopsjoner/바르네·오그·파밀리에부(BFD, 아동.가족부)는 Bufdir의 권고에 대해 "추가 검토가 필요하다"고 응답하며, 임시 중단 여부를 보류하였다. (https://www.regjeringen.no/no/aktuelt/departementet-sittsvar-pa-tilrading-fra-bufdir-om-ein-stans-av-utanlandsadopsjonar/id3022165/; https://www.regjeringen.no/contentassets/041b32cbd0eb4688b-f8b1c35017dd6da/vurdering-av-midlertidig-stans-i-utenlandsadopsjoner-behov-for-narmere-utredning.pdfBufdir는 2023년 4월 17일, 해외 입양의 일시적 중단을 유지하겠다는 입장을 재확인하였다. (https://www.bufdir.no/aktuelt/bufdir-opprettholder-anbefaling-om-utenlandsadopsjon/)노르웨이의 세 입양 기관(Adopsjonsforum, Verdens Barn, InorAdopt)은 공동성명을 내어 Bufdir의 결정에 강하게 반발하였다. (https://www.vg.no/nyheter/i/8qlXOd/ber-paa-nytt-om-full-adopsjonsstans)"우리는 이 결정 과정에 충격을 받았다. 입양을 총괄하는 기관으로서 Bufdir이 이처럼 일방적인 판단을 내린 것은 유감이다. 모든 사안에는 양면이 있으며, 우리의 목소리 또한 들려야 한다. 이번 사태는 더 나은 기회를 얻을 수 있었던 아이들, 그리고 수개월간 불확실성 속에서 기다려온 예비 입양 가정에게 매우 안타까운 일이다."

30   Folkvord, M. et al.: 폴크보르, M. 외, 2024, '해외 입양 전면 중단 권고'(Anbefaler full stans i utenlandsadopsjoner), 〈VG〉, https://www.vg.no/nyheter/innenriks/i/5B2mLz/anbefaler-full-stans-i-utenlandsadopsjoner.

31   'Positiv Adopsjon' 그룹이 주도한 온라인 서명 운동은 해외 입양 중단을 반대하고, 국제 입양의 지속을 호소했다. 이 단체는 전 세계 1억 5천만 명의 고아들에게 가정의 기회를 제공하는 수단으로서 국제 입양의 중요성을 강조하며, 가족부 장관 케르스티 토페에게 지지를 전달하기 위해 서명을 독려했다. 운동 주체들은 입양 중단이 입양 기관의 재정난과 전문성 상실, 더 나아가 조직의 폐쇄로 이어질 것을 우려했다. 2024년 5월 기준 약 2천 명이 이 청원에 서명하였다. (https://www.opprop.net/bevar_utenlandsadopsjon_ikke_steng_det_ned)

옮긴이 **손화수**

한국외국어대학교에서 영어를 전공했다. 노르웨이, 스웨덴, 덴마크의 책을 한국에 소개하며 2014년에 '올해의 번역가'로 선정되었다. 《당신은 셀 수 없이 소중해요》, 《바임》, 《새들이 남쪽으로 가는 날》 등 많은 책을 우리말로 옮겼다.

너의 한국 엄마에게

조작과 오류로 덧칠된 초국가적 입양 산업의 민낯

첫판 1쇄 펴낸날 2026년 4월 7일

지은이 크리스틴 몰비크 보튼마르크
발행인 조한나
책임편집 박혜인
편집기획 김교석 김유진 김하영 이혜정 함초원 황시연
디자인 한승연 성윤정 김혜은
마케팅 문창운 백윤진 김민영
회계 양여진 김주연

펴낸곳 (주)도서출판 푸른숲
출판등록 2003년 12월 17일 제2003-000032호
주소 서울특별시 마포구 토정로 35-1 2층, 우편번호 04083
전화 02)6392-7871, 2(마케팅부), 02)6392-7873(편집부)
팩스 02)6392-7875
홈페이지 www.prunsoop.co.kr
페이스북 www.facebook.com/prunsoop   인스타그램 @prunsoop

ⓒ 푸른숲, 2026
ISBN 979-11-7254-115-6(03330)

* 잘못된 책은 구입하신 서점에서 바꾸어 드립니다.
* 본서의 반품 기한은 2031년 4월 30일까지입니다.